LINGUAGENS E TECNOLOGIAS 7

ROXANE ROJO e EDUARDO MOURA

Letramentos mídias linguagens

parábola

Direção: Andréia Custódio
Capa e diagramação: Telma Custódio
Revisão: Kaya Adu Pereira
Imagem da capa: depositphotos.com

CIP-BRASIL. CATALOGAÇÃO NA FONTE
SINDICATO NACIONAL DOS EDITORES DE LIVROS, RJ

R645L

Rojo, Roxane
Letramentos, mídias, linguagens / Roxane Rojo, Eduardo Moura. - 1. ed. - São Paulo : Parábola, 2019.
224 p. ; 23 cm. (Linguagens e tecnologias ; 7)

Inclui bibliografia
ISBN 978-85-7934-171-7 [papel]
ISBN 978-85-7934-172-4 [e-book]

1. Linguagem e línguas - Estudo e ensino. 2. Letramento. 3. Linguística aplicada. I. Moura, Eduardo. II. Título. III. Série.

19-58916 CDD: 418
CDU: 81'33

Vanessa Mafra Xavier Salgado - Bibliotecária - CRB-7/6644

Direitos reservados à
PARÁBOLA EDITORIAL
Rua Dr. Mário Vicente, 394 - Ipiranga
04270-000 São Paulo, SP
pabx: [11] 5061-9262 | 5061-8075 | fax: [11] 2589-9263
home page: www.parabolaeditorial.com.br
e-mail: parabola@parabolaeditorial.com.br

ISBN: 978-85-7934-171-7 (papel)
978-85-7934-172-4 (e-book)

1ª edição, 3ª reimpressão: agosto de 2025

SUMÁRIO

APRESENTAÇÃO

O que é um livro? Um livro é um mar de mistérios, são aventuras que se resolvem por si mesmas. É a emoção e a sua imaginação. Um livro compartilha ideias com ideias, ele combina fantasia com a vida real para você voltar a ler o livro e compartilhar o que você imagina. Um livro responde a sua pergunta e te dá uma outra. É o que você volta a imaginar e fingir. Mesmo sabendo que é falso, você ainda volta e pula de volta nesse mar e compartilha emoções e aventuras onde você volta a acreditar e pula nesse mar de volta e de volta. Para voltar e voltar.

(P. C. – Aluno de 5º ano do EF da rede privada de São Paulo)

"Um livro é um mar de mistérios, são aventuras que se resolvem por si mesmas. [...] Um livro responde a sua pergunta e te dá outra..."

Assim nos sentimos na escrita deste livro. A cada novo "mistério" que tentávamos desvendar, a cada nova pergunta que queríamos responder, abriam-se outros novos mistérios e perguntas, em um nunca findar. Este livro resume nossas pesquisas e reflexões dos últimos três anos e dialoga com uma multiplicidade de autores que foram construindo esse arcabouço teórico ao longo desse tempo. Foi forjado em aulas e discussões, com alunos de graduação e de pós-graduação; em palestras, bancas, interações com alunos e professores da rede pública e privada de ensino básico e superior. Nele, encontram-se muitíssimas vozes em polifonia.

Em parceria, fomos enfrentando essas aventuras, buscando desvendar esses mistérios e responder às perguntas que iam aparecendo, conforme líamos os autores e aprendíamos. Nosso livro é um diálogo que nunca se interrompe: poderemos ter novas respostas daqui a três anos para as surpresas que o mundo (das tecnologias, dos letramentos, das mídias e das linguagens) certamente nos reserva. Estamos satisfeitos com as respostas que obtivemos nesses diálogos cheios de novas perguntas para os próximos três anos ou mais.

Agradecemos a nossos interlocutores: alunos, leitores, colegas, autores renomados da área — em seus escritos e em discussões e debates face a face ou à distância —, amigos interessados na área e nos temas.

Tudo isso resultou em um volume dividido em duas partes: uma parte introdutória, com dois capítulos apenas — o primeiro dedicado aos letramentos/multiletramentos/novos letramentos e o segundo dedicado às tecnologias e mídias, em suas diversificadas relações ao longo do tempo (mídia, multimídia, hipermídia, transmídia). Na primeira parte, buscamos apresentar conceitos centrais, que darão base mais unificada às discussões da segunda parte.

Na segunda parte, enfrentamos as linguagens (visuais — imagem estática e em movimento; sonoras — música; e, por fim, verbais — escrita). A partir de vários autores, tratamos das imagens estáticas (pintura/gravura, fotografia — capítulo 3); das imagens em movimento ou dinâmicas (cinema, *vidding* — capítulo 4); da música (modal, tonal e serial — capítulo 5) e deixamos por último a linguagem verbal e o texto escrito (manuscrito, impresso e digital — capítulo 6), que se enriquece das abordagens das linguagens anteriores. A cada final de capítulo, abrimos uma seção que denominamos "Fazendo gênero", com práticas, procedimentos e gêneros digitais típicos da atualidade e os impactos que eles têm sobre seus leitores e produtores.

Isso é o que o leitor encontrará neste livro.

No entanto, ele demorou também a ser terminado e publicado por uma outra razão: queríamos fazer um livro impresso que fosse navegável. Livro impresso navegável? Sim. Um livro que simulasse para o leitor o ato de navegação na internet, o espaço mais apropriado para a busca de informações e cultura em um mundo movente. E isso colocava muitos problemas pela incompatibilidade da mídia impressa com a navegação própria do digital. Questões de *ethos,* relativas a direitos de propriedade, à legitimidade de informações; questões de navegabilidade: como abrir e ver ou ouvir no impresso os exemplos relevantes que estavam sendo colocados à apreciação do leitor? Ninguém, em juízo perfeito, iria copiar os *links* indicados, abrir o computador e o navegador, digitar o *link*, ver o vídeo ou áudio do exemplo, para então retornar à leitura. Precisava ser navegável, pois os exemplos não eram meras ilustrações, mas concretizações do que estava sendo dito. Precisávamos de um livro hipermídia.

Recentemente, Fernanda Cardoso, que me[1] acompanhava na ida a Campinas, contou-me que teve de ler o capítulo 5 (música), que seria objeto daquela aula, no cabeleireiro. Assim, digitava no celular os *links* para ver os exemplos. Eu não havia pensado em ler um texto nem no celular, nem ao lado do celular. Isso reavivou minhas insatisfações e me fez, à noite, na aula do 1º ano de graduação, reclamar dessas limitações do impresso (a disciplina era Letramentos). Contando o caso a meus alunos, Thales Risso argumentou: "Mas, professora: tão fácil de resolver! Use QR-Codes. Abra um gerador de QR-Code, coloque o *link*, gere o QR-Code e coloque no texto".

Não que eu desconheça QR-Codes. Uso-os constantemente para acessar meu banco, por exemplo, ou para pagar algumas contas. Mas uma coisa é usar, outra é autorar. Não nativa, jamais teria essa ideia. Assim, agradeço a Fernanda e a Thales a ideia que me possibilitou tornar o livro uma hipermídia navegável: basta lê-lo com o celular à mão para visualizar os exemplos que não se resumem à escrita e às imagens estáticas, que o leitor verá, são muitos.

Outro sintoma da busca por um livro navegável, no formato hipermídia, disponibilizado para IBooks mas não para o impresso, é a constante recorrência a verbetes da *Wikipédia*. Ouve-se, constantemente, em especial quando se editam e editoram materiais didáticos, que "a *Wikipédia* não é confiável e não deve aparecer em materiais impressos". Ora, quando fazemos uma busca no Google, em situação de pesquisa, a primeira fonte que aparece é a *Wikipédia*. Claro que há verbetes bons e ruins, que é necessária uma curadoria criteriosa, mas isso, em geral, está sinalizado pelo próprio curador da *Wikipédia*. A grande maioria dos verbetes que aqui acessamos e preservamos são não somente confiáveis como de qualidade. Assim, não só não nos importamos de recorrer à enciclopédia digital com frequência no livro, como também isso fez parte da meta, agora atingida, de termos um livro navegável.

Feitas essas observações, desejamos a nossos leitores uma "aventura que se resolva por si mesma", uma leitura instigante e de aprendizado. Oops! Leitura não: navegação 😊!

Roxane Rojo e Eduardo de Moura Almeida
São Paulo, agosto de 2019

[1] E aqui fala Roxane, pois Eduardo não estava presente nesse dia.

CAPÍTULO 1

LETRAMENTOS

1. Letramentos da escrita e do impresso
2. Multiletramentos
3. Novos letramentos

Neste primeiro capítulo, vamos tratar de um conceito central para esta obra, as mudanças nos escritos e impressos, sobretudo as mudanças recentes que, a partir dos anos 1990, vêm transformando o texto escrito e impresso em digital devido às mudanças das mídias, permitindo assim que todas as linguagens (imagens estáticas e em movimento, sons e música, vídeos de *performances* e danças, texto escrito e oral) se misturem em um mesmo artefato, que continuamos a chamar de texto, agora adjetivado como multissemiótico ou multimodal. Esse conceito flexível, capaz de acompanhar tantas mudanças, é o conceito de letramentos.

No trato com os textos — escritos, impressos ou digitais —, não temos mais apenas signos escritos. Todas as modalidades de linguagem ou semioses os invadem e com eles se mesclam sem a menor cerimônia. E isso é propiciado pela mídia digital, assunto do próximo capítulo.

Por ora, vamos ver como os letramentos se ampliam e modificam, tornando-se multiletramentos e novos multiletramentos ou letramentos hipermidiáticos, entre os muitos modificadores e adjetivos que se agregaram ao termo original (letramento), no afã de contemplar as mudanças contemporâneas dos textos.

1. LETRAMENTOS DA ESCRITA E DO IMPRESSO

A partir do final dos anos 1980 e na década de 1990, o conceito de **alfabetização,** assim como o de **alfabetismo,** passa a dividir espaço e a contrastar com outro — o de **letramento** — nos saberes que circulam tanto no ambiente acadêmico quanto no ensino de língua portuguesa nos anos iniciais. Com eles, os professores desses níveis de ensino (e de outros) passam a ter de conviver e, por vezes, de se debater, porque a distinção entre os termos nem sempre foi clara e cristalina. Ao contrário, por vezes, é muito confusa e varia quase de autor para autor.

Vejamos, como exemplo, a definição de "alfabetização" na enciclopédia mais consultada hoje em dia — a *Wikipédia*. O verbete começa assim: "A alfabetização consiste no aprendizado do alfabeto e de sua utilização como código de comunicação e pressupõe a compreensão do princípio alfabético, indispensável ao domínio da leitura e escrita". Até aí, estamos de acordo. Mas prossegue a *Wikipédia*, alargando o conceito:

> De modo mais abrangente, a **alfabetização** é definida como um processo no qual o indivíduo constrói a gramática, em suas variações, sendo chamada de **alfabetismo** a capacidade de ler, compreender e escrever textos e de operar números. Esse processo não se resume apenas à aquisição dessas habilidades mecânicas (codificação e decodificação) do ato de ler, mas inclui a capacidade de interpretar, compreender, criticar, ressignificar e produzir conhecimento. Todas essas capacidades citadas anteriormente só serão concretizadas se os alunos tiverem acesso a todos os tipos de portadores de textos. O aluno precisa encontrar os usos sociais da leitura e da escrita. A alfabetização envolve também o desenvolvimento de novas formas de compreensão e uso da linguagem de maneira geral.
>
> A alfabetização de um indivíduo promove sua socialização, já que possibilita o estabelecimento de novos tipos de trocas simbólicas com outros indivíduos, acesso a bens culturais e a facilidades oferecidas pelas instituições sociais. A alfabetização é um fator propulsor do exercício consciente da cidadania e do desenvolvimento da sociedade como um todo.
>
> A incapacidade de ler e escrever é denominada **analfabetismo** ou **iliteracia**, enquanto a incapacidade de interpretar textos simples é chamada de **analfabetismo funcional** ou **semianalfabetismo**. No período pós-guerra, o alfabetismo era visto sob uma perspectiva simplista de "saber ler, escrever e contar" [...] A partir da década de 1960, essa visão alterou-se e passou a predominar uma visão mais funcional do conceito (disponível em: <https://bit.ly/1ECQomn>. Acesso em: 31 jul. 2019, ênfases adicionadas).

Retirado de: <http://bit.ly/2XHT4hS>. Acesso em: 31 jul. 2019.

Ora, se a alfabetização abrange a "capacidade de interpretar, compreender, criticar, ressignificar e produzir conhecimento" e se "envolve também o desenvolvimento de novas formas de compreensão e uso da linguagem de uma maneira geral", então ela aconteceria pelo menos até o final do ensino médio, se não por toda a vida. E não haveria por que cunhar outro termo — **alfabetismo**. Visões alargadas como essa do conceito de alfabetização, como era o tratamento que lhe dava, por exemplo, Paulo Freire[1], não têm necessidade de outros conceitos que as complementem, como os de **(an)alfabetismo funcional**, **semianalfabetismo** ou **letramento**.

Se a alfabetização, por si só, promovesse "o estabelecimento de novos tipos de trocas simbólicas com outros indivíduos, acesso a bens culturais e a facilidades oferecidas pelas instituições sociais" e fosse, por si mesma, "um fator propulsor do exercício consciente da cidadania e do desenvolvimento da sociedade como um todo", estaríamos "bem na fita".

O verbete prossegue justamente definindo **letramento:**

> Segundo Soares (2003), o termo **letramento** surgiu em 1980, como verdadeira condição para a sobrevivência e conquista da cidadania, no contexto das transformações culturais, sociais, políticas, econômicas e

[1] Paulo Freire (1921-1997), pernambucano nascido em Recife em família de classe média, foi um educador, pedagogo e filósofo brasileiro que construiu renome internacional e que até hoje é mundialmente citado quando se trata da pedagogia crítica. Foi preso e exilado pelo Golpe Militar entre 1964 e 1980. Sua proposta se baseava em uma visão marxista da pedagogia, em contraposição à pedagogia tecnicista — por ele denominada de "educação bancária". Uma pedagogia crítica se constrói com base na cultura local do educando, da qual se parte para abordar o objeto de estudo. A convicção de Freire é que, de maneira dialética e com base em seu conhecimento de mundo, o educando, por caminhos próprios e diversificados, construirá os saberes visados. Entre suas obras mais importantes estão *A pedagogia do oprimido* (1974) e *Educação como prática da liberdade* (2000). Voltado para a educação das camadas marginalizadas da população (educação popular), em especial para a educação de adultos, seu trabalho se estendeu a toda a América Latina e África. Criou o MOVA - Movimento de Alfabetização de Jovens e Adultos, que "surgiu em 1989 em São Paulo durante a gestão de Paulo Freire na Secretaria Municipal de Educação de São Paulo, com uma proposta que reunia Estado e Organizações da Sociedade Civil, para combater o analfabetismo entre jovens e adultos" (disponível em: <https://bit.ly/2GOtzka>. Acesso em: 31 jul. 2019).

tecnológicas. Ampliando assim o sentido do que tradicionalmente se conhecia por alfabetização. Letramento não é necessariamente o resultado de ensinar a ler e a escrever. É o estado ou a condição que adquire um grupo social ou um indivíduo como consequência de ter-se apropriado da escrita. Surge, então, um novo sentido para o adjetivo "letrado", que significava apenas "que, ou o que é versado em letras ou literatura; literato", e que, agora, passa a caracterizar o indivíduo que, sabendo ler ou não, convive com as práticas de leitura e escrita.

Hoje, tão importante quanto conhecer o funcionamento do sistema de escrita é poder se engajar em práticas sociais letradas, respondendo aos inevitáveis apelos de uma cultura grafocêntrica. Assim, **enquanto a alfabetização se ocupa da aquisição da escrita por um indivíduo, ou grupo de indivíduos, o letramento focaliza os aspectos sócio-históricos da aquisição de uma sociedade** [...] (ênfases adicionadas).

Oficina dos Ferreiros Artísticos do Liceu na Rua da Cantareira, c. 1910.
Acervo do Liceu de Artes e Ofícios. Disponível em: <https://bit.ly/2Tc2bBY>. Acesso em: 31 jul. 2019.

À parte o equívoco inicial da definição, em que se traduz *literacy* por "sujeito letrado" e não por "letramento", embora o Brasil seja o 8° país em número de adultos analfabetos[2], ainda assim, poderíamos ficar tranquilos, pois com 7% da população analfabeta[3], mesmo assim teríamos 93% da população (que é alfabetizada) com acesso automático "aos bens culturais",

[2] Dados retirados de <https://glo.bo/1gpT3Dx> (acesso em: 31 jul. 2019) e resultantes da Pesquisa Nacional por Amostra de Domicílios (PNAD), feita pelo Instituto Brasileiro de Geografia e Estatística (IBGE) em 2012 e divulgada em setembro de 2013, segundo a qual a taxa de analfabetismo de pessoas de 15 anos ou mais foi estimada em 8,7% no país, o que corresponde a 13,2 milhões de analfabetos.

[3] A taxa de analfabetismo mais atual no Brasil foi divulgada pelo IBGE em maio de 2018, na última Pesquisa por Amostra de Domicílios (PNAD 2017). O Brasil tem pelo menos 11,5 milhões de pessoas com

aos poderes oferecidos pelas instituições sociais, sendo cidadãos que exercem crítica e conscientemente sua cidadania, colaborando para o "desenvolvimento da sociedade como um todo". Antes fosse assim. Em nosso dia a dia, sabemos bem que isso infelizmente não acontece.

Na verdade, alfabetizar-se pode ser definido como a ação de se apropriar do alfabeto, da ortografia da língua que se fala. Isso quer dizer dominar um sistema bastante complexo de representações e de regras de correspondência entre letras (grafemas) e sons da fala (fonemas) numa dada língua, no nosso caso, o português do Brasil.

Na primeira metade do século passado, para ser considerado alfabetizado e viver na cidade, bastava saber assinar o próprio nome. De fato, excetuando as elites que tinham acesso a variados bens culturais e à escolaridade mais longa, até 1950, a maior parte da população brasileira (57,2%) vivia em situação de analfabetismo e boa parte dos 42,8% restantes sabia apenas assinar o nome e escrever umas poucas palavras. Após os anos 1950, com a complexidade relativamente maior do mundo do trabalho industrial e com a intensificação de práticas letradas nas (grandes) cidades, isso passou a ser insuficiente.

Em 1958, a Unesco constatou que conhecer o alfabeto e saber codificar e decodificar palavras escritas é insuficiente para as lides urbanas modernas. Nas suas *Recomendações para a estandardização das estatísticas educacionais*, a entidade propõe considerar alfabetizada a pessoa capaz de "ler e escrever com compreensão um enunciado curto de sua vida cotidiana" (Unesco, 1958 *apud* Ribeiro, 1997: 155). Isso ocorre, entre outras coisas, porque a leitura e compreensão de instruções simples escritas passaram a ser requeridas pelas situações de trabalho na indústria e na vida das cidades. As placas e cartazes com preço, por exemplo, nos pregões das feiras livres urbanas ou nos mercados e lojas, já requerem tais competências.

Vinte anos depois, em 1978, a mesma Unesco, nas *Recomendações* revistas, reformula sua definição, qualificando como funcionalmente alfabetizada a pessoa capaz de se engajar em todas as atividades nas quais a alfabetização seja requerida para o efetivo funcionamento do grupo e da comunidade e também para capacitá-la a continuar a usar leitura, escrita e cálculo para seu próprio desenvolvimento e o da comunidade (Unesco, 1978 *apud* Ribeiro, 1997: 155).

---

mais de 15 anos analfabetas (7% de analfabetismo). No mundo, mais de 750 milhões permanecem nessa condição (disponível em: <https://bit.ly/2xnM0r6>). Acesso em: 31 jul. 2019.

No final da década de 1970, cunha-se o conceito de **(an)alfabetismo funcional** e passa a ser considerada analfabeta funcional a pessoa que não consegue "funcionar" nas práticas letradas de sua comunidade, embora seja alfabetizada. Ora, "funcionar" em atividades e práticas letradas muito diversas — que vão do pregão da feira livre à retirada do Bolsa Família com cartão magnético; de admirar uma vitrine do comércio central a ver um filme legendado; de tomar ônibus a ler um romance — requer competências e capacidades de leitura e escrita mais amplas e também muito diversificadas, que aqui opto por denominar (níveis de) alfabetismo. São aquelas competências, habilidades e capacidades que figuram nos descritores para leitura e escrita de avaliações educacionais diversas, como o PISA, o SAEB/Prova Brasil, o ENEM etc. Entre outros aspectos, foi para reconhecer esta variedade e diversidade de práticas de leitura e escrita nas sociedades que a reflexão teórica cunhou, em meados dos anos 1980, o conceito de **letramento**.

Usado pela primeira vez no Brasil como tradução da palavra inglesa "literacy", no livro de Mary Kato, *No mundo da escrita*, de 1986, o termo *letramento* busca recobrir os usos e práticas sociais de linguagem que envolvem a escrita de uma ou de outra maneira, sejam eles socialmente valorizados ou não, locais (próprios de uma comunidade específica) ou globais, recobrindo contextos sociais diversos (família, igreja, trabalho, mídias, escola etc.), em grupos sociais e comunidades culturalmente diversificadas. Difere, portanto, acentuadamente, tanto do conceito de *alfabetização* quanto do de *alfabetismo(s)*. *Letramento(s)* é um conceito com uma visada socioantropológica; *alfabetismo(s)* é um conceito de base psicocognitiva; *alfabetização* designa uma prática cujo conceito é de natureza linguístico-pedagógica.

Numa sociedade urbana moderna, as práticas diversificadas de letramento são legião. Por isso, o conceito passa ao plural: **letramentoS**. Podemos dizer que praticamente tudo o que se faz na cidade envolve hoje, de uma ou de outra maneira, a escrita, sejamos alfabetizados ou não. Logo, é possível participar de atividades e práticas letradas sendo analfabeto: analfabetos tomam ônibus, olham os jornais afixados em bancas e retiram o Bolsa Família com cartões bancários. No entanto, para participar de práticas letradas de certas esferas valorizadas, como a escolar, a da informação jornalística impressa, a literária, a burocrática, é necessário não somente ser alfabetizado como também ter desenvolvido níveis mais avançados de alfabetismo (habilidades e capacidades de compreensão, interpretação e produção de textos escritos). E é justamente participando das diversas práticas letradas que se desenvolvem ou constroem esses níveis mais avançados de alfabetismo. No entanto, a distribuição dessas práticas letradas valorizadas não é democrática: como mostra o Indicador de Analfabetismo Funcional, o INAF, poucos brasileiros têm acesso ao livro literário, a jornais, a museus e mesmo ao cinema. Por isso é tão importante a escola se tornar uma agência de democratização dos letramentos.

No entanto, frequentemente na literatura da área, o conceito de letramento(s) foi e, por vezes, ainda é utilizado como sinônimo de alfabetismo(s). Por exemplo, Soares (1998: 17), no verbete O que é letramento?, vai definir *literacy* como "o estado ou condição que assume aquele que aprende a ler e escrever", o que pode ser considerado sinônimo de alfabetismo. No mesmo texto, ela concluirá que "letramento é o resultado da ação de ensinar ou de aprender a ler e escrever: o estado ou a condição que adquire um grupo social ou um indivíduo como consequência de ter-se apropriado da escrita" (Soares, 1998: 18). E acrescenta:

> Dispúnhamos, talvez, de uma palavra mais "vernácula": *alfabetismo*, que o Aurélio (que não dicionariza *letramento*, como já dito) registra, atribuindo a essa palavra, entre outras acepções, a de "estado ou qualidade de alfabetizado". Entretanto, embora dicionarizada, *alfabetismo* não é palavra corrente, e, talvez por isso, ao buscar uma palavra que designasse aquilo que em inglês já se designava por *literacy*, tenha-se optado por verter a palavra inglesa para o português, criando a nova palavra *letramento* (Soares, 1998: 18).

Essa situação começa a mudar por aqui somente quando os chamados, justamente por isso, *novos estudos do letramento* (Street, 1984) chegam ao Brasil, em 1995, com a publicação, por Ângela Kleiman, da coletânea intitulada *Os significados do letramento: uma nova perspectiva sobre a prática social da escrita.*

Tanto Street (1985) quanto Kleiman (1995) definem as práticas letradas como os modos culturais de utilizar a linguagem escrita com que as pessoas lidam em suas vidas cotidianas, sejam elas alfabetizadas ou não, com os mais diferentes níveis ou graus de (an)alfabetismo. Práticas de letramento ou letradas é, pois, um conceito que parte de uma visada socioantropológica. Tem-se de reconhecer que elas são variáveis em diferentes comunidades e culturas. E tem-se de reconhecer que, dada sua variedade de contextos sociais e culturais, e decorrente multiplicidade de práticas, letramentos são legiões.

Para Street e Kleiman, as práticas de letramento ganham corpo e materializam-se nos diversos "eventos de letramento" dos quais participamos como indivíduos em nossas comunidades, cotidianamente. Variam desde ver o preço de uma mercadoria na feira ou retirar dinheiro na caixa automática até a escrita ou leitura de um tratado, enciclopédia ou romance. Os novos estudos do letramento definem eventos de letramento como "qualquer ocasião em que um fragmento de escrita faz parte integral da natureza das interações dos participantes e de seus processos interpretativos" (Heath, 1983: 93 *apud* Street, 2012: 74). Eles também acrescentam que eventos são episódios observáveis derivados de práticas e por elas formatados. As noções de eventos/práticas sublinham a natureza situada do letramento, que sempre existe num dado contexto social, numa dada cultura.

Como são muito variados os contextos, as comunidades, as culturas, são também muito variados as práticas e os eventos letrados neles circulantes. O conceito de letramento, repetimos, passa ao plural: deixamos de falar em "letramento" e passamos a falar em "letramentoS".

Assim, trabalhar com os letramentos na escola, letrar, consiste em criar eventos (atividades de leitura e escrita — leitura e produção de textos, de mapas, por exemplo — que envolvam o trato prévio com textos escritos, como é o caso de telejornais, seminários e apresentações teatrais) que integrem os alunos em práticas de leitura e escrita socialmente relevantes que eles ainda não dominem.

O(a) leitor(a) poderá argumentar: "Mas isso é justamente o que a escola já faz!". Sim, mas para um conjunto bastante restrito de práticas que convencionou-se chamar de "letramento escolar". Trata-se, agora, de ampliar a abrangência das práticas letradas que dão base aos eventos de letramento escolar.

Voltando à questão dos letramentos, devemos levar em conta que os eventos de letramento de que participamos, as práticas letradas que conhecemos são fruto de uma longa história da escrita e dos impressos. Nem sempre se lidou com os textos como o fazemos hoje.

Como veremos no último capítulo deste livro, a escrita nasce, em certos impérios da antiguidade (por exemplo, os egípcios), da necessidade de registrar e monumentalizar fatos e feitos da vida de reis, imperadores e faraós, mas somente se populariza e simplifica, chegando aos silabários precursores dos alfabetos, por necessidades bem menos imperiais e mais mundanas, como as do comércio dos fenícios e ugaríticos, séculos depois. Na Idade Média, foi apropriada pela igreja para registro de seus textos sagrados, guardados a sete chaves. E somente chegou novamente perto da popularização pela invenção da prensa por Gutenberg, quando se automatiza e se torna mais facilmente reprodutível e distribuível.

Portanto, tanto ao longo dos séculos em cada sociedade como numa visada transversal das diferentes sociedades e culturas, os letramentos variam muito. Cada prática letrada, em seu contexto específico, tem seu próprio regime: seus participantes, suas funções, sua linguagem, seu contexto, sua distribuição de poderes.

Com o desenvolvimento dos meios e máquinas de produção e distribuição de escrita, temos não só a alteração dos textos e, decorrentemente, dos letramentos, mas também a diluição da separação e das diferenças entre as diversas linguagens e letramentos.

Assim, os textos/discursos produzidos, ao saírem dos escritos-impressos e passarem a contar com novas mídias como meios de distribuição, circulação e consumo, como a transmissão radiofônica ou fonográfica, as imagens televisivas e cinematográficas e, posteriormente, maneiras de o receptor-consumidor registrar e reproduzir por sua conta e a seu gosto as mensagens — como fitas K7, VHL, CDs e DVDs — em plena cultura das mídias, não somente os meios, mas também as mensagens se alteraram, podendo, aos poucos, passar a combinar múltiplas linguagens que não somente a oral e a escrita, mas também imagens estáticas e em movimento, músicas e sons variados.

E foi esse processo que nos levou da escrita e dos letramentos aos textos/discursos em múltiplas linguagens e aos multiletramentos.

2. MULTILETRAMENTOS

No final do século 20, em 1996, um grupo de pesquisadores ingleses, americanos e australianos reuniu-se, na cidade de Nova Londres (EUA), para discutir as mudanças, então recentes, que estavam sofrendo os textos e, decorrentemente, os letramentos. Por isso, foi alcunhado como Grupo de Nova Londres (GNL - New London Group). Faziam parte do grupo pesquisadores como Bill Cope, Mary Kalantzis, Gunther Kress, James Paul Gee, Norman Fairclough, todos interessados em linguagem e educação linguística.

Os pesquisadores do GNL ressaltavam que os textos, em parte devido ao impacto das novas mídias digitais, estavam mudando e já não mais eram essencialmente escritos, mas se compunham de uma pluralidade de linguagens, que eles denominaram *multimodalidade*. Para eles, o mundo estava mudando aceleradamente na globalização: explosão das mídias, diversidade étnica e social das populações em trânsito, multiculturalidade. Isso tinha impacto não somente nos textos, que se tornavam cada vez mais multimodais, mas também na diversidade cultural e linguística das populações, o que implicaria mudanças necessárias na educação para o que chamaram de **multiletramentos.**

Multiletramentos é, portanto, um conceito bifronte: aponta, a um só tempo, para a diversidade cultural das populações em êxodo e para a diversidade de linguagens dos textos contemporâneos, o que vai implicar, é claro, uma explosão multiplicativa dos letramentos, que se tornam multiletramentos, isto é, letramentos em múltiplas culturas e em múltiplas linguagens (imagens estáticas e em movimento, música, dança e gesto, linguagem verbal oral e escrita etc.).

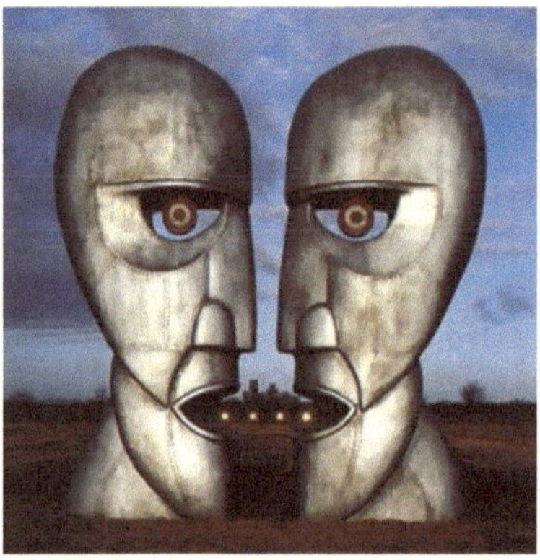

Zapatero bifronte
(disponível em: <https://bit.ly/2KhqbAv>). Acesso em: 31 jul. 2019.

O criador e grande divulgador do conceito da vertente socioantropológica de letramentos — Brian Street — parece ter dúvidas (ou, no mínimo, alguma resistência) a respeito de se é adequado cunhar como "letramentos" a leitura/produção de textos multimodais ou multissemióticos.

Segundo Street (2012), é no volume organizado por Pahl e Rowsell (2006), *Travel Notes from the New Literacy Studies,* que podemos encontrar uma primeira tentativa explícita de colocar os dois campos — o dos letramentos e o da multimodalidade — em relação. Ele e Gunther Kress, no prefácio escrito para o volume, afirmam:

> Embora ambas as abordagens examinem de maneira geral o mesmo campo, de cada uma das duas posições o campo tem uma aparência distinta: uma que tenta entender o que as pessoas agindo juntas estão fazendo, outra que tenta entender as ferramentas com as quais essas mesmas pessoas fazem o que estão fazendo (Kress; Street, 2006: VII).

E acrescentam: o importante é ver como esses dois campos (multimodalidade e novos estudos do letramento) podem conversar um com o outro na tentativa de encontrar semelhanças e diferenças.

Segundo Street (2012: 12),

> A preocupação é com estender o termo *letramento* muito além da concepção dos Novos Estudos do Letramento (nel), de tal modo que a concepção de *práticas sociais de representação* se torne uma metáfora (ou até muito menos que isso) para qualquer tipo de habilidade ou competência. É preciso que nos perguntemos quais interesses estão sendo contemplados e de que modo, quando usamos rótulos tais como "letramento tátil" (habilidades de massagem corporal?), "letramento emocional" (habilidades de massagem afetiva?), "letramento cultural" (habilidades de massagem social??) e assim por diante.

Street está preocupado com duas questões: o alargamento do conceito de letramento para além das fronteiras possíveis e o abandono da perspectiva antropológica e etnográfica fundante da perspectiva dos novos estudos do letramento — por isso ditos "novos" —, reduzindo as práticas sociais com os escritos a um conjunto de comportamentos, habilidades e competências.

Por outro lado, o foco de Gunther Kress é na multimodalidade (ou multissemiose) dos textos contemporâneos e não propriamente nos letramentos que eles requerem, se é que podemos chamar de **letra**mentos práticas de recepção e produção de textos/discursos materializados em outras modalidades de linguagem que não a escrita.

O próprio Kress, em 2003, manifesta preocupações semelhantes. Com o bordão "o mundo *falado* é diferente do mundo *mostrado*", ele afirma a predominância das imagens em relação à escrita no mundo contemporâneo. Partindo desse princípio, defende:

> Os dois modos — escrita e imagem — são governados por lógicas distintas e têm claramente propiciações[4] diferentes. A organização da escrita — ainda baseada na lógica da fala — é governada pela lógica do tempo e pela lógica da sequenciação de seus elementos no tempo, em arranjos temporalmente regidos. A organização da imagem, ao contrário, é governada pela lógica do espaço e pela lógica da simultaneidade de seus elementos visuais retratados em arranjos organizados espacialmente (Kress, 2003: 1-2).

Esse raciocínio aproxima-se bastante de outro de Lemke (2010 [1998]) — do qual trataremos com maior profundidade no capítulo 3:

[4] Propiciação (*affordance*, em inglês) é a qualidade ou a propriedade de um objeto que define seus usos possíveis ou deixa claro como ele pode ou deve ser usado. Disponível em: <https://bit.ly/2H1KTCL>. Acesso em: 31 jul. 2019.

a imagem é claramente topológica, ou seja, ocupa espaços, enquanto a linguagem oral e escrita é tipológica e distribui-se no tempo, organizando sintaticamente (linearmente, sequencialmente) os diversos paradigmas ou categorias de fonemas/grafemas e signos.

Na apresentação inicial ao livro de Kress (2003), Jay Lemke diz: "Gunther Kress nos mostra que, conforme a leitura e a escrita se deslocam da página para a tela, o letramento não é mais simplesmente um fato de linguagem, mas um fato de *design* multimídia motivado". Duas palavras novas que exploraremos no próximo capítulo — mídia e *design* — confrontam-se no enunciado de Lemke com a palavra "letra" embutida no termo **letra**mento.

Pode, assim, o letramento transformar-se tão facilmente em multiletramento(s), como quer o Grupo de Nova Londres, e não em multimídia ou multimodalidade como trata Kress?

Em seu *site* — New Learning: Transformational Designs for Pedagogy and Assessment —, Cope e Kalantzis esclarecem:

> O termo "multiletramentos" refere-se a dois aspectos principais do uso da linguagem hoje. O primeiro é a variabilidade da criação de significado em diferentes contextos culturais ou sociais. Essas diferenças tornam-se cada vez mais significativas em nosso ambiente comunicativo. Isso significa que não é mais suficiente no ensino voltado para o letramento focar somente nas regras das formas padrão da língua nacional. Ao contrário, comunicar e representar significado hoje requer, cada vez mais, que os aprendizes sejam capazes de perceber diferenças em padrões de significado de um contexto para outro. Essas diferenças são consequência de vários fatores tais como cultura, gênero, experiência de vida, temas, domínio social ou subjetivo. Toda troca significativa é em algum grau intercultural.
>
> O segundo aspecto do uso da linguagem hoje em parte nasce das características das novas mídias de informação e comunicação. Significados são construídos de maneiras cada vez mais multimodais, nas quais os modos de significação linguísticos escritos fazem interface com os padrões de significação oral, visual, auditivo, gestual, tátil e espacial. Isso significa que precisamos ampliar o escopo da pedagogia do letramento, de modo que ela não privilegie indevidamente as representações alfabéticas, mas tragam para a sala de aula representações multimodais, em particular aquelas típicas da mídia digital. Isso torna a pedagogia do letramento mais engajada em suas conexões manifestas com o meio comunicativo de

> hoje. Também fornece uma base poderosa para uma pedagogia da sinestesia ou das mudanças de modos (Cope; Kalantzis, 2019. Disponível em: <http://newlearningonline.com/multiliteracies>. Acesso em: 31 jul. 2019).

Assim, para os autores hoje, como antes, o termo "multiletramentos" remete a duas ordens de significação: a da multimodalidade e a das diferenças socioculturais. Isso quer dizer: estamos diante de um conceito que não se traduz diretamente. Multiletramentos = muitos tipos de letramentos que poderiam estar ligados à recepção e produção de textos/discursos em diversas modalidades de linguagem, mas que remetem a duas características da produção e circulação dos textos/discursos hoje — a multissemiose ou multimodalidade, devidas em grande parte às novas tecnologias digitais e à diversidade de contextos e culturas em que esses textos/discursos circulam.

Quanto à diversidade cultural, Rojo (2012: 13-14) já afirmava:

> No que se refere à **multiplicidade de culturas**, é preciso notar que, como assinala García-Canclini (2008 [1989]: 302-309), o que hoje vemos à nossa volta são produções culturais letradas em efetiva circulação social, como um conjunto de textos híbridos de diferentes letramentos (vernaculares e dominantes), de diferentes campos (ditos "popular/de massa/erudito"), já eles, desde sempre, híbridos, que se caracterizam por um processo de escolha pessoal e política e de hibridização de produções de diferentes "coleções".
>
> Essa visão desessencializada de cultura(s) já não permite escrevê-la com maiúscula — a Cultura —, pois não supõe simplesmente a divisão entre culto/inculto ou civilização/barbárie, tão cara à escola da modernidade. Nem mesmo supõe o pensamento com base em pares antitéticos de culturas cujo segundo termo pareado escapava a esse mecanicismo dicotômico — cultura erudita/popular, central/marginal, canônica/de massa — também esses tão caros ao currículo tradicional que se propõe "ensinar" ou apresentar o cânone ao consumidor massivo, a erudição ao populacho, o central aos marginais.
>
> Vivemos, já pelo menos desde o início do século XX (senão desde sempre), em sociedades de **híbridos impuros, fronteiriços**.

Já no que tange à multimodalidade dos textos contemporâneos, Kress (2003), adotando uma vertente semiótica peirciana, reafirma: a grande mudança deste século é não mais podermos tratar o letramento e "a linguagem" como o único, o principal, o grande meio de representação e de comunicação. Representação e comunicação hoje são tramadas, conjuntamente, por uma diversidade de meios ou modos das linguagens, os letramentos são plurais, e outros modos das linguagens que integram os enunciados muitas vezes são mais proeminentes e significativos. Segundo Kress, a linguagem verbal sozinha não pode mais dar conta das mensagens construídas de maneira multimodal. Reafirmando sua filiação a uma vertente peirciana da semiótica, ele diz:

> Na era das novas tecnologias da informação e da comunicação, o modo e a escolha do modo são aspectos importantes. *Modo* é o nome de uma fonte de representação e comunicação formatada social e culturalmente. Modo tem seus aspectos materiais e carrega por toda parte o selo do trabalho cultural do passado, entre outros, o selo de suas regularidades de organização. Essas regularidades são o que tradicionalmente é chamado de gramática e sintaxe. Na era de ouro do livro, da escrita e do impresso, a escolha do modo não era uma questão e parecia longe de poder sê-lo: livros estavam cobertos de letras, embora, é claro, imagens de vários tipos pudessem também aparecer. Paredes de igrejas eram cobertas de imagens e nelas havia espaços especialmente feitos para estátuas. A relação entre modo e mídia — escrita e livro, pintura e parede — era, então, quase invisível, devido aos efeitos naturalizantes de uma convenção de longa duração. Quando podemos escolher facilmente o modo, como agora o podemos pelas facilidades das novas mídias, brotam questões sobre as características do modo, de uma maneira nunca antes vista: o que pode um modo específico fazer? Quais suas limitações e seus potenciais? Quais são as *propiciações* de um modo? A *materialidade* do modo, por exemplo, o material do *som* na *fala* ou na *música*, dos *aspectos gráficos* e da *luz* na *imagem*, ou do *movimento de partes do corpo* no *gesto* detêm potenciais específicos de representação e, ao mesmo tempo, trazem certas limitações (Kress, 2003: 45, ênfases do autor).

Nessa nova acepção, o termo "letramento" embutido no conceito de multi**letramento**s abre cada vez mais espaço aos conceitos de mídia e de modalidade de linguagem, ganhando mais força, neste caso, o prefixo multi-. Sem dúvida, ver assim o letramento e a linguagem descortina toda uma série de possibilidades de interpretações e de caminhos teóricos nunca antes vislumbrados.

3. NOVOS (MULTI)LETRAMENTOS

Não por acaso, cerca de uma década depois de cunhado o termo "multiletramentos" pelo Grupo de Nova Londres, outros pesquisadores voltam a sentir a necessidade de adjetivar os letramentos, desta vez, como "novos letramentos" (Knobel; Lankshear, 2007).

O que estava nesse momento em questão para se convocar o adjetivo "novo" como qualificativo de um conjunto de letramentos? Obviamente, o universo aberto pelas novas tecnologias digitais da informação e comunicação (TDIC). Em artigo relativamente recente, Leu, Coiro *et al.* (2017) observam: a internet mudou a natureza dos letramentos e muitos pesquisadores nos últimos tempos foram levados a estudar o assunto e a descrever as mudanças recentes nas práticas. Entre tais mudanças, os autores elencam as seguintes, comuns aos achados dos diferentes autores no campo de pesquisa:

(1) A internet foi a tecnologia que essa geração definiu para o letramento e a aprendizagem na nossa comunidade global.
(2) A internet e as tecnologias a ela relacionadas requerem novos letramentos adicionais para se poder ter pleno acesso a seu potencial.
(3) Os novos letramentos são dêiticos[5].
(4) Os novos letramentos são múltiplos, multimodais e multifacetados.
(5) Os letramentos críticos são centrais para os novos letramentos.
(6) Os novos letramentos requerem novas formas de conhecimento estratégico.
(7) As novas práticas sociais são um elemento central dos novos letramentos.
(8) Professores tornam-se mais importantes, embora seu papel mude em salas de aula de novos letramentos (Leu, Coiro *et al.*, p. 5).

Já em 2007, Knobel e Lankshear cunhavam o termo "novos letramentos". As mudanças provocadas nos letramentos pelas TDIC também eram a razão do adjetivo "novo". Os autores observavam que, por um lado, as tecnologias eram novas: havia mudanças nos códigos-fonte, com

[5] Segundo os autores, "*dêixis* é um termo usado pelos linguistas [...] para definir palavras cujo significado muda rapidamente, conforme muda o contexto. *Amanhã*, por exemplo, é um termo dêitico; o significado de "amanhã" se torna "hoje" a cada 24 horas. O significado de *letramento* também se tornou dêitico porque vivemos em uma era de rápidas mudanças nas tecnologias de informação e comunicação, cada uma delas requerendo novos letramentos (Leu, 1997; 2000)" (Leu; Coiro *et al.*, p. 1).

novos aplicativos de texto, som, imagem, animação, novas ferramentas de comunicação etc. Também havia uma multiplicação de novos dispositivos digitais: computadores, consoles, mas também *laptops,* tocadores de mp3 e mp4, *tablets*, celulares. Havia aumento nas bandas de conexão e tudo isso convocava novas habilidades técnicas da parte do usuário como clicar, cortar e colar, arrastar, ampliar, lidar com muitas janelas etc. Mas isso, embora determinasse novos comportamentos, não configurava por si só novos letramentos. Esses eram definidos pela emergência de um novo *ethos*[6], uma nova mentalidade 2.0. Por isso, os novos letramentos são mais participativos, colaborativos, distribuídos; ou seja, menos individualizados, autorados, dependem menos de licenças de publicação. Assim sendo, são menos dominados por especialistas, seguem regras e normas mais fluidas, os coletivos são as unidades de produção, competência e inteligência. Os novos letramentos maximizam relações, diálogos, redes e dispersões, são o espaço da livre informação e inauguram uma cultura do remix e da hibridação.

As novas tecnologias, aplicativos, ferramentas e dispositivos viabilizaram e intensificaram novas possibilidades de textos/discursos — hipertexto, multimídia e, depois, hipermídia — que, por seu turno, ampliaram a multissemiose ou multimodalidade dos próprios textos/discursos, passando a requisitar novos (multi)letramentos.

Conforme Leu, Coiro *et al.* (2017: 6),

> As novas tecnologias de informação e comunicação em rede são complexas e requerem muitas novas estratégias para seu uso efetivo. Tecnologias de hipertexto, que incluem múltiplas formas de mídia e liberdades ilimitadas de padrões múltiplos de navegação apresentam oportunidades que podem seduzir alguns leitores para além do conteúdo importante, a menos que eles tenham desenvolvido estratégias para lidar com essas seduções (Lawless; Kulikowich, 1996; Lawless; Mills; Brown, 2002). Outras mudanças cognitivas e estéticas do texto na internet apresentam desafios estratégicos adicionais à compreensão (Afflerbach; Cho, 2010; Coiro, 2003; Hartman *et al.*, 2010; Spires; Estes, 2002), à pesquisa (Eagleton, 2001) e

[6] Segundo a Wikipédia, "*ethos*, na sociologia, é uma espécie de síntese dos costumes de um povo. O termo indica, de maneira geral, os traços característicos de um grupo, do ponto de vista social e cultural, que o diferencia de outros. Seria assim um valor de identidade social. *Ethos* significa o modo de ser, o caráter. Isso indica o comportamento do homem dando origem a palavra ética" (disponível em: <http://pt.wikipedia.org/wiki/Ethos>. Acesso em: 31 jul. 2019).

à busca de informação (Rouet; Ros; Goumi; Macedo-Rouet; Dinet, 2011; Sutherland-Smith, 2002). Portanto, novos letramentos frequentemente serão definidos em torno do conhecimento estratégico central para o uso efetivo da informação em ambientes rica e complexamente conectados.

Por outro lado, a nova mentalidade, ou novo *ethos*, intensifica atitudes típicas dos novos letramentos, como a colaboração, a abertura de direitos autorais, os recursos abertos e a tendência à hibridação e à cultura remix. Uma figura emblemática na defesa desse novo *ethos* foi Aaron Swartz[7], o ciberativista.

Uma boa maneira terminar este capítulo, concretizando o novo *ethos* configurado pelos novos letramentos, é conhecer a história desse jovem ativista pelo direito ao livre conhecimento e à livre informação na internet. Veja o documentário:

The Internet's Own Boy.
Disponível em: <https://youtu.be/sTt2n6wBUQg>. Acesso em: 31 jul. 2019.

[7] Aaron Hillel Swartz (Chicago, 8 de novembro de 1986 – Nova York, 11 de janeiro de 2013) foi um programador estadunidense, escritor, ativista político e hackativista. Um dos criadores do *feed* RSS e cofundador do Reddit e da organização ativista *online* Demand Progress. Swartz foi um dos arquitetos das licenças Creative Commons. Sua contribuição não se resume ao plano técnico. Ele foi membro do Centro Experimental de Ética da Universidade Harvard e também se tornou um notório ativista pela democratização da informação na *web*, manifestando-se contra projetos de lei, tais como o Stop Online Piracy Act (SOPA). (*Wikipédia*. Disponível em: <https://pt.wikipedia.org/wiki/Aaron_Swartz>. Acesso em: 31 jul. 2019).

CAPÍTULO 2

MÍDIAS

1. Mídia como meio de comunicação
2. Mídia e modo
3. Mídias, multimídia, hipermídia
4. Um mundo transmídia

Neste segundo capítulo, vamos tratar de outro conceito central para a discussão neste livro que é o conceito de **mídia.** *Mídia,* do latim *media*, plural de *medium* (meio) chega até nós por meio do inglês *media* (que pronunciamos *mídia*). Costumamos dividir as mídias em mídia impressa (jornais, revistas), mídia eletrônica (rádio, TV) e mídia digital (internet), embora a distinção possa estar ultrapassada pelo fato de que, hoje, tudo foi digitalizado (o impresso, o rádio, a TV etc.).

Designa, de maneira geral, o conjunto de meios de comunicação social. Rodrigues (s.d.) nos conta uma historieta interessante, relatada por Conan Doyle, sobre a origem da palavra:

> O termo *medium (*no plural, *media*) é um termo latino introduzido em inglês, no final do século XIX, nos Estados Unidos da América, no contexto cultural específico dessa época, para designar três inventos recentemente inventados: o telégrafo, a fotografia e o rádio. O que levava os americanos a designarem esses inventos como mídia era o fato de tornarem possível a transmissão de mensagens entre pessoas distantes, objetivo que os

> médiuns também procuravam atingir nas sessões espíritas que surgiram nessa época. Este neologismo surgiu, por conseguinte, no contexto da associação dessas técnicas com o kardecismo e a prática do espiritismo, então muito em voga nos Estados Unidos.
> O que contribuiu para a conjugação desses inventos com o espiritismo, à primeira vista tão diferentes, foi o facto de a fotografia, a telegrafia e a telefonia serem frequentemente utilizadas, nos primeiros tempos, pelos médiuns, nas sessões espíritas, para sugerir a presença dos familiares e dos amigos falecidos ou que tinham ficado nos países europeus de onde eram originários os colonos do continente americano. Como as fotografias da época não tinham a qualidade e a precisão das fotografias de hoje, os retratos davam a impressão de estar rodeados por uma espécie de auréola que era interpretada como a representação da aura ou da alma das pessoas retratadas. Era essa impressão que os médiuns utilizavam para provocarem a ilusão da presença dos familiares distantes ou dos entes queridos desaparecidos. Por seu lado, a batida do telégrafo e os ruídos que acompanhavam o som das primeiras emissões radiofônicas, ainda em fase de experimentação laboratorial, que, na época, utilizavam as ondas curtas que, como sabemos, são de difícil sintonização, eram encarados como curiosidades semelhantes às que costumavam ser apresentadas nos circos e nas feiras. Os sons captados eram acompanhados de ruídos semelhantes aos de passos associados ao caminhar por cima de gravilha ou de areia, o que era utilizado pelos médiuns para sugerir os passos das pessoas evocadas pelos participantes nas sessões que organizavam. O entusiasmo com que esses novos dispositivos foram adotados decorria, por isso, da sua natureza telepática, do fato de possibilitarem o contato com as pessoas distantes ou desaparecidas, numa época em que essa possibilidade animava e mobilizava de maneira muito intensa a imaginação das pessoas (Rodrigues, s.d., s.p.).

Curiosidades à parte, *mídia* é, no entanto, uma espécie de palavra-ônibus em que cabem 48 significados sentados e 22 em pé. Já em sua origem, segundo Rodrigues (s.d.), o termo designava tanto aparelhos e dispositivos mecânicos e eletrônicos (telégrafo, rádio) quanto seus produtos (fotografia). Atualmente, a palavra é usada, com frequência, para designar também a *imprensa*, a *grande imprensa*, o *jornalismo*, o *meio de comunicação*, o *veículo*, em manchetes como, por exemplo:

- "Tragédia em Santa Maria segue nas manchetes da mídia internacional" (*O Globo*, 28/1/2013);
- "Presidente reafirma que não vai regular mídias" (*O Globo*, 6/5/2019);
- "Bolsonaro descarta regulação das mídias sociais" (*O Estado de S. Paulo*, 6/5/2019).

Sendo assim, dedicaremos este segundo capítulo a afinar o que entendemos por mídia e a explorar como as novas TDIC (as Tecnologias Digitais da Informação e Comunicação) vêm alterar a relação entre as várias mídias.

1. MÍDIA COMO MEIO DE COMUNICAÇÃO

Para Martino (2016: 13),

> Uma epistemologia da comunicação talvez deva enfatizar, em primeiro lugar, o aspecto "comunicação" para depois mencionar a questão dos "meios" e da "tecnologia". Este último aspecto parece ser uma modalidade específica de um fenômeno relacional, a "comunicação", mais amplo e difícil de definir do que uma "mídia" — conceito, por sua vez, igualmente fluido, mas que parece apresentar contornos um pouco mais nítidos nas pesquisas da área.

O autor aborda uma primeira definição de mídia como "determinado aparato de caráter artificial produzido dentro de um contexto histórico, econômico e social, por intermédio do qual se estabelecem relações" para, depois, progredir para uma definição em que as mídias seriam

> Um conjunto de "meios de comunicação", de "massa" ou "digitais", destacados sobretudo por se tratar de dispositivos tecnológicos englobados, por vezes, em um âmbito institucional no qual "mídia" ganha também o significado de "empresa de comunicação" e em que a mídia é encarada como o elemento agenciador das ações e condições de realização de determinados fatos (Martino, 2016: 14).

Ou seja, um elemento capaz de prover propiciações, como vimos no tratamento dado ao tema por Kress (2003).

Santaella (2003a, 2003b) se referirá ao conceito de "cultura das mídias" que vinha construindo desde 1992, no livro *Cultura das mídias*, mas que vai ganhar clareza com sua leitura de García-Canclini (1989) em 1997, quando do lançamento da tradução brasileira. García-Canclini vai contribuir para a elaboração da autora. Ela, então, propõe, em 2003, que podemos entender as mudanças culturais, pelo menos em parte, a partir das mudanças nas mídias.

Assim, Santaella (2003b) vai propor seis eras culturais das mídias. São elas:

(1) a cultura do oral;
(2) a cultura da escrita;
(3) a cultura do impresso;
(4) a cultura de massas;
(5) a cultura das mídias;
(6) e, finalmente, a cibercultura ou cultura digital.

Pela lista, nota-se que o motor de mudança entre essas culturas é tanto as linguagens como as mídias de que se valem e suas possibilidades inerentes de reprodução, distribuição e controle. Segundo Santaella, a cultura das mídias, que caracteriza a passagem da cultura da escrita e do impresso para a cibercultura,

> Não se confunde nem com a cultura de massas, de um lado, nem com a cultura virtual, ou cibercultura de outro. É, isto sim, uma cultura intermediária, situada entre ambas. Quer dizer, a cultura virtual não brotou diretamente da cultura de massas, mas foi sendo semeada por processos de produção, distribuição e consumo comunicacionais a que chamo de "cultura das mídias". Esses processos são distintos da lógica massiva e vieram fertilizando gradativamente o terreno sociocultural para o surgimento da cultura virtual ora em curso (Santaella, 2003: 24).

A autora vai privilegiar a designação "meios de comunicação" e reservar um lugar especial para o termo "mídias". Ela enfatiza, antes de tudo, que "os meios de comunicação, desde o aparelho fonador até as redes digitais atuais, não passam de meros canais para a transmissão de informação" (p. 24). E vai lembrar que não devemos crer que as mudanças culturais e sociais se dão meramente pelo aparecimento de novos meios de comunicação ou de novas tecnologias, mas que eles propiciam novos tipos e modos de circulação e de controle das mensagens e das linguagens, que podem influenciar as mudanças culturais.

Apelando para McLuhan (1964), Santaella vai lembrar que "veículos são meros canais, tecnologias que estariam esvaziadas de sentido não fossem as mensagens que nelas se configuram" (p. 25). No entanto, não podemos negar que as mídias têm diferentes propiciações e que elas terão impacto nas linguagens e nas mensagens. Assim, devemos "pressupor tanto as diferentes linguagens e sistemas sígnicos que se configuram dentro dos veículos em consonância com o potencial e limites de cada veículo quanto [...] as misturas entre linguagens que se realizam nos veículos híbridos de que a televisão e, muito mais, a hipermídia são exemplares" (p. 25).

O que há de diferente na cultura das mídias? Para Santaella (2003b: 27),

> Essas tecnologias, equipamentos e as linguagens criadas para circularem neles [equipamentos e dispositivos da cultura das mídias] têm como principal característica propiciar a escolha e consumo individualizados, em oposição ao consumo massivo. São esses processos comunicativos que considero como constitutivos de uma cultura das mídias. Foram eles que nos arrancaram da inércia da recepção de mensagens impostas de fora e nos treinaram para a busca da informação e do entretenimento que desejamos encontrar. Por isso mesmo, foram esses meios e os processos de recepção por eles engendrados que prepararam a sensibilidade dos usuários para a chegada dos meios digitais, cuja marca principal está na busca dispersa, alinear, fragmentada, mas certamente uma busca individualizada da mensagem e da informação.

Esse conceito da autora (cultura das mídias) sempre me faz lembrar o início dos anos 1990, em que era natural, ao viajarmos de férias, prepararmos fitas K7 gravadas para embalarem nosso descanso. Ou, se ficássemos em grandes centros urbanos, passarmos em uma videolocadora para garantir os vídeos daquele final de semana. Assim, faz sentido Santaella afirmar que, na cultura de massas, não há escolhas: consumíamos o que era disponibilizado e como era disponibilizado, de acordo com os interesses em jogo.

Assim, se pudermos fazer um quadro ilustrativo dessas relações, teremos:

Seis eras culturais das mídias (Santaella, 2003a; 2003b)			
Eras culturais	**Mídias**	**Tecnologias comunicacionais**	**Semioses**
Cultura oral	Aparelho fonador/ ondas sonoras		Línguas orais
Cultura escrita	Paredes/ tabuinhas de barro/rolo/códex	Diversos instrumentos de gravura	Línguas escritas/ iluminuras
Cultura impressa	Impressos	Prensa/litografia/ impressão *offset*/ impressão digital	Línguas escritas/ imagens estáticas
Cultura de massas	Rádio Cinema TV	Gramofone/rádio/ rádio-vitrola/ projetores-telas-filmadoras/ televisores analógicos	Línguas orais e escritas/música/ imagens estáticas e em movimento
Cultura das mídias	Videogames/ Videoclipes/ Filmes em vídeo/ TV a cabo	Fotocopiadoras/ Videocassetes/ Videogravadores/ Gravadores de áudio/ *Walkman*/*Walktalk*/ Fitas K-7 e VHS	Línguas orais e escritas/música/ Imagens estáticas e em movimento
Cultura digital	Computadores/ *laptops*/*tablets*/ celulares/TV digital	Programas/softwares/*apps* de edição e reprodução de texto, áudio, imagem e vídeo	Línguas orais e escritas/música/ imagens estáticas e em movimento

Quadro das seis eras culturais das mídias
(a partir de Santaella, 2003a; 2003b, por Rojo e Moura [2019]).

A cultura das mídias é um momento em que o consumidor passa a ter alguma escolha, momento em que pode passar a montar suas próprias "coleções", como diria García-Canclini (2008 [1989]). A cultura das mídias "é uma cultura do disponível e do transitório" (p. 26) e a cibercultura, a cultura do acesso. Segundo Jenkins (2006: 29), elas vão preparar e viabilizar uma cultura da convergência, caracterizada pelo "fluxo de conteúdos através de múltiplas plataformas de mídia, a cooperação entre múltiplos mercados midiáticos e o comportamento migratório dos públicos dos meios de comunicação, que vão a quase qualquer parte em busca das experiências de entretenimento que desejam".

Atualizando, alguns anos mais tarde, suas reflexões, Santaella (2007: 194) vai afirmar:

> Já estamos imersos neste momento [...] na quinta geração de tecnologias comunicacionais. Os meios de comunicação de massa eletromecânicos (primeira geração) e eletroeletrônicos (segunda geração) foram seguidos por aparelhos, dispositivos e processos de comunicação *narrowcasting* (terceira geração). Ao mesmo tempo em que iam minando o domínio exclusivista dos meios de massa, esses processos preparavam o terreno da sensibilidade e cognição humanas para o surgimento dos computadores pessoais ligados a redes teleinformáticas (quarta geração). Estes, por sua vez, foram muito rapidamente sendo mesclados aos aparelhos de comunicação móveis (quinta geração), constituindo assim, em muito pouco tempo, cinco gerações de tecnologias comunicacionais coexistentes.

E a autora vai nomear essas cinco "gerações tecnológicas" como:

(1) *tecnologias do reprodutível,* ou, como quer Benjamim, a era da reprodutibilidade técnica, em que tecnologias eletromecânicas (imprensa, fotografia e cinema) guiam o olhar *alerta e descontínuo* de um *leitor movente*;

(2) *tecnologias da difusão*, em que a indústria cultural, viabilizada por tecnologias eletroeletrônicas (rádio, TV) convive com as anteriores e afirma seu poder de difusão na cultura de massas, que desemboca na cultura das mídias;

(3) *tecnologias do disponível*, de pequeno porte, atendem a necessidades mais segmentadas e personalizadas características da cultura das mídias;

(4) *tecnologias do acesso,* com a convergência dos computadores e das telecomunicações (*modem*, *mouse*, *software,* internet), que viabilizam a interatividade;

(5) *tecnologias da conexão contínua* ou tecnologias móveis (celulares, *smartphones*, relógios, óculos, pulseiras, *apps*), "tecnologias nômades que operam em espaços físicos não contíguos" (Santaella, 2007: 195-201).

Passamos então das telas de cinema e TV para as fitas VHS alugadas em locadoras e para o *streaming* de vídeo em computadores e *laptops* e para as telas de HDTV digital, *tablets* ou celulares, onde podemos escolher na Netflix o filme a que queremos assistir. Há uma vinheta do Telecine que mostra bem esse processo histórico de transformação das mídias:

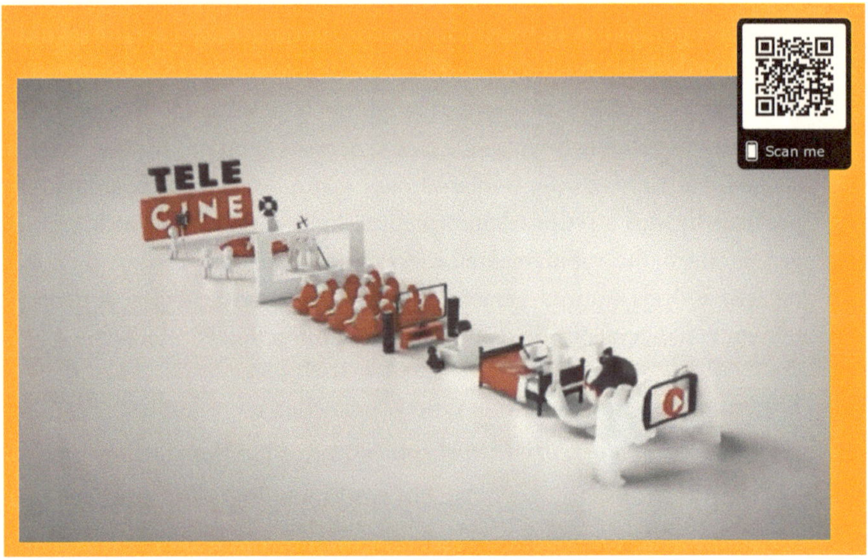

Vinheta Telecine — Transformação das mídias. Disponível em: <https://youtu.be/p6mFaZZMYKo>. Acesso em: 31 jul. 2019.

A (r)evolução das tecnologias e das mídias, no último século, é contínua, rápida e tem determinado mudanças acentuadas no consumo e na recepção/produção das linguagens e dos discursos.

2. MÍDIA E MODO

Nesta seção, vamos estabelecer um diálogo entre dois autores de duas áreas diferentes (mídia e educação para a mídia[1], de um lado, semiótica e educação, de outro), nomeadamente, Buckingham — no campo da mídia — e Kress (e o GNL) — no campo de semiótica e educação.

[1] Cumpre esclarecer que Kress é Professor Emérito de Semiótica e Educação no Departamento de Cultura, Comunicação e Mídia do Instituto de Educação da University College London. Buckingham, por sua vez, é Professor Emérito de Mídia e Comunicações na Universidade de Loughborough e foi Professor Visitante no King's College London.

Fazemos isso com a intenção de apresentar dois olhares diferentes para o papel das mídias nos textos e letramentos contemporâneos.

Buckingham (2007: 43) nota que, nos últimos vinte anos, "houve muitas tentativas de estender o conceito de letramento para além de seu escopo original de aplicação à mídia escrita". Entre elas, como vimos no capítulo 1, o manifesto do GNL e o debate entre Kress e Street sobre os multiletramentos. Isso implicou uma explosão de denominações para além de "novos" e "multiletramentos", tais como: letramento visual, letramento televisivo, cineletramento, letramento informacional, letramento digital etc.

Em 2012, o autor tece críticas também ao conceito de multimodalidade, afirmando que o conceito foi apropriado no uso popular "de um modo que meramente reforça uma distinção já de longa tradição entre textos impressos e não impressos", o que contribui, particularmente, "para o contínuo esquecimento das mídias de imagens em movimento — mídias centrais para a aprendizagem e as experiências da vida cotidiana de crianças" (Bazalgette; Buckingham, 2012: 95). Como primeira crítica, o autor sustenta que o conceito de modo e a teoria da multimodalidade podem ser vistos como uma extensão da linguística, ampliando o alcance de conceitos e métodos de análise linguísticos a enunciados visuais e audiovisuais, seguindo uma tradição inaugurada por semiologistas como Barthes e Christian Metz.

"Embora haja diferenças teóricas entre a abordagem semiótica estruturalista e a teoria da semiótica social na qual a teoria da multimodalidade está baseada, em muitos aspectos, a ambição permanece a mesma" (Bazalgette; Buckingham, 2012: 96). A sustentação desse argumento baseia-se no fato de que Kress (2010) aborda desenhos infantis, anúncios publicitários, sinais de trânsito, ilustrações de livros, embalagens, *sites* etc., mas, embora Kress saiba da importância dos *games*, dos filmes e da televisão, "ignora completamente essas mídias e mantém uma ênfase central na página impressa" (p. 96).

As observações do autor levam-nos à conclusão de que o conceito de modo de Kress parte da observação de impressos, enquanto a argumentação de Buckingham baseia-se numa visão geral das mídias, principalmente aquelas de maior impacto não na escola, mas na vida cotidiana dos jovens (*games*, vídeos, cinema, TV), que incorporam música e imagens em movimento.

Segundo Bazalgette e Buckingham (2012), a partir da "virada linguística" das ciências humanas e sociais, datada dos anos 1970,

> Parece que tudo passou a ser visto como "texto" que pode ser explicado e analisado em termos linguísticos: da cultura popular à moda e à comida e da política às estruturas do inconsciente, tudo é linguagem. E essas linguagens podem todas ser compreendidas como sistemas lógicos, com seus próprios códigos, convenções e formas da gramática e da sintaxe. [...] Como uma forma de semiótica[2], a teoria da multimodalidade representa a última manifestação deste projeto de longa duração (p. 98).

A isso, os autores contrapõem a ideia de que não é nova a constatação de que a comunicação pode envolver diversos modos — visual, escrito, auditivo, musical, gestual etc. "Há uma longa tradição de análise visual em campos como história da arte e estudos do cinema e há décadas que os educadores de mídia vêm trabalhando com diferentes modos e mídias" (p. 98).

De fato, ao analisar o trabalho inaugural de Kress e Van Leeuwen (1996) sobre o tema, reconhecemos, desde o título — **Lendo** *imagens: A* **gramática** *do design visual* — a projeção do verbal sobre outras semioses. Nesse sentido, preferimos, neste livro, "chamar os universitários" — isto é, recorrer, na medida do possível, a autores ligados aos campos específicos da imagem estática (pintura e fotografia — capítulo 3), do cinema e do *vidding* (capítulo 4), da música e do *sampling* (capítulo 5) e, finalmente, então sim, da escrita e do impresso (capítulo 6).

Mas não é somente no título que esse pendor se revela. Já na terceira página do capítulo de Kress e Van Leeuwen (1996: 156-157) dedicado à multimodalidade e aos modos, os autores utilizam os diagramas do circuito da fala de Ferdinand de Saussure, no *Curso de linguística geral* de 1916, e um fotograma do filme *The Big Knife*, de Aldridge (1955), para discutir os conceitos de modo e modalidade:

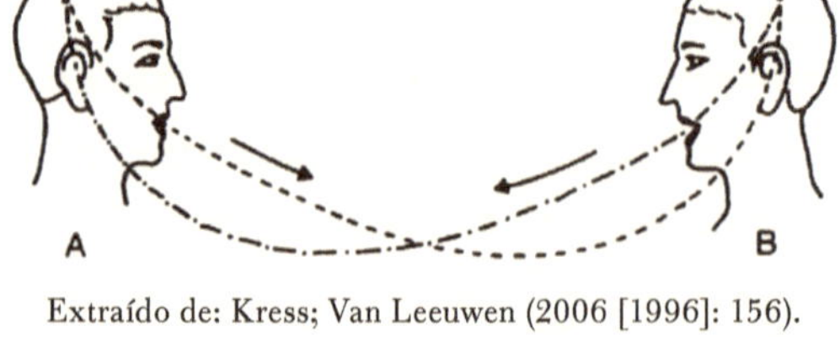

Extraído de: Kress; Van Leeuwen (2006 [1996]: 156).

[2] Baseada na gramática sistêmico-funcional de Halliday (1979).

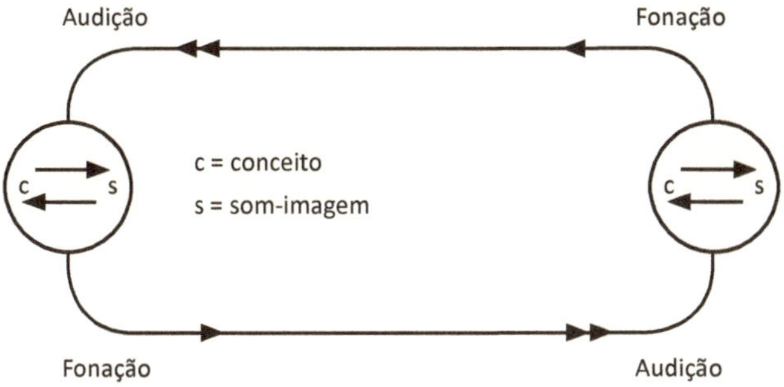

Extraído de: Kress; Van Leeuwen (2006 [1996]: 157).

Extraído de: Kress; Van Leeuwen (2006 [1996]: 157).

Para concluir que "os diagramas são abstratos e esquemáticos enquanto a fotografia é concreta e detalhada; convencionalizados e codificados, enquanto a fotografia apresenta-se como naturalística, não mediada, uma representação não codificada da realidade". Como se não houvesse uma linguagem do cinema e da fotografia, com tomadas, planos, luz e sombra etc., que colaboram na construção da significação da imagem.

Inserimos esta seção neste capítulo, de certo modo, para justificar por que escolhemos, ao longo do livro, o termo *multissemiose* ao invés de *multimodalidade* e não utilizamos as obras do GNL ou de Kress e seus colaboradores na exposição e análise das diferentes semioses, mas buscamos teorias e autores mais afinados com cada uma das mídias e semioses analisadas nos capítulos 3 a 6.

3. MÍDIAS, MULTIMÍDIA, HIPERMÍDIA, METAMÍDIA

> Conforme as novas tecnologias possibilitaram artefatos para construir novas relações com a realidade do mundo cotidiano, fomos nos deslocando das narrativas orais para a literatura escrita, do desenho e pintura para a fotografia, filme e vídeo e da interação com textos fixos para novos modos de participação em sistemas materiais que tornam os textos dinamicamente responsivos à nossa leitura (Lemke, *working draft*, s.d.: 1).

Nesta seção, vamos apresentar o posicionamento de Lemke (s.d.; 1998 [2010]) sobre a questão das mudanças históricas nos textos e enunciados digitais contemporâneos e seus impactos sobre os novos letramentos. A partir da ideia de que "hoje nossas tecnologias estão nos movendo da era da 'escrita' para a da autoria 'multimidiática', em que documentos e imagens de notações verbais e textos escritos propriamente ditos são meros componentes de objetos mais amplos de construção de significados", Lemke (1998 [2010]: 456)[3] vai nos alertar que, à época em que escrevia, as mudanças nos textos digitais com o surgimento do hipertexto, aliadas às possibilidades abertas no universo digital pela **multimídia** (combinação, na mesma tela, de textos escritos e imagens estáticas de maneira não remissiva), iriam nos abrir a realidade futura da **hipermídia**.

O hipertexto surge no momento em que o texto passa ao digital, não mais como uma imagem em *bitmap* de página — aqueles PDFs em que você não consegue selecionar uma palavra ou frase porque a imagem do texto está reproduzida como um todo, em blocos de páginas que, hoje, você pode transformar (com alguns erros), por meio da ferramenta Adobe OCR[4] Text Recognition —, mas como o que Lemke está chamando de texto digital, que reproduz separadamente letras, espaços, palavras e outras imagens. Para Lemke, esse processo de digitalização do texto possibilitará o surgimento do hipertexto, pois, a partir do momento em

[3] Este texto de Lemke foi originalmente publicado em 1998, com o título *Metamedia Literacy: Transforming Meanings and Media*, como um capítulo do livro de Reinking *et al.* (orgs.). *Literacy for the 21st Century: Technological Transformation in a Post-Typographic World.* Mais de uma década depois, em 2010, foi traduzido para o português e publicado na Revista *Trabalhos em Linguística Aplicada,* com o título *Letramento metamidiático: transformando significados e mídias.* Faço esta nota para sublinhar o quanto a reflexão e o posicionamento do autor foram pioneiros em 1998, quando quase nada do que ele estava prevendo era disponível.

[4] OCR - Optical Character Recognition ou Reader é a conversão mecânica ou eletrônica de imagens de textos escritos a mão, datilografados ou impressos para um texto digital codificado pela máquina (disponível em: <https://en.wikipedia.org/wiki/Optical_character_recognition>. Acesso em: 31 jul. 2019).

que o texto digital assim se apresenta, "ele é facilmente pesquisável. E se pode ser pesquisável, pode ser indexado e estabelecer referência com outros textos. Agora, o texto é simultaneamente um banco de dados, e o hipertexto nasce (Nelson, 1974; Landow, 1992; Bolter, 1991 e 1998)" (Lemke, 2010 [1998]: 471-472).

Podemos criar uma *ligação* ou *link* entre uma palavra (ou imagem) do texto e outros textos. Como diz Lemke (2010 [1998]: 472):

> Se podemos usar uma palavra ou frase no texto como um indexador para encontrar outras ocorrências e também adicionar referências para outros itens específicos em um mesmo texto, por que não fazer então ligações com outros textos? Nos casos mais simples, os hipertextos nos oferecem apenas um *link* por item, mas há uma limitação inerente ao tipo no conceito ou tecnologia. Se podemos pular de um texto a outro, e para múltiplos pontos de aterrissagem em cada ponto de partida, precisaremos de alguma assistência para navegar e retroceder e ter uma noção do espaço textual que estamos projetando e atravessando.
> Agora, a aprendizagem muda. Ao invés de sermos prisioneiros de autores de livros-texto e de suas prioridades, escopos e sequência, somos agentes livres que podem encontrar mais sobre um assunto que os autores sintetizaram, ou encontrar interpretações alternativas que eles não mencionaram (ou com a qual concordam ou até mesmo consideram moral ou científico). Podemos mudar o assunto para adequá-lo ao nosso juízo de relevância, para nossos próprios interesses e planos e podemos retornar mais tarde para um desenvolvimento padrão baseado no livro texto. Podemos aprender como se tivéssemos acesso a todos esses textos e como se tivéssemos um especialista que pudesse nos indicar a maioria das referências entre tais textos. Temos agora de aprender a realizar formas mais complexas de julgamento e ganhamos muita prática fazendo isso.

E completa: "A próxima geração de ambientes de aprendizagem interativos adiciona imagens visuais e sons e vídeos, além de animação, o que se torna muito prático quando a velocidade e a capacidade de armazenamento podem acomodar estes significados densos de informação topológica" (p. 472). Isto é, imagens estáticas e em movimento, áudio de todo tipo. A conclusão é o nascimento da **multimídia**, característica principal deste nosso livro. Conclui o autor:

> Essas mídias mais topológicas não podem ser indexadas e referenciadas por seu conteúdo interno (o que a figura mostra, por exemplo). Devem

> sim ser tratadas como "objetos" inteiros. Mesmo assim, como objetos podem se tornar nós para hipertextos e, então, a **hipermídia** nasce (ver Landow; Delany, 1991; Bolter, 1998) [...], ainda é importante notar que não é apenas o uso da hipermídia que as novas tecnologias tornam mais fácil, mas a sua autoria. Hoje, qualquer um edita um áudio ou um vídeo em casa, produz animações de boa qualidade, constrói objetos e ambientes tridimensionais, combina-os com textos e imagens paradas, adiciona música e voz e produz trabalhos muito além do que qualquer editora ou estúdio de cinema poderia fazer até alguns anos atrás (p. 472).

Como o leitor viu na apresentação deste livro, a passagem da **multimídia** para a **hipermídia** foi uma das dificuldades que tivemos ao editar este livro. Conseguíamos inserir todo tipo de conteúdo topológico no texto (imagens, fotos, filmes, vídeos, animações, áudios, músicas etc.), mas de maneira multimídia. E assim os filmes, vídeos, animações, áudios, músicas (imagens em movimento e áudio) se transformavam em fotos mudas. Para acessá-las, o leitor precisaria digitar o *link* em um navegador para acessar os objetos, coisa que (quase) nenhum leitor do impresso fará. Nós queríamos um livro **hipermídia**, que permitisse ao leitor, como faz o digital, ver imediatamente os vídeos, filmes e animações, ouvir as músicas, canções e falas, no lugar em que se encontravam. E como o leitor também viu na apresentação, quem nos resolveu este problema foi um aluno nosso de 1º ano de Letras, nascido por volta de 2000 ou 2002.

Mas tudo de que estamos falando agora são questões *web* 2.0[5] em que, com o progressivo aumento da velocidade de conexão (banda larga

[5] A primeira geração da internet (*web* 1.0) dava informação unidirecional (de um para muitos), como na cultura impressa ou de massa. Com o aparecimento de *sites* de rede social, como Orkut e Facebook, a *web* tornou-se cada vez mais interativa. Na chamada *web* 2.0 (segunda geração da rede mundial de computadores), são principalmente os usuários que produzem conteúdos em postagens e publicações, em redes sociais interativas como Facebook, Twitter, Tumblr, Google+, na *Wikipédia*, em redes de mídia como YouTube, Flickr, Instagram etc. À medida que as pessoas se familiarizaram com a *web* 2.0, foi possível a marcação e a etiquetagem semântica de conteúdos dos usuários, o que abre caminho para a *web* 3.0, a dita internet "inteligente". Por um processo de "aprendizagem" contínua por meio da etiquetagem, a *web* 3.0 pretende antecipar o que o usuário gosta ou detesta, suas necessidades e seus interesses, de maneira a oferecer em tempo real conteúdos e mercadorias customizados e mapear seus interesses. Os efeitos dessa "inteligência" já começam a se fazer sentir em diferentes *sites*, inclusive ou principalmente nas redes sociais. Hoje, cogita-se a *web* 4.0 que, segundo alguns estudiosos, será como um gigantesco sistema operacional inteligente e dinâmico, incluindo a "internet das coisas", que irá suportar as interações dos indivíduos e das coisas, utilizando os dados disponíveis, instantâneos ou históricos, para propor ou suportar a tomada de decisão, com base num complexo sistema de inteligência

em *megabytes*) e da capacidade de armazenamento das máquinas (*kilobyte, megabyte, gigabyte, terabyte*, nas nuvens), passamos a poder indexar aos textos vários tipos de conteúdos em várias mídias e formatos. Lemke ainda anuncia, em seu texto, funcionamentos *web* 3.0 e seus impactos na aprendizagem do futuro:

> A chave para os paradigmas de aprendizagem interativos, no entanto, não são nem os *hiperlinks* nem a multimídia, mas a interação por si mesma. A **mídia interativa** apresenta a si mesma de forma diferente para diferentes usuários, dependendo das ações deles próprios. Isto pode ser tão simples quanto ver uma imagem ao invés de outra depois de clicar em um *link*, mas isso se torna útil em termos educacionais na medida em que o resultado das interações se acumula de maneira inteligente de tal forma que toda a história da minha interação com um programa influencia o que ele me mostra quando clico naquele *link*. Este é o princípio básico dos sistemas tutoriais inteligentes (STIs, ver Wenger, 1987), um desenvolvimento paralelo à hipermídia educacional, mas que está ainda muito dentro do paradigma curricular. Um programa STI constrói um "modelo de usuário" ao longo do tempo e personaliza suas respostas para levar o usuário idealisticamente a um propósito de aprendizagem fixo. Cada usuário diferente segue caminhos potenciais diferentes, mas termina no mesmo lugar. [...] O modelo de usuário catalogaria os locais em que estivemos, nossos estilos de aprendizagem e preferências, nosso conhecimento prévio em diferentes assuntos e ofereceria uma série de escolhas filtradas para cada salto ou ligação que pudesse otimizar seus valores potenciais para nós. [...] O programa "nos reconheceria" e faria, de fato, sugestões para nos ajudar a fazer o máximo possível no ciberespaço. Poderia costurar para as nossas necessidades o texto e as imagens geradas (cf. Hovy, 1987). Também poderia, se necessário, reconfigurar informações de uma mídia a outra, até onde isso fosse possível, variando a relativa ênfase no texto, na voz, nas imagens paradas, nos vídeos, nas animações e em graus de abstração, tanto pela seleção dos itens disponíveis, quanto pela conversão de um no outro. Isto poderia, dessa forma, ser na verdade um sistema metamidiático (Lemke, 2010 [1998]: 473-474).

Embora isso ainda esteja no futuro, não será um futuro tão distante assim. Muitos pesquisadores, inclusive o próprio GNL (Cope; Kalantzis),

---

artificial, que operará com base em tecnologias móveis e ubíquas, como *smartphones*, relógios, óculos e mesmo *chips* implantados.

estão despendendo tempo e envidando esforços na criação de sistemas de aprendizagem inteligentes desse tipo (CGSchollar[6]).

De todo modo, nesta seção, pudemos ver como passamos das mídias para a multimídia, o hipertexto, a hipermídia e como a metamídia já se anuncia com base em processos de tagueamento e *affordances web* 3.0.

Agora, na última seção, bem breve, vamos passar a ver outro modo como as mídias conversam entre si atualmente na sociedade.

4. UM MUNDO TRANSMÍDIA

> Bem-vindo à cultura da convergência, onde as velhas e as novas mídias colidem, onde mídia corporativa e mídia alternativa se cruzam, onde o poder do produtor de mídia e o poder do consumidor interagem de maneiras imprevisíveis (Jenkins, 2006: 29).

Já em sua introdução ao livro *Cultura da convergência*, Jenkins (2006) dá as boas-vindas a um funcionamento sociocultural que faz "convergir" e interagir de maneira inusitada entes que antes andavam separados: não somente as mídias (como acabamos de ver), mas fãs ("mídia alternativa") e corporações ("mídia corporativa"), produção e consumo. O autor vai definir outro modo de relação entre as mídias desenvolvido neste decênio, a partir das franquias: o modo *transmídia*.

Tomando como exemplo a franquia *Matrix,* o autor cunha o conceito de "narrativa **transmídia**" para definir a relação entre as mídias de entretenimento e consumo. Em suas palavras:

> A narrativa transmidiática refere-se a uma nova estética que surgiu em resposta à convergência das mídias — uma estética que faz novas exigências aos consumidores e depende da participação ativa de comunidades de conhecimento. A narrativa transmidiática é a arte da criação de um universo. Para viver uma experiência plena num universo ficcional, os

---

[6] CGScholar é uma tecnologia de ponta de "conhecimento social". Em seu aplicativo comunitário, o CGScholar, as pessoas se conectam e interagem com pares e administradores em diálogo livre para o conhecimento. No aplicativo Creator, os participantes dão *feedback* mútuo, usando especialmente filtros desenhados pelo conhecimento. O aplicativo CGScholar's Analytics oferece as mais atualizadas tecnologias de *big data* para orientar o desenvolvimento do conhecimento e o progresso do aprendiz. Sua biblioteca contém dezenas de milhares de publicações revistas por pares, incluindo módulos de aprendizagem que alimentam uma "pedagogia reflexiva" (disponível em: <http://newlearningonline.com/scholar>. Acesso em: 31 jul. 2019).

consumidores devem assumir o papel de caçadores e coletores, perseguindo pedaços da história pelos diferentes canais, comparando suas observações com as de outros fãs, em grupos de discussão *on-line*, e colaborando para assegurar que todos os que investiram tempo e energia tenham uma experiência de entretenimento mais rica (Jenkins, 2006: 49).

É preciso não confundir o processo *crossmedia* com o processo *transmedia*. Ambos os processos fazem parte das estratégias de influenciadores digitais (corporativos ou não). No entanto, na estratégia *crossmedia*, a tática é distribuir o mesmo conteúdo em diversas mídias. Por exemplo, divulgar um vídeo no Youtube (rede de mídia), em um *post* de *blog* e em uma *fanpage* do Facebook (rede social). O objetivo é atingir o maior número de pessoas através de canais diferentes.

Já o funcionamento transmídia é mais complexo:

A estratégia consiste em criar conteúdos diferentes para cada mídia sobre o mesmo tema. Assim, cada mídia complementa a informação da outra. Por exemplo, um influenciador do universo *fitness* pode postar a foto de um prato no Instagram, escrever sobre os benefícios daquele tipo de comida em um *blog* e fazer um vídeo ensinando a receita. O objetivo é ampliar o alcance do público-alvo, atraindo-o com mensagens diferentes. Os conceitos também são aplicados em mídias *offline* e impressas (livros, jornais, *banners* etc.). Uma revista pode indicar um canal no YouTube, enviando assim o público-alvo para um meio de comunicação diferente. Os programas de TV possuem perfis nas redes sociais e usam transmídia através de *hashtags* no Twitter e Instagram, pedindo a participação do público (disponível em: <https://bit.ly/2OQw5Ng>. Acesso em: 31 jul. 2019).

A partir desse funcionamento, Jenkins trata da narrativa transmídia, assim definida:

Uma história transmídia, desenrola-se através de múltiplas plataformas de mídia, com cada novo texto contribuindo de maneira distinta e valiosa para o todo. Na forma ideal de narrativa transmídia, cada meio faz o que faz de melhor — a fim de que uma história possa ser introduzida num filme, ser expandida pela televisão, romances e quadrinhos; seu universo possa ser explorado em *games* ou experimentado como atração em um parque de diversões. Cada acesso à franquia[7] deve ser autônomo, para

[7] **Franquia, franchising** ou **franchise** é uma estratégia utilizada em administração que tem como propósito um sistema de venda de licença na qual o franqueador (o detentor da marca) cede ao franqueado (o autorizado

> não ser necessário ver o filme para gostar do *game*, e vice-versa. Cada produto determinado é um ponto de acesso à franquia como um todo. A compreensão obtida por meio de diversas mídias sustenta uma profundidade de experiência que motiva mais consumo (Jenkins, 2006: 138).

Ou seja, o capital global passa a apostar na cultura de fãs e na relação entre as mídias para manter e intensificar o consumo de bens simbólicos (e também materiais, como as mochilas do Batman). São exemplos de franquias, com comunidades de fãs muito ativas na internet, não somente *Matrix* abordada por Jenkins (2006), mas também: *Star Trek*, *Star Wars*, *Harry Potter*, *Crepúsculo*, entre outras.

No processo transmídia, veja, no exemplo a seguir, como esferas/campos sociais diversos (como a publicidade e a indústria do entretenimento) e as diferentes mídias e linguagens (imagem em movimento, cinema, vídeo) podem se unir e misturar para criar novos discursos em gêneros híbridos, no caso, o anúncio/campanha publicitária e *trailers* de filmes:

Lacta "Love in the end" - Case Study.
Disponível em: <https://youtu.be/xeOn-ckrlKo>. Acesso em: 31 jul. 2019.

a explorar a marca) o direito de uso de sua marca, patente, infraestrutura, *know-how* e direito de distribuição exclusiva ou semiexclusiva de produtos ou serviços. O franqueado, por sua vez, investe e trabalha na franquia e paga parte do faturamento ao franqueador sob a forma de *royalties*. Eventualmente, o franqueador também cede ao franqueado o direito de uso de tecnologia de implantação e administração de negócio ou sistemas desenvolvidos ou detidos pelo franqueador, mediante remuneração direta ou indireta, sem ficar caracterizado vínculo empregatício (disponível em: <https://pt.wikipedia.org/wiki/Franquia>. Acesso em: 31 jul. 2019).

Terminamos aqui este capítulo, que, juntamente com o capítulo 1, compõe a parte introdutória do livro, em que buscamos esclarecer nosso entendimento de conceitos-chave para a leitura da segunda parte do livro (capítulos 3 a 6): letramentos, multiletramentos e novos letramentos; mídia, modo, multimídia, hipermídia e transmídia.

Até as "cenas dos próximos capítulos".

CAPÍTULO 3

A IMAGEM ESTÁTICA

1. Arquitetônicas e sistemas semióticos tipológicos e topológicos
2. Os três paradigmas da imagem estática: pré-fotográfico, fotográfico, pós-fotográfico
3. Do pré-fotográfico à fotografia: a imagem *ex machina*
4. Do fotográfico ao pós-fotográfico: do tratamento digital das imagens
5. Fazendo gênero: Photoshop, renderização e a estética IA

Como esperamos ter deixado claro e justificado no último capítulo, preferimos não tratar das questões relativas aos multiletramentos e à multissemiose dos textos e gêneros que circulam na *web*, em especial em relação às imagens (estáticas, em movimento, digitais), como faz a maior parte dos textos acadêmicos dedicados a esse tema, a partir da sociossemiótica de Kress baseada na gramática sistêmico-funcional de Halliday.

Para tanto, é claro, precisaremos de outros aportes teóricos, que buscamos no Círculo de Bakhtin e seus comentadores (Bakhtin, 2002 [1934-35]; 2003 [1923-24]; 2008 [1929]; Medvédev, 2012 [1926]; Volochínov, 1926; 2008[1929]; Faraco, 2011) e em outros aportes semióticos, como os de Santaella (Santaella, Noth, 2014 [1997]; Santaella, 2001; 2003; 2007; 2013) e Lemke (2010 [1998]; 2012). É por onde iniciaremos este capítulo 3.

1. ARQUITETÔNICAS E SISTEMAS SEMIÓTICOS TIPOLÓGICOS E TOPOLÓGICOS

> Bakhtin afirma, em seu artigo "The Problem of the Content, the Material, and the Form" (1990: 270), que a forma arquitetônica — a forma do conteúdo — é determinante da forma composicional; e é também a partir dela que se fará a apropriação do material que serve de aparato técnico para concretizar o todo da forma artística — a linguagem verbal, no caso da literatura. Em "The Problem...", Bakhtin (1990: 269) exemplifica a correlação forma arquitetônica/forma composicional, dizendo que o autor-criador poderá ordenar o conteúdo por diversas perspectivas: por um olhar trágico, cômico, lírico, satírico, heroicizante, etc. E buscará a forma composicional (romance, conto, poema narrativo, drama, etc.) mais adequada à respectiva forma arquitetônica (Faraco, 2011: 22).

Para não projetarmos "gramáticas" sistêmicas (funcionais ou não), elaboradas para a língua e o verbo, em outros sistemas semióticos de organização radicalmente diversa, como é o caso da imagem (estática e em movimento) e da música, preferimos adotar uma perspectiva mais englobante enunciativo-discursiva, baseada nos textos do Círculo da Bakhtin, para dar conta do acabamento estético e das refrações de sentido das obras imagéticas, e conceitos e discussões teóricas de base peirciana sobre as propriedades semióticas dessas obras imagéticas, presentes em trabalhos de Santaella, como em Santaella e Noth (2014[1997]) e em Santaella (2001; 2003; 2007; 2013).

Faraco (2011), em seu extremamente bem articulado texto "Aspectos do pensamento estético de Bakhtin e seus pares", vai explorar, de maneira muito clara na cronologia da obra bakhtiniana, no pensamento do Círculo de Bakhtin, os princípios estéticos da obra de arte e os princípios éticos e morais. Iniciando pelo seminal "O autor e a personagem na atividade estética", de meados da década de 1920, em que Bakhtin explora as relações dialógicas entre o **autor-pessoa**[1], o **autor-criador**[2] e o

---

[1] Para Bakhtin (2003 [1923-24]), "o autor-pessoa [é o] elemento do acontecimento ético e social" e, por isso, "definido como aquele que tem o dom da fala refratada, que direciona as palavras para vozes alheias e entrega a construção do todo artístico a uma — a do autor-criador" (Bakhtin, 2002[1934-35], *apud* Cavalheiro, 2010, s.p.). Disponível em: <https://bit.ly/2Kw6Uu1>. Acesso em: 31 jul. 2019.

[2] "O autor-criador é entendido basicamente como uma posição estético-formal cuja característica está em materializar certa relação axiológica com o herói e seu mundo. E essa relação é uma possível entre as muitas avaliações sociais que circulam numa determinada época determinada cultura. É por meio do

herói[3] [personagem(ns)] como determinantes do trabalho acabado da obra de arte literária. Faraco mostrará o percurso dos conceitos, passando pelos trabalhos de Medvédev, de 1928; pelo texto "O problema do conteúdo, do material e da forma na criação literária", de 1924; pelo texto "Por uma filosofia do ato responsável", escrito entre 1919-1921; por *Problemas da poética de Dostoiévski,* de 1929; finalmente chegando aos anos 1930 com *O discurso no romance,* de 1934-1935.

Na leitura crítica dessa cronologia da obra em busca de conceitos-chave, Faraco (2011) deixa bastante claros dois pontos: primeiro, o que é iluminador, que a discussão em "Por uma filosofia do ato responsável" é a discussão de uma ética/moral bakhtiniana, enquanto os outros textos voltam-se para uma estética bakhtiniana, distinção que quase nunca se faz quando se trata do conceito de **arquitetônica**, e, em segundo lugar, que os conceitos-chave mais importantes para a construção dessa estética vão se modificando e consolidando ao longo dos dez anos de produção dessa discussão.

As relações entre o autor-pessoa, o autor-criador e o herói, buscando a "compreensão estético-formal do princípio criativo fundamental da relação do autor com o herói" (Faraco, 2011: 22), são o foco principal no início dos anos 1920. Segundo Faraco (p. 22, ênfase adicionada), o autor-criador é:

> A função estético-formal engendradora da obra, um constituinte do objeto estético, um elemento imanente do todo artístico [...] o constituinte que dá forma ao objeto estético, o pivô que sustenta a unidade arquitetônica e composicional do todo esteticamente consumado. O autor-criador é entendido basicamente como uma posição estético-formal cuja característica central está em materializar certa relação axiológica com o herói e seu mundo. E essa relação axiológica é uma possível entre as muitas avaliações sociais que circulam numa determinada época e numa determinada cultura. É por meio do autor-criador (do posicionamento axiológico desse pivô estético-formal) que o social, o histórico, o cultural se tornam elementos intrínsecos do objeto estético. [...]
>
> É também a partir desse pivô axiológico-estético que se dará forma composicional ao conteúdo assim enformado (Bakhtin afirma, em seu artigo "The Problem of the Content, the Material, and the Form" [1990: 270],

autor-criador (do posicionamento axiológico desse pivô estético-formal) que o social, o histórico, o cultural se tornam elementos intrínsecos do objeto estético" (Faraco, 2011: 22).

[3] Para Bakhtin, o *herói* são as vozes sociais representadas pelas personagens, que constituem um concerto de vozes na perspectiva da polifonia.

que a **forma arquitetônica — a forma do conteúdo** — é determinante da forma composicional); e é também a partir dele que se fará a apropriação do material que serve de aparato técnico para concretizar o todo da forma artística — a linguagem verbal, no caso da literatura.

Essa posição não difere muito das considerações que encontramos em Medvédev (2012 [1928]). No entanto, ambos os autores estão focados na esfera literária e tecendo um confronto com o posicionamento dos formalistas russos. Muitos conceitos teriam de ser repensados, e é o que buscaremos fazer, quando, na arte, se trata de outras semioses, outras materialidades que não o verbo e a língua.

Faraco (2011) ainda mostra muito bem que, nos textos do Círculo da década de 1930, como em *O discurso no romance,* novos conceitos e "contornos" serão acrescentados, como os de vozes, plurilinguismo/heteroglossia, polifonia, língua/linguagens sociais, ou seja, "no ato artístico passa a haver também um complexo jogo de deslocamentos" (p. 23), envolvendo um "concerto" (ou "desconcerto") de vozes sociais. Nesse momento, segundo Faraco, há uma concentração na reflexão sobre o objeto estético, distinguindo

> O artefato (a obra de arte em sua factualidade) e o objeto estético (as múltiplas redes de relações axiológico-culturais expressas na atividade estética) — (cf., por exemplo, Bakhtin, 1990: 266). [...]
> Enquanto o artefato é uma coisa, um ente factual, um dado, o objeto estético não o é. Mas não é também uma essência metafísica. Ao contrário, trata-se efetivamente de um conjunto de relações axiológicas (o objeto estético é, portanto, uma realidade relacional) que se concretiza no artefato. Ou, em outras palavras, trata-se de uma **arquitetônica**, de **um conteúdo axiologicamente enformado pelo autor-criador numa certa composição concretizada num certo material** (Faraco, 2011: 23, ênfase adicionada).

O conceito de **arquitetônica**[4], assim enfocado, será para nós de muita valia na análise que se seguirá de obras criadas com imagens estáticas (e dinâmicas).

Mas será que diferentes "materiais", ou seja, diferentes sistemas semióticos (o verbo, a música, imagens estáticas e em movimento), terão

[4] Em Bakhtin, a forma arquitetônica é "um conjunto de relações axiológicas (e é, portanto, uma realidade relacional) que se concretiza no artefato. [...] uma **arquitetônica, conteúdo axiologicamente enformado pelo autor-criador numa certa composição num certo material**" (Faraco, 2011: 23).

percursos e impactos diversos na arquitetônica e na composição acabada das obras? Viabilizarão a refração de valores axiológicos diferentemente? Onde se encontram as diferenças em relação ao debate bakhtiniano?

Alguns autores, como Santaella (2001) e Lemke (2010[1998]; 2012) dirão que sim, pois apontarão para sistemas semióticos **tipológicos**[5], como é o caso da língua e, segundo Santaella (2001), da música, cuja forma de composição inclui uma sintaxe, e sistemas semióticos **topológicos**. Ou seja, haveria diversas formas de acabamento na composição arquitetônica em diferentes linguagens. Isso, é claro, descarta de saída a projeção do funcionamento de um sistema semiótico (a língua) sobre outros sistemas diversos (o som, a imagem), como fazem muitas semióticas propostas como arcabouço de análise.

Em 1998, Lemke afirmava[6]:

> Estou começando a acreditar que construímos significados fundamentalmente de duas formas complementares: (1) classificando as coisas em categorias mutuamente exclusivas e (2) distinguindo variações de graus (ao invés de variação de tipo) ao longo de vários contínuos de diferença. A língua opera principalmente no primeiro, que chamo de tipológico. A percepção visual e a gesticulação espacial (desenhar, dançar) operam mais no segundo, a forma topológica. Como já argumentei, a construção real do significado geralmente envolve combinações de diferentes modalidades semióticas e também combinações bastante gerais destes dois modos. A semântica das palavras na língua é principalmente categorial ou tipológica em seus princípios, mas as distinções visuais significantes na escrita manuscrita (por exemplo, letras mais escuras ou um pouco mais grossas) ou na caligrafia, ou os efeitos acústicos da fala, um pouco mais alto ou forte, fazem sentido em um espectro contínuo de possibilidades, "topologicamente" (Lemke, 2010 [1998]: 464).

Não há, é claro, impedimento de que os diversos sistemas semióticos possam combinar-se de maneira complementar em obras multissemióticas

---

[5] "Construímos significados fundamentalmente de duas formas complementares: (1) classificando coisas em categorias mutuamente exclusivas e (2) distinguindo variações de graus (ao invés de tipo) ao longo de vários contínuos de diferença. A língua opera principalmente no primeiro, de **tipológico**. A percepção visual e a gesticulação espacial (desenhar, dançar) operam mais a forma **topológica**" (Lemke, 2010 [1998]: 464, ênfase adicionada).

[6] Posteriormente, ele aparentemente mudou de ideia, combinando definitivamente os dois funcionamentos dos sistemas para todos os gêneros, como se pode ver em Lemke, J. Tipologia, topologia, semântica dos gêneros. *Revista de Letras,* nº 31, vol. (1/2) jan./dez. 2012, pp.138-152. Disponível em: <https://bit.ly/2OEv3Ux>. Acesso em: 31 jul. 2019.

(que, hoje, são maioria devido às possibilidades digitais). Texto e música, compondo as canções; imagem e escrita, compondo um infográfico ou uma fotolegenda (note que a própria escrita é ela também, além de representação gráfica do verbo, imagem, como comenta Lemke acima); imagem em movimento, música, fala e legenda compondo um filme ou vídeo etc.

Basta ver uma obra de Baskiat ou de Os Gêmeos para constatar:

BASKIAT, *Notary*. 1983. Acrílico, óleo e colagem em papel na tela, montado em suporte de madeira. *Schorr Family Collection; on Long-Term Loan to the Princeton University Art Museum*. Disponível em: <https://bit.ly/2M2HlUI>. Acesso em: 31 jul. 2019.

Mas, ao apreciarmos o próprio grafite de Baskiat, exploramos semanticamente as semioses de maneira muito diversa. O verbal funciona quase como "etiquetagem" interpretativa do visual.

Para Lemke, em 1998, o que distinguia um sistema tipológico, como a língua, de outro topológico, como a imagem e o ritmo ou a dança, é que o primeiro funciona com a organização de classes (paradigmas, conjuntos) numa linha de tempo (sintagmas) — ou seja, admite sintaxe — e o segundo se organiza por variações de grau "ao longo de vários contínuos de diferença" — tamanho, intensidade, altura, ritmo, cor, localização no espaço bidimensional ou tridimensional.

Ao lermos essas explicações e definições, decididamente identificamos, como o próprio Lemke faz na citação anterior, a imagem (estática) como topológica (mesmo a da escrita) e o verbo, a língua, como tipológicos. Resta a dúvida: e a imagem dinâmica? E a música? Têm sintaxe? São tipológicas?

Obviamente, o cinema e a imagem em movimento combinam elementos (fotogramas) em sintagmas (montagem), constituindo uma sintaxe da imagem. A música já não me parece uma questão tão óbvia: claro que as notas se combinam em escalas e melodias harmônicas (ou não). Como veremos no capítulo 5, o tonal e o serial acabam sendo tipológicos. Mas e o ritmo e o andamento (o modal)? Esses são, parece, topológicos (mais rápido, mais lento).

Santaella (2001: 2) afirma que a música tem sintaxe, ou seja, é tipológica:

> As analogias entre a sintaxe verbal e a sintaxe da música foram muito enfatizadas. De fato, para explicitar suas estruturas, a música fez uso de uma terminologia emprestada da gramática da língua. Na música, as notas, como elementos discretos, são [...] consideradas as unidades mínimas. Quando os padrões melódicos e rítmicos formados pela combinação das notas se plasmam numa ideia musical completa, são chamados de motivos ou frases. Frases unidas formam um período de cuja combinação resultam as secções da música até suas estruturas maiores compondo as formas musicais: cantochão, moteto, madrigal, fuga, sonata, sinfonia, etc.

Note-se que ela está se referindo a gêneros musicais pertencentes ao que Wisnik (2007 [1989/1999]) chama de música tonal (a partir de meados da idade média ao início do século XX), caracterizada pelo fim do ruído (ritmo) e predomínio da melodia e da harmonia. A autora, entretanto, inclui o ritmo/andamento na sintaxe da música:

> Sob vários outros ângulos, **não necessariamente colados ao modelo das línguas naturais**, os aspectos sintáticos da música se sobressaem. Uma escala musical, qualquer escala, como padrão de divisão dos intervalos de uma oitava, já estabelece uma sintaxe, pois cada escala determina certo tipo de ordem a partir do qual as combinações de notas se estruturam. Do mesmo modo, o ritmo, como ordenamento dos sons em padrões de duração através de acentos e solturas, criando a regularidade ou irregularidade do pulso, **tem uma sintaxe que lhe é própria**. A melodia, como grupo de notas, soando umas após as outras para criar uma entidade significativa composta de unidades menores, os motivos e frases, também se constitui com bastante evidência em uma sintaxe (Santaella, 2001: 2, ênfase adicionada).

Nenhuma discordância no que cabe às escalas, melodia e harmonia, mas quanto ao ritmo, esse me parece muito mais diferença de grau (de rapidez, intensidade, duração) que de tipo — topológico, portanto. Tanto é que, a certa altura, ritmo e pulso se tornam timbre e melodia (ver capítulo 5).

Nesse sentido, concordamos com o pensamento de Lemke em 1998:

> Algumas dessas distinções categoriais também permitem diferenças de grau, tanto que há agora a possibilidade de casos intermediários que são em algum sentido mensuráveis ou quantitativos "entre" outros: mais alto e mais baixo, mais perto e mais longe, mais rápido e mais devagar, mais laranja avermelhado. Mas não há nada entre movimento e estagnação, vida e morte; nenhuma mistura das letras x e y. A língua reconhece, de fato, a diferença de grau, mas tem muito poucos ou limitados recursos para descrever tais diferenças. Outras formas de ação humana significativa, no entanto, são maravilhosas para apontar indícios de graus intermediários: o levantar de uma sobrancelha, a tensão na voz, a largura de um gesto, a profundidade de um arco. Espaço e tempo; movimento, posição e ritmo definem para nós a possibilidade de significados que são mais topológicos, ligados ao grau, ou quase a mesma coisa e só um pouquinho mais ou menos, do que é parecido porque está próximo ou é quase igual a, mais do que parecido por possuir ou não possuir certas propriedades de critérios para enquadrar-se em uma categoria, por ser de algum tipo. Os significados tipológico e topológico são complementares de modos que são fundamentais (Lemke, 2010 [1998]: 465).

Mais ainda quando ele faz a discussão aterrissar na vida cotidiana:

> As culturas, os posicionamentos e as características das pessoas reais nunca couberam nas categorias estreitas de nossas tipologias e estereótipos. Muitas das pessoas reais têm reclamações, até certo ponto e de certo modo, para adequar-se aos dois lados dessas dicotomias, para serem membros de muitas categorias cujos nomes e definições os façam parecer mutuamente exclusivos. Nossas realidades vividas não podem ser representadas fielmente de maneira tipológica; muitas pessoas não têm voz onde não há outras formas de fazer sentido. O potencial topológico do letramento multimidiático pode ajudar a dar voz, dignidade e poder a pessoas híbridas reais. Pode minar um sistema ideológico que limita identidades pessoais a algumas caixinhas disponíveis e socialmente aprovadas, permitindo-nos ver e mostrar uns aos outros o universo de possibilidades humanas reais muito mais amplo e multidimensional (Lemke, 2010 [1998]: 467).

Cabe, então, indagar: o que faz a imagem estática tão diversa dos outros sistemas semióticos? Vamos ver?

2. OS TRÊS PARADIGMAS DA IMAGEM ESTÁTICA: PRÉ-FOTOGRÁFICO, FOTOGRÁFICO, PÓS-FOTOGRÁFICO

Santaella e Noth (2014[1997]) definem os três paradigmas e modos de funcionamento da imagem estática como pré-fotográfico, fotográfico e pós-fotográfico, modos muito determinados pelas tecnologias utilizadas e pelos procederes que geram.

Santaella e Noth (2014[1997]) vão analisar a pintura, a fotografia e as imagens digitais tanto do ponto de vista da semiótica peirciana (cap. 10) — a partir dos conceitos de primeiridade, secundidade e terceiridade (ícone, índice e símbolo) —, como do ponto de vista da situação material de produção das imagens estáticas (cap. 11), levando em conta nessa análise:

(a) os meios de produção e armazenamento da imagem;
(b) o papel do agente produtor;
(c) a natureza das imagens;
(d) a relação das imagens com o mundo representado;
(e) os meios de transmissão;
(f) o papel do receptor, todos elementos da situação material de produção da imagem, determinada, como diria Bakhtin, por uma arquitetônica, "um conteúdo axiologicamente enformado pelo autor-criador numa certa composição concretizada num certo material" (Faraco, 2011: 23).

Em nossa síntese das ideias de Santaella e Noth (2014[1997]), buscaremos justamente essa "forma arquitetônica". Eles começam ressaltando: quando se trata das imagens estáticas, podemos distinguir esses três paradigmas da imagem, baseados no conceito de paradigma científico de Khun (1962), conceituando *paradigma*, no sentido amplo, como um "conjunto de compromissos relativos a generalizações simbólicas, crenças, valores e soluções modelares que são compartilhados por uma comunidade" (p. 158) — que pode ser equacionado à posição axiológica assumida pelo autor-criador no momento da criação da forma arquitetônica — e, no sentido específico, como "os compromissos relativos às soluções modelares, aos exemplares como soluções concretas de problemas" (pp. 158-159). De modo mais simples, o termo *paradigma* pode "caracterizar quaisquer realizações científicas ou não científicas reconhecidas que, definindo os problemas e métodos que uma dada comunidade considera legítimos, fornecem subsídios para a prática científica, artística, acadêmica ou institucional dessa comunidade" (p. 158).

Assumindo esse "reducionismo deliberado" em relação ao conceito de *paradigma*, os autores buscarão

> Demarcar os traços mais absolutamente gerais caracterizadores do processo evolutivo nos modos como a imagem é produzida, quer dizer, caracterizadores das transformações, ou melhor, rupturas fundamentais que foram se operando, através dos séculos, nos recursos, técnicas ou tipos de instrumentação para a produção de imagens. Parece evidente que tais rupturas produzem consequências das mais variadas ordens, desde perceptivas, psicológicas, psíquicas, cognitivas, sociais, epistemológicas, pois toda mudança no modo de produzir imagens provoca inevitavelmente mudanças no modo como percebemos o mundo e, mais ainda, na imagem que temos do mundo. No entanto, todas essas consequências advêm de uma base material de recursos, técnicas e instrumentos, sem a qual não poderiam existir quaisquer outras mudanças de ordem mais mental e mesmo social (Santaella; Noth, 2014[1997]: 159).

O que, em outros termos, deixa clara a relação entre forma arquitetônica e forma composicional em todos os seus elementos, da axiologia aos materiais e modos selecionados na criação artística da imagem.

Com isso, então, os autores vão demarcar três paradigmas da imagem estática:

(a) o *pré-fotográfico*, das imagens produzidas artesanalmente;

(b) o *fotográfico,* das imagens produzidas por meio de máquinas;

(c) o *pós-fotográfico*, das imagens calculadas por computação.

Como os processos históricos de superação de um paradigma por outro e de hegemonia de um conjunto de práticas culturais sobre outro não são lineares, teleológicos ou mecânicos, mas, ao contrário, processos que se dão por saltos qualitativos de produção e de circulação da significação, essas discussões se farão acompanhar, ao final do capítulo de Santaella e Noth, por uma belíssima mini-história da arte pictórica comentada.

3. DO PRÉ-FOTOGRÁFICO À FOTOGRAFIA: A IMAGEM *EX MACHINA*

O *paradigma pré-fotográfico* da imagem estática se caracteriza por ser um processo de criação artesanal da imagem, em que o pintor usa as "habilidades da mão e do corpo" para dar "expressão à visão". Para discuti-lo e defini-lo, os autores utilizarão um "critério materialista":

Trata-se, antes de tudo, de determinar o modo como as imagens são materialmente produzidas, com que materiais, instrumentos, técnicas, meios e mídias. É nos seus modos de produção que estão também pressupostos os papéis desempenhados pelos agentes da produção, trazendo, ademais, consequências para os modos como as imagens são armazenadas e transmitidas. Uma vez que nenhum processo de signo pode dispensar a existência de meios de produção, armazenamento e transmissão, pois são esses meios que tornam possível a existência mesma dos signos, o exame desses meios parece ser um ponto de partida imprescindível para a compreensão das implicações mais propriamente semióticas das imagens, quer dizer, das características que elas têm em si mesmas, na sua natureza interna, dos tipos de relações que elas estabelecem com o mundo, ou objetos nelas representados, e dos tipos de recepção que estão aptas a produzir (Santaella; Noth, 2014 [1997]: 162).

Assim, as imagens estáticas pré-fotográficas (desenho, pintura, gravura, escultura) — dos desenhos de caverna ao abstracionismo em pintura — são definidas como a expressão da visão do artista — e discutiremos a variabilidade que, ao longo da história da pintura, assumiu essa visão — por meio de instrumentos (pincéis, espátulas, tintas) que são extensões da mão do pintor, ela mesma um instrumento, sobre um suporte material (parede, tela, painéis) que tem por característica ser único e irrepetível (a tela original, autêntica) e perecível (um dos principais problemas encontrados com as obras de arte pictóricas é sua conservação e preservação; uma vez perdida, roubada — como se viu na 2ª Guerra Mundial — ou danificada, é uma obra irrecuperável e irrepetível).

Como obra única e perecível, a imagem tem de ser armazenada em lugares seguros, de acesso controlado e para poucos, por exigir, quase sempre, deslocamentos do apreciador e pagamentos de acesso, como museus, galerias, templos. Sua reprodução é proibida por um longo espaço histórico de tempo, por questões de direitos de autor.

Do ponto de vista do artista-pintor, do autor-criador — ou, como dizem os autores, do papel do agente produtor —, ele deixa "a marca de seu gesto" no suporte, gesto qualificado como "idílico" e resultante do que os autores chamam de "a visão ou o olhar do autor: o pintor pousou seu olhar sobre o mundo, dando forma a esse olhar num gesto irrepetível" (p. 164). Isso é que torna a obra rara, autêntica, autoral, irrepetível, "monádica", dotada de "aura", como diria Benjamin (1936). E é o que faz do autor-criador um demiurgo, para Platão, "o artesão divino ou o princípio organizador do universo que, sem criar de fato a realidade, modela e organiza a matéria caótica preexistente através da imitação de modelos eternos e perfeitos", visão que ecoa no conceito de "aura" de Benjamin. Essa visão idílica, demiúrgica, aural da obra exige do apreciador contemplação, uma visão distanciada, nostálgica.

Ainda segundo os autores, a obra em si ou a "natureza da imagem", nesse caso, é a de uma "imagem espelho", que copia uma aparência imaginarizada, mimética, figura por imitação seja do visível ou do invisível.

Visão tão sumarizada e a traços largos do que seja a pintura é logo em seguida desconstruída e relativizada pela discussão que os autores fazem da história da pintura. Nesse momento, os conceitos bakhtinianos de *forma arquitetônica* e de *forma composicional* poderão iluminar a análise, já que o exposto até aqui é apenas uma das arquitetônicas possíveis, talvez a predominante no período clássico da pintura figurativa, subsidiada por reis e burgueses, determinante de certas formas de composição, exposição e consumo, mas não é a única.

Ao tratarem da história da pintura e das "gradações das mudanças" (p. 175) de um paradigma a outro, os autores irão aprofundar e relativizar as descrições esquemáticas de cada um deles:

> Do século XV ao século XIX, pinturas, gravuras e esculturas, de modo geral, "representavam o mundo, real ou imaginário, como consistindo em figuras distintas, bem definidas e reconhecíveis em um espaço tridimensional ampliado". Entretanto, já no início do século XX, no mesmo momento em que a física moderna estava abalando os alicerces do modelo newtoniano, as artes também já haviam abandonado as estruturas de espaço e tempo, de movimento e ordem dos modelos visuais legados pela tradição. [...] Tal ruptura foi fruto daquilo que veio a ser chamado de "opção analítica na arte moderna" (Menna, 1977), desde que Cézanne começou a procurar as estruturas espaciais essenciais [...] subjacentes às impressões visuais sempre mutáveis. Partindo da diversidade existente entre a bidimensionalidade da superfície pictórica e a tridimensionalidade do real, sem renunciar à representação, Cézanne buscou a autonomia estrutural da linguagem pictórica. Assim, o quadro passou a apresentar uma coerência interna, independente da reprodução das coisas. Estas começaram a ser representadas com cores e figuras que adquiriram uma verdade puramente pictórica (*ibid.*, p. 24-25) (Santaella; Noth, 2014 [1997]: 180).

E do divisionismo de Seurat ao abstracionismo de Kandinsky, passando pelo cubismo — "primeira ruptura total com as tradições da Renascença na pintura ocidental" (p. 180) —, surrealismo, dadaísmo, construtivismo, De Stijl, expressionismo abstrato, *pop-art*, podemos verificar "a tendência analítica da arte moderna rumo à abolição do figurativo e à ruptura com a denotação referencialista [que] foi um processo gradativo, mas crescente, de que não se isolou nem mesmo o hiper-realismo" (p. 182). No entanto, para os autores (ainda p. 182), "é com De Stijl [Mondrian], entretanto, que a opção analítica assumiu suas proporções mais radicais, quando a obra de arte se estrutura a partir da redução da infinita variedade do universo visível a um número finito de elementos invariantes".

Das pinturas de caverna à **paleta de Narmer**[7] (3000 a.C.), do século XV ao XVIII, o figurativismo reina absoluto nas imagens estáticas pictográficas pré-fotográficas. E não por quaisquer razões. A axiologia subjacente às formas arquitetônicas valorizadas ao longo de todos esses séculos diz respeito à emanação da valoração positiva do poder dominante: dos faraós à igreja católica, dos reis aos doges de Veneza, as apreciações de valor éticas e estéticas foram, durante longos séculos, ditadas pelos poderes (religiosos e laicos).

Michelangelo, *A criação de Adão*, Séc. XVI, Capela Sistina, Museu do Vaticano. Disponível em: <https://bit.ly/2T1B5MJ>. Acesso em: 31 jul. 2019.

Velázquez, *Las Niñas*, Séc. XVII (1656), Museu do Prado, Rei Felipe IV. Disponível em: <https://bit.ly/2dpipBC>. Acesso em: 31 jul. 2019.

Tiepolo, *Doge Giovanni II Cornaro (Retrato)*, Séc. XVII (1715). Disponível em: <https://goo.gl/cb7kNR>. Acesso em: 31 jul. 2019.

[7] A Paleta de Narmer é uma placa cerimonial egípcia [...] com inscrições e relevos sobre o acontecimento histórico da unificação do Alto e Baixo Egito sob o rei Narmer (possivelmente, nome para Menés ou um antecessor seu) datada de, aproximadamente, 3100-3200, com alguns dos mais antigos hieróglifos atualmente conhecidos. É um dos achados arqueológicos de 1898 descobertos pelo britânico James E. Quibell, quando da escavação de Hieracômpolis (a antiga capital pré-dinástica do Alto Egito). A Paleta sobreviveu até nossos dias em ótimas condições. O fato de nela se encontrar registada uma figura histórica

Acima, podemos apreciar três momentos em que a forma arquitetônica ditada por esses poderes se materializa em imagem pictórica nos séculos XVI, XVII e XVIII. Essa forma arquitetônica abrange não somente a valorização do figurativismo, mas também o posicionamento inferior tanto do pintor como do apreciador em relação às poderosas figuras representadas: poderes divinos, no caso do teto da Capela Sistina pintado por Michelangelo no século XVI — na imagem, o fragmento *A criação de Adão* — e poderes laicos dos reis e governantes — como os **doges de Veneza**[8], ou o rei Felipe IV de Espanha — ambos representados nas pinturas de Velázquez e Tiepolo, respectivamente dos séculos XVII e XVIII.

A forma de composição da figura, tanto no afresco de Michelangelo quanto na pintura de Tiepolo, reflete a subalternidade e submissão ao poder (religioso ou laico), adotando, por exemplo, um ângulo de figuração semelhante ao que chamamos hoje de contra-*plongée* nas tomadas cinematográficas, ângulo que coloca tanto o artista como o apreciador em plano subalterno ao da figura representada na imagem, que se torna superior. Não é de estranhar a posição subalterna dos artistas, já que sempre foram esses poderes imperiais — religiosos e laicos — que mantiveram esses artistas, contratando seus serviços. São as vozes da arquitetônica das obras que se materializam em sua forma de composição.

Velásquez, entretanto, transgride a relação de subalternidade de várias maneiras em *Las Niñas*. E o faz porque a sua situação de produção das pinturas era efetivamente menos subalterna: não só sua família era pertencente à pequena fidalguia da cidade de Sevilha, como, em 1623, foi nomeado pintor oficial da corte, dessa maneira passando a integrá-la; em 1643, Velásquez foi nomeado para um cargo administrativo na corte; em 1651, foi encarregado da decoração de todos os palácios reais e, em 1659, adquire o título de Cavaleiro da Ordem de Santiago. Pintou *Las Niñas* em 1656 e o quadro reflete, em várias escolhas da forma de composição, a intimidade que tinha com a corte: a escolha de representar

---

que pela primeira vez é identificada pelo nome torna-a uma importante peça não só do antigo Egito, mas da história universal. A paleta encontra-se atualmente no Museu do Cairo (*Wikipédia*. Disponível em: <https://bit.ly/2YFOI6o>. Acesso em: 31 jul. 2019).

[8] O *doge* era o primeiro magistrado da república veneziana. Seus atributos simbólicos são reminiscências do Império Bizantino. Os venezianos procuraram sempre limitar o poder dos *doges*, através, por exemplo, do *promissio ducalis*, uma carta de princípios e promessas que eles deviam jurar na data de sua entrada em função. Eram magistrados muito poderosos. Por exemplo, Enrico Dandolo, no fim do século XII, intitulava-se "dominator quarte et dimidie partis totius Imperii Romanie" ("soberano de um quarto e meio Império Romano") (*Wikipédia*. Disponível em: <https://bit.ly/2MGpv9z>. Acesso em: 31 jul. 2019).

a infanta e não o rei e a rainha; o ângulo frontal, colocando todos em quase igualdade de posição; o pintor se autorretrata e se inclui no quadro em posição quase central (2° plano); se alguma figura é minimizada na imagem são justamente o rei Felipe e a Rainha, apenas pequenas figuras refletidas no espelho no plano de fundo. Segundo a *Wikipédia*,

> A pintura mostra um grande aposento no Real Alcázar de Madrid durante o reinado do rei Felipe IV da Espanha, mostrando várias figuras da corte espanhola contemporânea representadas, de acordo com alguns analistas, em um momento específico, como se em uma fotografia. Algumas olham para fora do quadro em direção ao observador, enquanto outras interagem entre si. A jovem infanta Margarida Teresa está cercada por um séquito de damas de companhia, chaperone, guarda-costas, dois anões e um cachorro. Pouco atrás deles, está o próprio Velázquez, que se representa trabalhando em uma grande tela. O artista olha para longe, além do espaço pictórico, onde o observador da pintura estaria. Ao fundo está um espelho que reflete o rei Felipe e a rainha Maria Ana. Eles parecem estar colocados fora do espaço da pintura, em uma posição similar à do observador (*Wikipédia*. Disponível em: <https://bit.ly/2dpipBC>. Acesso em: 31 jul. 2019).

O figurativismo só começa a perder força em meados do século XIX, com a arte considerada contemporânea e os movimentos impressionista, expressionista e, depois, já no início do século XX, com o cubismo. Mudam as arquitetônicas e, decorrentemente, as formas de composição.

No impressionismo, escola que deriva seu nome do quadro (acima) "Impressão: nascer do sol" (1872), de Claude Monet, o foco se desloca do realismo para a luz e o movimento.

Diz a *Wikipédia* que os princípios que caracterizam uma pintura impressionista são:

- a pintura deve mostrar os pontos que os objetos adquirem ao refletir a luz do corpo num determinado momento, pois as cores da natureza mudam todo dia, dependendo da incidência da luz do sol;
- é também, com isto, uma pintura instantânea (captação do momento), recorrendo, inclusivamente, à fotografia;
- as figuras não devem ter contornos nítidos, pois o desenho deixa de ser o principal meio estrutural do quadro, passando a ser a mancha/cor;
- as sombras devem ser luminosas e coloridas, tal como é a impressão visual que nos causam; o preto jamais é usado em uma obra impressionista plena;
- os contrastes de luz e sombra devem ser obtidos de acordo com a lei das cores complementares; assim, um amarelo próximo a um violeta produz um efeito mais real do que um claro-escuro muito utilizado pelos academicistas no passado; essa orientação viria dar mais tarde origem ao pontilhismo;
- as cores e tonalidades não devem ser obtidas pela mistura de pigmentos; pelo contrário, devem ser puras e dissociadas no quadro em pequenas pinceladas; é o observador que, ao admirar a pintura, combina as várias cores, obtendo o resultado final; a mistura deixa, portanto, de ser técnica para se tornar óptica;
- preferência dos pintores em representar uma natureza morta a um objeto;
- valorização de decomposição das cores (*Wikipédia*. Disponível em: <https://bit.ly/1QWeU54>. Acesso em: 31 jul. 2019).

O que se nota no elenco de propriedades acima são aspectos da forma de composição dos quadros, que se devem a apreciações de valor e a vozes presentes na forma arquitetônica. Ainda segundo a *Wikipédia*, os pintores impressionistas

- rompem completamente com o passado;
- iniciam pesquisas sobre a óptica e os efeitos (ilusões) ópticos;
- são contra a cultura tradicional;
- pertencem a um grupo individualizado;
- falam de arte, sociedade, etc.: não concordam com as mesmas coisas, porém discordam do mesmo;

vão pintar para o exterior, algo mais conveniente com a evolução da indústria, nomeadamente, telas com mais formatos, tubos com as tintas, entre outras coisas (*Wikipédia*. Disponível em: <https://bit.ly/1QWeU54>. Acesso em: 31 jul. 2019).

Esses são elementos axiológicos que integram a visão de mundo impressionista.

Já o expressionismo, movimento posterior surgido na Alemanha no início do século XX, vai defender a "expressão" contra a "impressão". Já não se pinta mais o que se vê na impressão dos sentidos, mas exprime-se uma visão interior própria, uma apreciação de valor. Diz Kasimir Edschmid, no *Manifesto expressionista*:

> Assim o universo total do artista expressionista torna-se visão. Ele não vê, mas percebe. Ele não descreve, acumula vivências. Ele não reproduz, ele estrutura. Ele não colhe, ele procura. Agora não existe mais a cadeia de fatos: fábricas, casas, doenças, prostitutas, gritaria e fome. Agora existe a visão disso. Os fatos têm significado somente até o ponto em que a mão do artista os atravessa para agarrar o que se encontra além deles. Esse tipo de expressão não é alemão nem francês. Ele é supranacional. Ele não é somente assunto da arte. É exigência do espírito. Não é um programa de estilo. É uma exigência da alma. Uma coisa da humanidade. (Edschmid, 1918, *apud* Teles, 1986: 111. Disponível em: <https://bit.ly/2YNxTq4>. Acesso em: 31 jul. 2019).

Modifica-se, pois o sistema de valores éticos e estéticos (forma arquitetônica) que regem a produção da obra, o que, é claro, terá impacto nas formas de composição das telas. Podemos verificar esses impactos nas imagens abaixo, das obras de Van Gogh, Munch, Klimt e Modigliani.

Impressionismo:

Cézanne, *Banhistas*, séc. XIX (1874-1875). Metropolitan Museum, NY. Disponível em: <https://goo.gl/YW1S4C>. Acesso em: 31 jul. 2019.

Monet, *Impressão: nascer do Sol*, séc. XIX (1872). Museu Marmottan Monet, Paris. Disponível em: <https://goo.gl/pnEqg0>. Acesso em: 31 jul. 2019.

Expressionismo:

Van Gogh, *Quarto em Artes,* séc. XIX (1888). Museu Van Gogh, Amsterdã. Disponível em: <https://goo.gl/gp25yZ>. Acesso em: 31 jul. 2019.

Modigliani, *Girl with braids*, séc. XX (1918). The Nagoya City Art Museum, Nagoya, Japan. Disponível em: <https://bit.ly/2OIJkzQ>. Acesso em: 31 jul. 2019.

Munch, *O grito*, séc. XIX (1893). Galeria Nacional, Oslo, Noruega. Disponível em: <https://goo.gl/6ZHhQa>. Acesso em: 31 jul. 2019.

Klimt, *O beijo*, séc. XX (1907-1908). Galeria Belvedere da Áustria. Disponível em: <https://goo.gl/t4TBFR>. Acesso em: 31 jul. 2019.

Cubismo:

Picasso, *Bust of a woman (Dora Maar)*, séc. XX (1938), Hirshhom Museum and Sculptura Garden, Washington DC. Disponível em: <https://bit.ly/31s8hRD>. Acesso em: 31 jul. 2019.

Braque, *O viaduto de l'Estaque,* séc. XX (1908), Museu Nacional de Arte Moderna, Centro Pompidou, Paris. Disponível em: <https://goo.gl/iBfR4d>. Acesso em: 31 jul. 2019.

Já o cubismo, também no início do século XX, liderado por Picasso e Braque, retira-se de vez da figuração do real — seja impressionista ou expressionista —, introduzindo a análise geométrica nas pinturas:

> O cubismo tratava as formas da natureza por meio de figuras geométricas, representando as partes de um objeto no mesmo plano. A representação do mundo passava a não ter nenhum compromisso com a aparência real das coisas. [...] O pintor cubista tenta representar os objetos em três dimensões, numa superfície plana, sob formas geométricas, com o predomínio de linhas retas. Não representa, mas sugere a estrutura dos corpos ou objetos. Representa-os como se se movimentasse em torno deles, vendo-os sob todos os ângulos visuais, por cima e por baixo, percebendo todos os planos e volumes (*Wikipédia*. Disponível em: <https://pt.wikipedia.org/wiki/Cubismo>. Acesso em: 31 jul. 2019).

Cícero Dias. *Galo ou Abacaxi*. 1940. Acervo Ivo Pitangui. In: Enciclopédia Itaú Cultural de Arte e Cultura Brasileiras. Disponível em: <https://bit.ly/33hNaTK>.Acesso em: 31 jul. 2019.

Tratava-se de quebrar a imagem real em formas geométricas (especialmente cubos e triângulos) para representar de uma nova maneira a existência de numerosos pontos de vista para uma mesma realidade. Uma forma arquitetônica que parte da polifonia e do dialogismo, ao considerar que toda imagem é sempre observada de diferentes pontos de vista (excedente de visão), por ser tridimensional.

Contemporâneo do cubismo, mas em outro contexto cultural e com outros princípios éticos e estéticos quase opostos, também o abstracionismo de Kandinsky é testemunha desse processo histórico de viragem da imagem estática pictórica, correspondendo a posicionamentos axiológicos e formas arquitetônicas bastante diversos entre si, acarretando novas formas de composição na pintura. Em 1908, o russo Kandinsky começa, em Munique, uma transformação: troca o elemento figurativo pela abstração pura.

Sua primeira 'sinfonia visual' foi mais pela busca do geométrico do que por uma linha figurativa. Sua busca pelo elemento não figurativo se iniciou quando não reconheceu sua própria obra — figurativa —, que estava de cabeça para baixo, vendo nela uma bela realização. Veremos, no capítulo 5, que sua busca foi solidária e dialogou profundamente com a música de Schönberg expressa no dodecafonismo e com a reestruturação da música no início do século XX.

Kandinsky, como os cubistas, também buscou a tradução geométrica da figura, como se pode ver em sua obra de teorização de 1926, *Ponto e linha sobre o plano*, sintetizada na animação a seguir. Essa refração de sentido pelo geométrico, absolutamente distante da figuração a que chamamos abstracionismo, deriva, por exemplo, da seguinte apreciação de valor (forma arquitetônica): "Belo é o que brota da necessidade anímica anterior, belo é o que é interiormente belo" (Kandinsky, 2012 [1926]: 104).

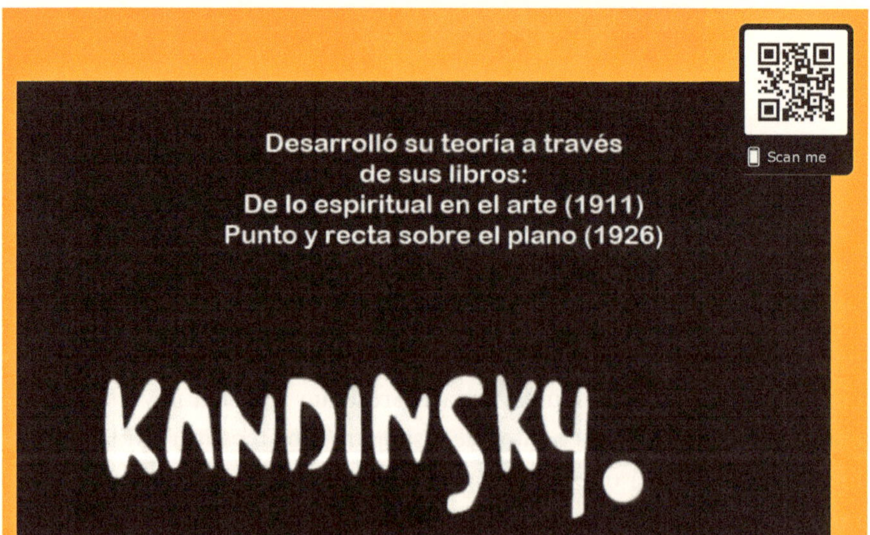

Kandinsky: color, percepción y sensación. Karina Mellace. Un recorrido por la teoría desarollada por Kandinsky en sus libros *De lo espiritual en el arte* (1911) y *Punto y recta sobre el plano* (1926). Disponível em: <https://youtu.be/H7WDD5Vh7pc>. Acesso em: 31 jul. 2019.

Podemos constatar também: todas essas mudanças nas formas arquitetônicas e, por decorrência, nas composições e nos efeitos de sentido dos quadros têm também a ver com o surgimento da **fotografia**[9]. Nascida em 1826, ela impacta imediatamente a pintura, pois se um processo físico-químico qualquer passa a poder criar imagens realistas, por que continuar a pintar figurativamente? Segundo Santos (2008, s.p.),

> O crítico de cinema André Bazin foi atrás do mesmo fenômeno ao discutir em "Ontologie de l'image photographique" (2002: 9) aquilo que é próprio dela e o que a diferencia da pintura. O ensaio, escrito originalmente em 1945 e publicado em *Problèmes de la peinture*, coloca a fotografia como o "acontecimento mais importante da história das artes plásticas", ao liberar a pintura de uma necessidade fundamental da psicologia humana de vencer o tempo e a morte através da duplicação do ser com a imagem. O argumento de Bazin é conhecido: a perspectiva é que foi o pecado original da pintura que, desde o Renascimento, era corroída por uma necessidade de ilusão que nem estética era e sim, psicológica. Os redentores desse pecado original, segundo Bazin, foram Niépce e Lumière, na medida em que a fotografia e o cinema satisfazem plenamente essa "obsessão pela

[9] Fotografia (do grego φως [fós] ("luz"), e γραφις [grafis] ("estilo", "pincel") ou γραφη [grafê] "desenhar com luz e contraste"), por definição, é essencialmente a técnica de criação de imagens por meio de exposição luminosa, fixando-as em uma superfície sensível. A primeira fotografia remonta ao ano de 1826 e é atribuída ao francês Joseph Nicéphore Niépce. Contudo, fotografia não é obra de um só autor, mas um processo de acúmulo de avanços por parte pessoas, trabalhando, juntas ou em paralelo, ao longo de muitos anos (*Wikipédia*. Disponível em: <https://pt.wikipedia.org/wiki/Fotografia>. Acesso em: 31 jul. 2019).

semelhança", liberando a pintura para trabalhar com um "objeto puro", com sua "própria" bidimensionalidade.

Segundo Santaella e Noth (2014 [1997]: 167), o paradigma fotográfico da imagem estática "inaugurou a automatização na produção de imagens por meio de máquinas, ou melhor, de próteses óticas" e é, pois, caracterizado pelos "processos automáticos de captação da imagem". A máquina (mecânica), uma ferramenta, imiscui-se entre o autor-criador e a obra, modificando a situação de produção.

Por meio de processos automáticos de captação da imagem, a máquina que aqui se integra, por um lado, é extensão da visão do autor e, por outro, a limita: como sua ferramenta material tem o caráter de "prótese ótica", limita e delimita as "técnicas óticas de formação da imagem", criando um processo diádico de interação máquina (e suas propiciações)-autor que, ao mesmo tempo, limita/determina as possibilidades da imagem, mas cria outras potencialidades de captura.

> Enquanto o criador das imagens artesanais deve ter como habilidade fundamental a imaginação para a figuração, [...] o agente, no paradigma fotográfico, necessita de capacidade perceptiva e prontidão para reagir. [...] Enquanto as imagens artesanais resultam de um gesto idílico, fruto de uma simpatia ou de seu oposto, a agressividade em relação ao mundo, as imagens fotográficas decorrem de uma espécie de rapto, captura, roubo do real. [...] O que se plasma na pintura é o olhar de um sujeito. O que a foto registra, por seu lado, é a complementaridade ou conflito entre o olho da câmera e o ponto de vista de um sujeito. [...] Se o pintor é uma espécie de demiurgo, sujeito criador e centralizado, o fotógrafo é um *voyeur*, sujeito pulsional, caçador e seletor, deslocado e movente. [...] O pintor dá corpo ao pensamento figurado; o fotógrafo, ao pensamento performático, decisório, enquanto o programador representa o pensamento lógico e experimental (Santaella, Noth, 2014 [1997]: 175).

Por outro lado, por meio de seus instrumentos mecânicos e de sua fixação química em papel na revelação, a fotografia não se insere na ordem da unicidade, como a pintura, mas, como diria Benjamin, na ordem da "reprodutibilidade técnica", perdendo, com isso, sua "aura". Típica da era da comunicação de massas, é índice: um duplo, uma emanação, uma metonímia.

No entanto, isso não quer dizer que ela seja sempre realista e documental e que não possa se erigir em arte, como testemunha, no Brasil, a obra de Sebastião Salgado. Tanto ela pode ser documental, como artística. Nos dois casos, é preciso a acuidade do olhar do fotógrafo via máquina/lentes, seja — no universo jornalístico — para captar com maestria o instante fugaz que se faz depoimento, seja para ecoar sentidos e apreciações de valor estético, no campo da arte:

Foto: Associated Press.
Disponível em: <https://bit.ly/2YtKV0V>. Acesso em: 31 jul. 2019.

Sebastião Salgado. Exposição *Gênesis*, 2013.
Disponível em: <https://bit.ly/2M3UmgT>. Acesso em: 31 jul. 2019.

Sebastião Salgado. Documentário *O sal da Terra* (*The Salt of the Earth*), 2015. Fotos de Serra Pelada. Direção: Wim Wenders, Juliano Ribeiro Salgado. Disponível em: <https://bit.ly/2OG0KNm>. Acesso em: 31 jul. 2019.

A maior parte da história da fotografia disponível discute os aprimoramentos técnicos da fotografia. Poucos são os trabalhos que a discutem como signo, como linguagem, e mais ínfimo ainda o número de trabalhos que a discutem como arte.

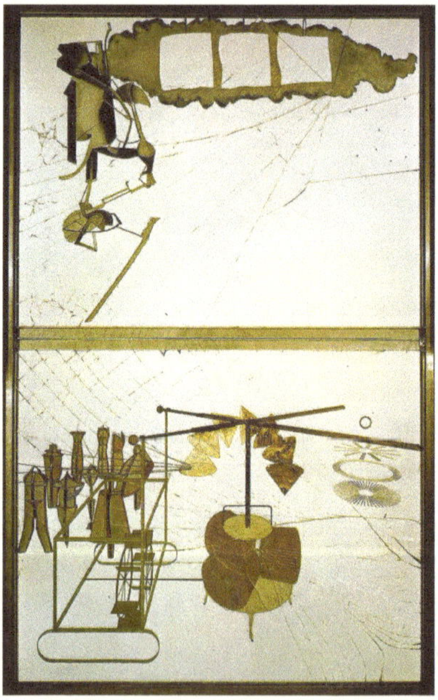

Duchamp, *La mariée mise à nu par sés célibataires, même* (1915-1923). Philadelphia Museum of Art, Collection Louise et Walter Arensberg. Disponível em: <https://bit.ly/2KuFswP>. Acesso em: 31 jul. 2019.

No início do século XX, Marcel Duchamp estabelece em sua obra um forte diálogo com a fotografia, com seus *ready-made,* como *La mariée mise à nu par ses célibataires, même* (1915-1923) ou *O grande vidro*: duas lâminas de vidro, uma sobre a outra, onde se vê uma figura abstrata na parte de cima, que seria a noiva, e na parte de baixo, uma porção de outras figuras (feitas de cabides, tecido e outros materiais), dispostas em círculo, ao lado de uma engrenagem (retirada de um moinho de café). Krauss (2002: 15) afirma: "Poderíamos dizer que Duchamp repudiou o cubismo para desposar a fotografia". Se o mundo já está estruturado pela dominação das formas visuais, particularmente pela fotografia, por que não incorporar em seu trabalho a linguagem fotográfica?

E esse diálogo explode na segunda metade do século 20, nos anos 1960, com a *pop art.* Fabris (2009: 100) nota:

> Na primeira viagem à Califórnia, realizada em fins de 1963, Hockney começa a configurar um novo léxico pictórico. Em *Colecionador de arte da Califórnia* (1964), a figura é representada numa varanda, um espaço definido por duas superfícies planas nas cores rosa e azul, que empurram a cena para a margem inferior do quadro. Esse espaço totalmente ilusório abriga um tema que não se baseia em nenhuma observação da realidade. O único elemento real é a piscina, derivada de um anúncio publicitário publicado no *Los Angeles Times.*

Hockney, *Colecionador de arte da Califórnia,* 1964. Private collection, New York. Disponível em: <https://bit.ly/2YFZSbi>. Acesso em: 31 jul. 2019.

O próprio Hockney declara a respeito de *A Bigger Splash*, cuja imagem central é derivada parcialmente de uma fotografia, enquanto a estrutura do fundo se baseia em desenhos de observação:

> Levei duas semanas para pintar um acontecimento que dura dois segundos. (...) Todo mundo sabe que um jato de água não pode ser parado no tempo, não existe; por isso, quando é visto na pintura é ainda mais impressionante do que na fotografia (...) Na realidade, se o jato de água é bem discernível, é claro que foi tomado num sexagésimo de segundo, um tempo inferior àquele em que o jato existiu de fato (retirado de Fabris, 2009: 101, *apud* Panicelli, 1983).

Hockney, A Bigger Splash, 1967. Tate.
Disponível em: <https://bit.ly/2MWNhei>. Acesso em: 31 jul. 2019.

4. DO FOTOGRÁFICO AO PÓS-FOTOGRÁFICO: DO TRATAMENTO DIGITAL DAS IMAGENS

Reza a *Wikipédia*:

> Uma imagem digital é a representação de uma imagem bidimensional usando números binários codificados, de modo a permitir seu armazenamento, transferência, impressão ou reprodução e seu processamento por meios eletrônicos. Há dois tipos fundamentais de imagem digital. Uma é do tipo rastreio (*raster*) e outra, do tipo vetorial. Uma imagem digital

do tipo *raster*, ou *bitmap*, ou ainda matricial, é aquela que em algum momento apresenta uma correspondência bit-a-bit entre os pontos da imagem *raster* e os pontos da imagem reproduzida na tela de um monitor. A imagem vetorial não é reproduzida necessariamente por aproximação de pontos, antes era destinada a ser reproduzida por *plotters* de traçagem que reproduziam a imagem por deslocamento de canetas-tinteiro. Tipicamente, as imagens *raster* são imagens fotográficas e as imagens vetoriais são desenhos técnicos de engenharia. Os quadrinhos ilustrados se assemelham em qualidade a imagens *raster*, mas são impressos em *plotters* que passaram a imprimir à maneira das impressoras comuns por jato de tinta (disponível em: <https://bit.ly/2s58MDK>. Acesso em: 31 jul. 2019).

Fotografia digital (bitmap): Carulmare, *Have a Seat*, Finlândia, 2010. Disponível em: <https://bit.ly/2GO3GB8>. Acesso em: 31 jul. 2019.

Van Gogh, *A cadeira com cachimbo*. Disponível em: <https://bit.ly/2OHXAJ4>. Acesso em: 31 jul. 2019.

Pois é! Em dado momento, foi possível digitalizar as imagens e analisá-las em *pixels*, para transformá-las em códigos capazes de reproduzi-las. E isso foi, sem dúvida, uma revolução.

Para Santaella e Noth (2014 [1997]), diferentemente do pré-fotográfico e do fotográfico, já não é mais o olhar e o gesto do artista sobre um suporte e nem o rapto da imagem por um obturador mecânico acionado pelo olho-gesto do fotógrafo que criam e definem a imagem no pós-fotográfico. É uma matriz numérica gerada por programas de computador que se valem de processos lógico-matemáticos para criar a imagem em *pixels* na tela do dispositivo digital (computador, celular, *tablet*). Não mais uma tecnologia perecível, nem reprodutível, mas uma tecnologia do *disponível*. Cabe ao programador visualizar o modelizável e simular o modelo por variações de parâmetro, num processo virtual de simulação.

Segundo os autores (p. 171),

> Antes de ser uma imagem visualizável, a imagem infográfica é uma realidade numérica que só pode aparecer sob forma visual na tela de vídeo porque é composta de pequenos fragmentos discretos ou pontos elementares chamados *pixels*, cada um deles correspondendo a valores numéricos que permitem ao computador dar a eles uma posição precisa no espaço bidimensional da tela no interior de um sistema de coordenadas geralmente cartesianas. A essas coordenadas se juntam coordenadas cromáticas. Os valores numéricos fazem de cada fragmento um elemento inteiramente descontínuo e quantificado, distinto dos outros elementos, sobre o qual se exerce um controle total. Partindo de uma matriz de números contida na memória de um computador, a imagem pode ser integralmente sintetizada, programando o computador e fazendo-o calcular a matriz de valores que define cada *pixel*. O *pixel* é localizável, controlável e modificável por estar ligado à matriz de valores numéricos. Essa matriz é totalmente penetrável e disponível, podendo ser retrabalhada, do que decorre que a imagem numérica é uma imagem em perpétua metamorfose, oscilando entre a imagem que se atualiza no vídeo e a imagem virtual ou conjunto infinito de imagens potenciais calculáveis pelo computador (Couchot, 1987: 89-90).

Ainda segundo os autores, o cubismo e o abstracionismo preparam caminho "para uma arte conceitual em lugar de uma arte visual" (p. 187).

> Ora, as premissas matemáticas e a busca de formalização, cada vez mais rigorosas, que conduziram os trabalhos desses artistas, longe de terem sido fruto de arbitrárias fantasias da criação, ao contrário, funcionam hoje como verdadeiras antevisões do modo como a linguagem visual passou a ser produzida nos processos de síntese do computador, até o ponto de se poder afirmar que aqueles artistas estiveram preparando o terreno e a sensibilidade dos receptores para o advento da infografia, das imagens de síntese (p. 188).

Mas os autores estão escrevendo no final da década de 1990 e podemos acrescentar hoje outras maneiras de produzir imagens estáticas digitais, além de programas e algoritmos.

O **Museu de Arte Digital** divide seu acervo em 3 fases: os pioneiros, a era Paintbox e a era multimídia, apresentadas da seguinte maneira:

Fase 1 - 1956-1986: Os pioneiros

Inclui os pioneiros da arte digital, alguns dos quais não eram principalmente artistas, mas cujas explorações visuais fora cruciais para o *medium* emergente. A escrita de programas de computador foi central para a maioria dos trabalhos durante esse período.

Fase 2 - 1986-1996: A era Paintbox

Nesse período, tornam-se disponíveis os *softwares* de arte (lentamente no início), atraindo artistas que podiam criar obras sem programar. O principal *software* que emergiu nesse período foi o programa Paint, suportado por computadores e dispositivos acessíveis tais como o escâner e os gravadores de filme.

Fase 3 - 1996-2006: A era multimídia

Com o crescimento da disponibilidade de tecnologias de interatividade e de acesso à internet, podemos ver tanto a democratização do *medium* como novas formas de arte interativa e *online*.

(*Digital Art Museum*. Disponível em: <https://bit.ly/2Kz3nvd>. Acesso em: 31 jul. 2019).

Nessa divisão histórica, a discussão feita por Santaella e Noth (2014 [1997)] refere-se somente à fase 1, a dos pioneiros. Vejamos alguns exemplos de obras do acervo do museu em cada uma das fases:

Fase 1: Harold Cohen, ex-diretor do Centro de Pesquisa em Computação e Artes (CRCA), era um pintor inglês com uma reputação internacional estabelecida quando foi para a Universidade da Califórnia em San Diego (UCSD), em 1968, para uma visita acadêmica de um ano. Sua primeira experiência com computação aconteceu quase imediatamente. Cohen é o autor do célebre programa AARON [ao lado, uma pintura AARON de 1995], uma pesquisa contínua em inteligência de máquina autônoma (fazendo arte), que começou quando ele era um pesquisador visitante no Laboratório de Inteligência Artificial da Universidade de Stanford, em 1973. Juntos, Cohen e

AARON expuseram na Tate Gallery (Londres), no Museu do Brooklyn (Nova York), no Museu de Arte Moderna de São Francisco, no Museu Stedelijk (Amsterdam) e em muitos dos mais importantes espaços de arte do mundo. Eles também se apresentaram em uma dúzia de centros de ciência, incluindo o Centro de Ciências de Ontário, o Museu de Ciências de Boston e o Museu de Ciência e Indústria de Los Angeles. Cohen representou os Estados Unidos na Feira Mundial em Tsukuba, Japão, em 1985. Há uma exposição permanente dedicada a seu trabalho no Museu de Informática de Boston.

Fase 1: **Yoshiyuki Abe** estudou engenharia fotográfica na Universidade de Chiba, Japão. Seus principais campos de interesse são arte algorítmica, processo estocástico (aleatório), fotografia e cinema. Em sua obra, utiliza objetos geométricos, principalmente as superfícies de paraboloides hiperbólicos e o processamento de elementos estocásticos. Seu trabalho foi exibido em exposições internacionais de artes eletrônicas por décadas e ele também escreve abundantemente sobre arte digital e tecnologia.

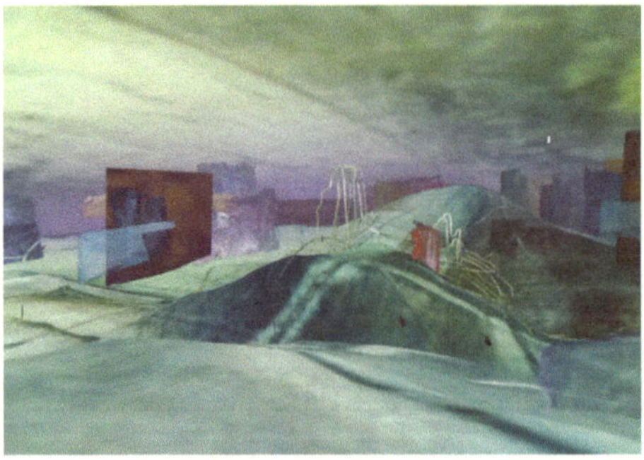

Fase 2: **Jeremy Gardiner** é professor de artes digitais no Colégio de Música e Mídia de Londres. Ele se formou na Escola de Pintura do Royal College of Art (1980-1983) em Londres e é ex-bolsista Harkness do Laboratório de Mídia do Massachusetts Institute of Technology. Desde 1982, incorpora a mídia digital em seu processo de trabalho. Ele expôs em todo o mundo e, em 1987, recebeu uma bolsa da New York Arts Foundation e, em 1988, uma menção honrosa por seu trabalho do Prêmio Ars Electronica. É membro fundador do Programa de Computação Gráfica do Pratt Institute of Art and Design em Nova York e diretor de CyberArts na New World School of Arts, em Miami. Em 2003, ganhou o prêmio Peterborough Art pelo seu projeto virtual "Purbeck Light Years".

Fase 2: Micha Klein formou-se em 1989 na Academia Rietveld em Amsterdam e foi o primeiro artista a receber o título de Bacharel em computação gráfica. Desde 1989, realizou exposições em galerias e museus de todo o mundo com seus monumentais painéis fotográficos que utilizam diversas técnicas e estilos digitais. Suas "pinturas" digitais chamam a atenção com suas cores brilhantes e superfícies lisas, mas mostram um mundo original subjacente, com referências à história da arte e à cultura pop. Em 1998, o Museu Groninger homenageou Micha Klein com uma retrospectiva de dez anos de sua arte digital e vídeo. Ele exibiu em Londres, Tóquio, Milão e São Francisco. Em 2000, uma exibição na Mary Boone Gallery, em Nova York, lançou sua carreira nos EUA, que incluiu uma colaboração com o *rapper* Eminem. Outros clientes incluem Swatch e Coca-Cola e as animações para "Around the World in 80 Days" lançado no verão de 2004. Klein também ganhou vários prêmios por seu trabalho pioneiro como VJ. Recentemente, em 2002, o trabalho de Klein está incluído em várias mostras internacionais de museus.

Fase 3: Lynn Hershman Leeson utiliza novas mídias desde a década de 1970 como uma artista de ponta. Tem se dedicado às questões sociais da sociedade contemporânea: proteção da privacidade, papel de gênero, o conceito de mudança de identidade na era da virtualidade. Muitas vezes, ela atua como contadora não linear de histórias, mostrando a solidão das pessoas em um mundo de sistemas de comunicação de massa. Ela trabalha com um *alter ego*, fantoches e agentes e inclui inteligência artificial. Como pioneira do trabalho interativo, sua obra inclui *performance*, cinema, fotografia, instalações específicas de *sites* e mídias digitais. Um dos projetos mais famosos de Hershman Leeson inclui

Roberta Breitmore, uma personagem fictícia, criada e divulgada pela artista de 1973 a 1979, antecipando avatares virtuais. Hershman Leeson foi responsável por uma série de inovações tecnológicas, incluindo a primeira obra de arte interativa baseada em computador, com Lorna (1983-1984) e o agente web inteligente artificial Dina (2006) (trecho do *press-release* por ocasião da concessão do 4° Prêmio Digital de Arte 2010).

Fase 3: Uma dúzia de obras antes desconhecidas criadas por **Andy Warhol** foram recuperadas de discos Amiga de 30 anos. Os experimentos de arte foram produzidos em 1985 por Warhol sob encomenda do Commodore — criador do computador Amiga. Commodore pagou ao artista para produzir uma série de trabalhos para ajudar o lançamento do *Amiga 1000*. Na conferência de imprensa do lançamento, Warhol usou o programa gráfico de Amiga para pintar um retrato da cantora Debbie Harry.

Um meticuloso projeto de três anos foi necessário para recuperar as imagens salvas em um formato de dados obscuro. As imagens digitais foram descobertas e recuperadas por funcionários e estudantes membros do clube de computadores da Universidade Carnegie Mellon.

Neste passeio pelo Museu de Arte Digital, o que podemos constatar é que *pixels*, fotos e efeitos gráficos cada vez menos se distinguem nas obras e que passamos de uma fase *hardware*, em que programadores de computador geram imagens por meio de linguagens computacionais, tal como descrito por Santaella e Noth (2014 [1997]), na fase 1 do Museu, para um momento *software* (fases 2 e 3), em que diferentes *softwares* de computação gráfica — como Paintbrush, Photoshop etc.) e, mais recentemente, *apps* para tecnologia móvel (como Draw Free ou Sketch Lover), permitem desenhar a mão livre de forma combinada com a apropriação de imagens digitais preexistentes, sua edição e a aplicação de diversos tipos de filtros.

O que Andy Warhol fazia com dificuldade, nos anos 1980, em um computador Amiga, podemos hoje fazer em segundos, no celular, seja para produzir imagem com estilo em um *app* como Prisma ou Style, que oferece diversos estilos de pintura (impressionista, modernista, pontilhista) como filtros para modificar fotos:

Ou, de brincadeira com os amigos em uma ferramenta de bate-papo, apor realidade aumentada em fotos como as do Snapchat.

E tudo isso com *softwares/apps* de edição de imagens que não exigem do usuário nenhum conhecimento **metamídia**[10] (programação), apenas um conhecimento **multimídia**[11] ou **hipermídia**[12].

No próximo capítulo 4, trataremos da imagem em movimento. Mas, antes, vamos fazer um pouco de gênero?

---

[10] A ideia de metamídia surge com o teórico canadense Marshall McLuhan, que afirmava estarem os diferentes meios de comunicação em constante relação de contato e apropriação uns com os outros. O rádio surge como metamídia do jornal impresso, alcançando aos poucos a sua autonomia. O mesmo ocorre com a TV sendo uma metamídia do rádio, e assim por diante. Porém, se para McLuhan a metamídia era um processo no qual haveria sempre uma apropriação e ressignificação de meios mais antigos pelos mais recentes, o surgimento da internet nos faz refletir sobre a existência material de uma metamídia, uma mídia que conjugaria constantemente todas as anteriores. A internet não possibilita apenas, enquanto metamídia, a coexistência de produções e linguagens próprias de todos outros meios, mas também propicia uma atitude de comentário e produção interativa e individual, o que agrega ainda mais o seu caráter de meta (Araújo, 2014, s.p.; disponível em: <https://bit.ly/2KeBs4I>. Acesso em: 31 jul. 2019).

[11] O termo multimídia surgiu em 1950 para nomear uma combinação entre mídias com imagens estáticas e em movimento. [...] Gosciola (2003: 31) destaca uma definição de multimídia: "Conjunto de meios utilizados ao mesmo tempo para a comunicação de conteúdos que podem ser navegados de maneira linear ou não linear" (Bandeira, 2009: 291).

[12] A hipermídia surge com a possibilidade de lincar diferentes mídias em um produto, ao invés de simplesmente agrupá-las. Segundo Bandeira (2009: 291), "a consequência natural do hipertexto foi, com certeza, a hipermídia que se desenvolveu a partir da autoração de apresentação e da navegação não linear de informações interativas".

5. FAZENDO GÊNERO: PHOTOSHOP, RENDERIZAÇÃO E ESTÉTICA IA

Segundo Manovich (2006), atualmente, a fotografia pode ser entendida, de certa forma, como "matéria-prima": elemento gráfico facilmente recortável, manipulável, recombinável e distribuível nas redes sociais.

Retrato de Lawrence Lessing — idealizador de licença Creative Commons. Disponível em: <https://bit.ly/1UV6NJU>. Acesso em: 31 jul. 2019.

Manovich (2006) ainda observa:

> Há bons motivos para supor que as imagens, daqui para a frente, serão fotográficas. Como um vírus, a fotografia acabou por tornar-se um código representacional extremamente resistente (Manovich, 2006, s.p.).

No ecossistema digital, tanto os elementos fotografados são remixados, como os processos fotográficos em si hibridizam-se com outros sistemas de representação. Não se separam do ato fotográfico a manipulação, edição e distribuição fotográfica. Mais importante, a fotografia funde-se potencialmente (em um só "meio") com outros processos e sistemas — tipográfico, cinematográfico, de animação e ilustração etc. —, fenômeno que, em conjunto com as práticas de remix, dão origem a diversas representações híbridas, por meio do que chamamos de Photoshop. A partir de agora, iremos observar como se constitui essa prática; sua relação com a estética fotográfica; o *design* gráfico pós-softwarização das mídias e o desenvolvimento de inteligências artificiais (IA) em plataformas móveis.

Para um melhor entendimento de como a fotografia se hibridiza como outros meios na atualidade, Manovich (2013) chama a atenção para a necessidade de observar como se deu o processo de configuração do computador em uma máquina de "computação cultural" (*cultural computing*); ou como se deu a estruturação do computador como "metamídia", por meio da softwarização das mídias.

> Quero entender o que é "mídia após *software*" — isto é, o que aconteceu com as técnicas, linguagens e os conceitos da mídia do século XX como resultado de sua informatização. Ou, mais precisamente, o que aconteceu com a mídia depois de ter sido do tamanho de um *software* (Manovich, 2013: 60-61).

É fundamental ter claro que o computador — entre a sua invenção em meados da década de 1940 e a chegada dos PCs no início dos anos 1980 — era usado para executar cálculos e processamento de dados militares, científicos e empresariais: não eram desenhados para serem interativos; não eram projetados para uso doméstico e, dificilmente, usados para criação e distribuição cultural.

Segundo Manovich, devemos a Alan Kay e a seus colaboradores da Xerox Palo Alto Research Center (PARC) o fato de os computadores serem mais do que máquinas de calcular, transformando-os em "mídias dinâmicas" capazes de simular (ou remidiar) estéticas e processos de criação não digitais (Manovich, 2013: 58).

Nas próprias palavras de Kay,

> Embora os computadores digitais tenham sido originalmente projetados para fazer computação aritmética, a capacidade de simular detalhes de qualquer modelo descritivo significa que o computador, visto como um meio em si, pode ser qualquer outra mídia se os métodos de incorporação e visualização estiverem suficientemente bem estabelecidos. Além disso, essa nova "metamídia" é ativa — ela pode responder a consultas e experimentações — para que as mensagens possam envolver o usuário em uma conversa de mão dupla (Kay; Goldberg, 1977: 393).

Ao observar o projeto de Kay, Manovich (2013) sugere que sejam feitas duas perguntas:

(i) O que Kay pretendia construir?

(ii) Como ele e seus colegas pretendiam materializar essa ideia?

Kay: (i) buscou transformar os computadores em uma "mídia dinâmica pessoal" voltada ao aprendizado, descoberta e criação artística; (ii) já o grupo pretendia atingir esses resultados simulando sistematicamente a maioria das mídias existentes em um mesmo objeto, promovendo, simultaneamente, meios de adicionar novas propriedades a essas mídias (Kay; Goldberg, 1977).

Dessa forma, Kay concebe o que chamou de metamídia: um novo tipo de mídia capaz de simular (**remidiar**) todos os tipos de mídia em uma única máquina capaz de, ao mesmo tempo, envolver o usuário em um "diálogo de mão dupla", adicionando novos atributos a ela.

Se, como sugere Manovich, por um lado, podemos entender que o *software* voltado ao usuário, baseado em Graphical User Interface (GUI), transformou o computador em uma "máquina de remidiação" — uma máquina que atualiza uma série de mídias anteriores —, as propriedades idealizadas e materializadas por Kay e seus colegas também permitiram novos relacionamentos entre usuários, criadores e apreciadores e mídias (p. 58).

O que aconteceria em um mundo em que todos tivessem um **Dynabook**? Se tal máquina fosse projetada de modo a qualquer proprietário poder moldar e canalizar seu poder para suas próprias necessidades, então um novo tipo de meio teria sido criado: uma metamídia, cujo conteúdo seria uma ampla gama de mídias já existentes e de mídias ainda não inventadas (Kay; Goldberg, 1977: 403).

Entendermos as diferentes relações estabelecidas entre computadores, estéticas e mídias anteriores, suas remidiações e possibilidades de significação e leituras que circulam e se materializam nesta metamídia é essencial para entendermos as produções visuais contemporâneas.

Por exemplo, a fotografia digital: muitas vezes, ela "simula" a fotografia tradicional em sua aparência — ângulo, cor, contrastes, iluminação etc. Contudo, ao mesmo tempo, como indica Manovich (2013), ela funciona de maneira diferente: uma fotografia digital pode ser visualizada e modificada rapidamente e de várias maneiras; ser (re)combinada com outras imagens e semioses; ser instantaneamente editada e compartilhada com outras pessoas em rede; compor uma animação, um documento, um projeto 3D ou arquitetônico. Apenas parte do "DNA" de uma fotografia digital se deve a seu local de nascimento específico, ou seja, o interior de uma câmera digital. O resto é resultado de diferentes paradigmas (Manovich, 2013: 62).

Vejamos um exemplo significativo que circulou durante as eleições presidenciais americanas, em 2008, conhecido como *Hope* (Esperança) e que logo viralizou nas redes sociais:

Fairey. *Hope*, 2008.
Disponível em: <https://bit.ly/1VUCdhO>. Acesso em: 31 jul. 2019.

Segundo Gournelos (2012), o pôster *Hope*, criado por **Fairey**[13], parte da imagem icônica de Che Guevara, de Alberto Korda (Gournelos, 2012: 27).

Alberto Korda. *Che Guevara,* 1960.
Disponível em: <https://bit.ly/2T8P6t3>. Acesso em: 31 jul. 2019.

[13] Fairey é um artista *underground,* fundador da Obey Giant, também conhecido por filmes sobre artistas guerrilheiros como *Exit Through the Gift Shop* (2010) e *Beautiful Losers* (2009).

Richard (2012) comenta: Fairey teria sido influenciado pela composição fotográfica de Korda e, principalmente, pelos valores gráficos que a imagem de Che Guevara assume no imaginário estético e na cultura *pop*. Mais especificamente, pela composição fotográfica em "três quartos", em que o retratado é fotografado em contra-*plongée* (de baixo para cima), olhando para alto e para o lado — recurso muito comum em fotografias de políticos.

Dois retratos em três quartos. John Fitzgerald Kennedy e Che Guevara.

Na realidade, em sua criação, Fairey sampleia a fotografia de Mannie Garcia, fotógrafo da Associated Press:

Processo de criação de Fairey.
Disponível em: <https://bit.ly/33fOjen>. Acesso em: 31 jul. 2019.

Segundo o *site* Know Your Meme (knowyourmeme.com), a primeira imagem criada por Fairey tinha a palavra "Progresso" (*Progress*) centrada sob o retrato — composição também comum em pôsteres políticos.

Fairey. "Progresso" (*Progress*), 2008.
Disponível em: <https://bit.ly/2OHpjJW>. Acesso em: 31 jul. 2019.

Só em um segundo momento, Fairey lançaria a famosa série com a palavra *Hope* (Esperança) estampada no cartaz, que capturou o sentimento de esperança que levou Barack Obama à Casa Branca. O sucesso de *Hope* deriva da representação em "três quartos" que Fairey faz de Obama: representação poderosa que caracteriza um potencial líder, comunica as ideias de liderança, esperança e visão de futuro que Obama suscitou na época com seu *slogan Yes, we can!* (Sim, nós podemos!), aliás, também usado como um *remake* prosódico da famosa frase de Martin Luther King *I have a dream!* Inclusive, influenciando a capa da revista *TIME* de 2008, que trouxe Barack Obama como pessoa do ano.

Capa da revista *Time* — Pessoa do Ano de 2008.

Ainda é importante mencionar a escolha de cores feita por Fairey. As cores são fundamentais no *design* político: fornecem significado ao cartaz e definem seu *status* icônico. A paleta de cores de *Hope* faz referência às cores da bandeira americana (vermelho, branco e azul), mas também ao estilo e ao trabalho do próprio Fairey, que normalmente emprega *off colors* (cores esmaecidas), prestando homenagem ao tradicional esquema de cartazes políticos produzidos em serigrafia.

O *slogan* impresso sob a imagem de Obama (*Hope*), em tipografia moderna, *bold* e sem serifa, é outro elemento chave dentro do *design* de Fairey. Através desses recursos visuais, o leitor é encorajado a correlacionar a postura de três quartos à implicação conceitual de esperança para a condução da nação.

De fato, o cartaz de Fairey adquire seu real poder a partir de uma combinação de elementos visuais tradicionais e modernos, participando de um novo *ethos* próprio do pós-fotográfico e das novas mídias.

Quase simultaneamente, paródias e memes baseados no pôster de Fairey começaram a aparecer *on-line*. Eram imagens criadas por aplicativos que simulam o pôster *Hope* (obamicon.me é um exemplo — infelizmente descontinuado). Ou por meio de tutoriais que ensinam a criar seu próprio pôster e meme *Hope*:

Memes: *Hope*.

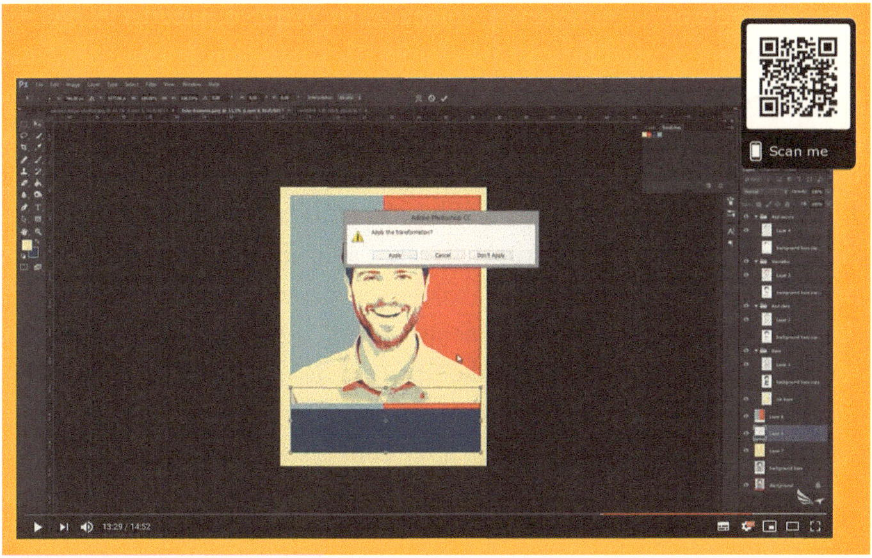

Ferreira Studios. "Como aplicar o Efeito *Hope*, Barack Obama". Disponível em: <https://bit.ly/2YsULzT>. Acesso em: 31 jul. 2019.

Mesmo muito depois das eleições de 2008, observamos que o ícone criado por Fairey continua gerando novos **mashups**[14], remixes políticos e produções gráficas, com base em uma paisagem cada vez mais fluida e mutável, que funde referências políticas com cultura *pop*, algo muito comum na cultura meme.

Feliti, Chico. *Serafina reproduz com Marielle capa da* Time *com Obama. Folha de S.Paulo*, 27/05/2018. Disponível em: <https://bit.ly/33hYZcA>. Acesso em: 31 jul. 2019.

Se considerarmos o elo existente entre estética fotográfica, artes gráficas, os meios próprios de *softwares* de edição de imagens (Photoshop, GIMP, Illustrator etc.) e como todos esses elementos se combinam em um ecossistema mi-

[14] Remixes de *trailer* ou *recut* diferenciam-se dos *mashups* por editarem material visual apenas de um filme, enquanto os *mashups* combinam imagens e áudios de, no mínimo, dois filmes/áudios aparentemente bem diferentes entre si.

diático moderno — aplicativos, formatos de arquivo, interfaces etc. —, fica claro que a significação pós-fotográfica não tem apenas um, mas dois pais, cada um com seu próprio conjunto de DNA: por um lado, temos as diferentes estéticas e práticas culturais (remidiação) e, por outro, o processo e desenvolvimento de *software* (softwarização).

Para Manovich, nos textos "There Is Only Software" (2008) e, principalmente, em "Import/Export: Design Workflow and Contemporary Aesthetics" (2006), o *software* assume um papel importante na estética das novas mídias, fundamentalmente porque o *software* dita a relação a ser estabelecida com determinada estrutura de dados (representação numérica) — que se converte em imagem, som e imagem em movimento — e, principalmente, o que se pode fazer com esses dados.

Dessa forma, segundo Manovich (2006; 2008), o *software* permite a hibridização entre processos e elementos constitutivos próprios de diferentes mídias, criando um "remixado" de processos e técnicas de diferentes mídias dentro de um mesmo objeto (*deep remix*).

Com relação à softwarização das imagens fotográficas, Manovich (2013) chama a atenção sobre as concepções de filtro, *composite* e renderização. Segundo ele, a importância do uso de filtros e sua correlação com as mídias tradicionais é fácil de notar: os próprios nomes de muitos filtros do Photoshop referem-se às técnicas de manipulação e criação de imagens e materiais disponíveis antes do desenvolvimento de aplicativos de mídia na década de 1990 — "pintura, desenho e desenho, fotografia, vidro, néon, fotocópia" (Manovich, 2013: 130). Por exemplo, se quisermos reproduzir o efeito *Hope* na foto ícone de Che Guevara tirada pelo fotógrafo cubano Korda, devemos, antes de tudo, aplicar o filtro conhecido como "posterização" (*posterization*) e então, só aí, dar continuidade, incluindo cores e texto na composição.

Aplicação do filtro "posterização" (*posterization*).

O filtro "posterização" reduz a gradação contínua de tons em uma imagem. Essa redução do espectro de valores de cor e variações de tons de cinza foi originalmente desenvolvido por artistas gráficos em fotografias para criar pôsteres. Inclusive, foi o que o artista irlandês Jim Fitzpatrick fez: criou uma imagem em alto contraste da fotografia de Korda, retirando os tons de cinza e mantendo um desenho em preto e branco. Técnica mais tarde também aplicada por Andy Warhol, consagrando Che Guevara como um símbolo *pop*.

Andy Warhol. *Che Guevara.*

Já o recurso da composição em camadas (*layers*) reforça uma lógica de produção de imagens em composição (*composite*). Segundo Manovich, o trabalho em camadas mudou como pensam imagens os *designers*, fotógrafos ou um ilustrador.

> Em vez de trabalhar em um único *design* com cada alteração afetando a imagem (e no caso de mídia física, como tinta, irreversivelmente), agora trabalha com uma coleção de elementos separados (Manovich, 2013: 142).

Por meio do recurso "camadas", um criador/editor pode "brincar" com os elementos significativos de uma imagem em diferentes níveis. Pode importar, excluir, criar, mover e modificar valores até estar satisfeito com sua composição final.

Segundo a "ajuda" do Photoshop, por exemplo, é possível, por meio do recurso de criação em camadas, editar os *pixels* de uma imagem e, ao mesmo tempo, deixar os valores de objetos subjacentes inalterados.

> As camadas são usadas para realizar tarefas como a composição de várias imagens, adição de texto em uma imagem ou adição de formas de vetores gráficos. Você pode aplicar um estilo de camada para adicionar um efeito especial como uma sombra projetada ou um brilho (Adobe Help, s.p.).

As camadas também contêm conteúdos não aparentes. As camadas de ajuste (chamadas também de "edição não destrutiva"), por exemplo, podem ser compostas por informações de ajuste variados (cores, brilho, saturação etc.) que afetam apenas a visualização das camadas abaixo dela.

Há, ainda, a possibilidade de criação de camadas denominadas "objeto inteligente", as quais podem conter "uma ou mais camadas de conteúdo" transformável (objetos que podem ser dimensionados, inclinados ou remodelados), também sem editar diretamente os *pixels* da imagem "original". Ou ainda, é possível criar camadas para inserir e editar vídeo à imagem final:

> Após importar um clipe de vídeo para uma imagem como uma camada de vídeo ou um objeto inteligente, você pode mascarar a camada, transformá-la, aplicar efeitos de camada, pintar nos quadros individuais ou renderizar um quadro individual e convertê-lo em uma camada de imagem padrão (Adobe Help, s.p.).

As camadas podem conter operações híbridas de edição, as quais podem ser ativadas, desativadas e/ou reorganizadas conforme projeto visual. Uma imagem, dentro da lógica propiciada pela softwarização em camadas, torna-se o resultado de um composto (*composite*) provisório, estabelecido por meio de diferentes semioses, conteúdos e de várias operações de modificação/edição, conceitualmente separáveis ou mescláveis entre si.

Por meio do recurso "camadas", redefine-se como são criadas imagens e seu significado. "O que costumava ser um todo indivisível, torna-se um composto de partes separadas" (Manovich, 2013: 142-143).

Camadas - Photoshop.

Como indica Manovich, a produção em camadas não é especificidade de editores de imagens, como o Photoshop. A criação e edição visual em camadas também é usada por editores de imagens vetoriais (Illustrator), gráficos em movimento, editores de vídeo e *motion graphics* (Final Cut e After Effects) e editores de som (Pro Tools) (ver próximas imagens).

> Apesar de diferenças de termos, a técnica em camada funciona da mesma forma em todas essas aplicações: uma composição final é o resultado de um "somatório" de dados (tecnicamente, um composto) armazenado em diferentes camadas, canais, faixas (Manovich, 2013: 144-145).

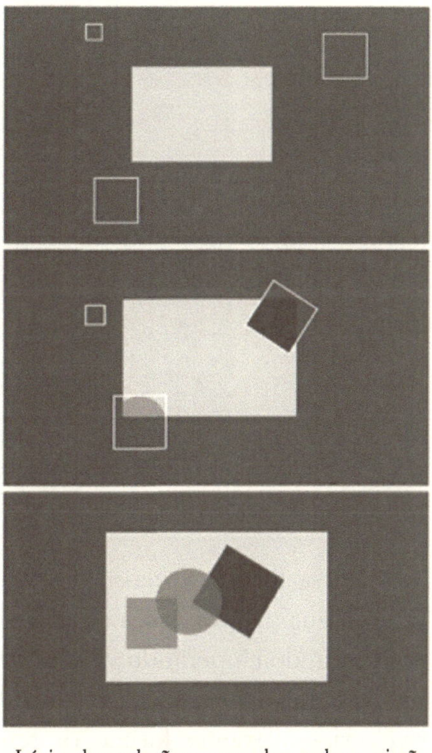

Lógica de produção em camadas usada na criação de *motion graphics* (Manovich, 2013: 284).

A criação em camadas é um princípio de programação moderna — desenvolvido em 1984, por Thomas Porter e Thomas Duff — e permite, entre outras coisas, renderizar elementos separados e combiná-los em uma única cena/visualização (3D ou 2D). Mais importante, possibilita o diálogo entre dados produzidos por diferentes *softwares*, ao viabilizar a transposição da estrutura de dados e sua lógica de edição e representação de um programa a outro.

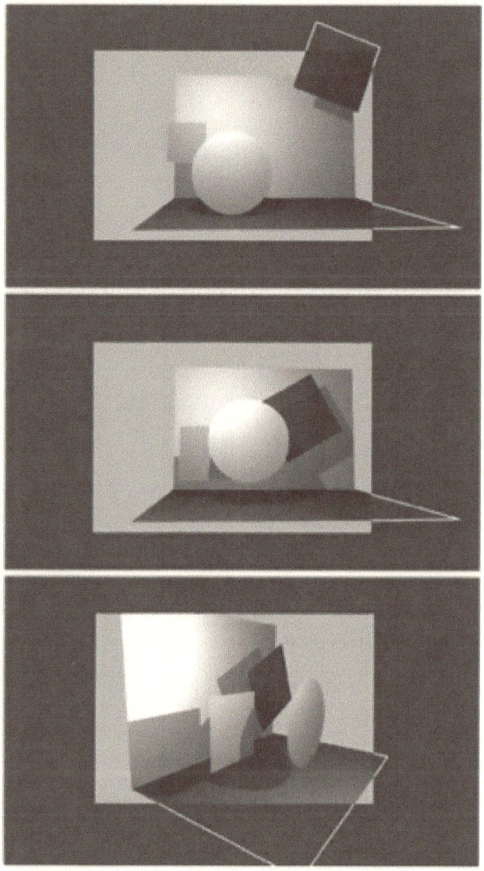

Lógica de produção em camadas usada na criação e modelagem 3D (Manovich, 2013: 292).

Dessa forma, torna-se possível (e até corriqueiro) "traduzir" conceitos visuais e processos criativos de uma mídia a outra. Por exemplo, renderizando e operando valores de produção de animação e criação 3D para a lógica de criação e estrutura de dados 2D (ou vice-versa), é possível criar diferentes formas de representação 3D de fotografias. Vejam alguns exemplos:

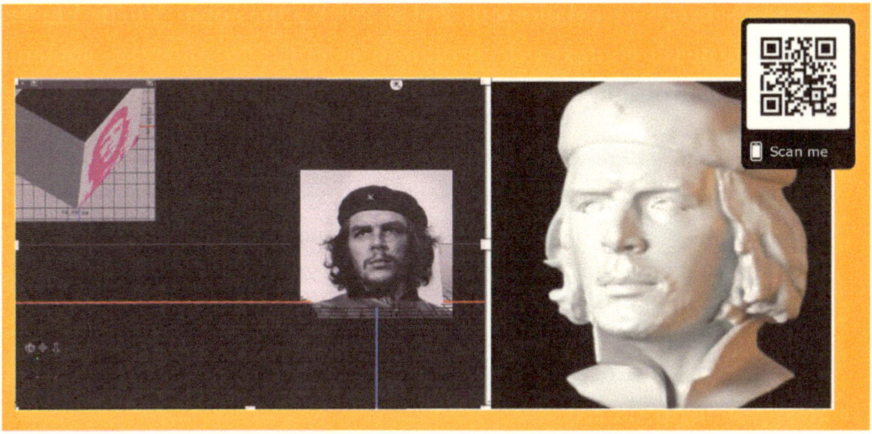

Ivonenko. *Che Guevara 3d Sculpture.*
Disponível em: <https://youtu.be/WuINC96IMcA>. Acesso em: 31 jul. 2019.

Make Productions. *WWF Parallax Sequence.*
Disponível em: <https://vimeo.com/50672419>. Acesso em: 31 jul. 2019.

Antes do processo de softwarização, os meios técnicos/estéticos propiciados por determinada mídia eram acessíveis exclusivamente por meio de seu *hardware* — incluindo, os instrumentos para inscrever, formatar e disponibilizar determinada informação/semiose. Juntos, materialidade e técnicas determinavam o que uma mídia era capaz de realizar: esses eram seus limites representacionais (Manovich, 2013: 200).

Segundo Manovich, todo tipo de mídia apresenta uma materialidade específica (física, mecânica ou eletrônica), cada qual com um arcabouço de técnicas próprias (Manovich, 2013: 200). Ou, como Vilém Flusser argumenta, nesse contexto de produção estética, "o fotógrafo somente pode fotografar o fotografável" (Flusser, 2002 p. 31).

> O fotógrafo "escolhe", entre as categorias disponíveis, as que lhe parecem mais convenientes. Nesse sentido, o aparelho funciona em função da intenção do fotógrafo. Mas sua "escolha" é limitada pelo número de categorias inscritas no aparelho fotográfico: escolha programada (Flusser, 2002: 31).

Contudo, os processos de simulação e remidiação de mídias codificados por meio de *softwares* liberaram as mídias de seus respectivos *hardwares*; libertam a "máquina" do amálgama materialidade/técnicas e abrem possibilidades estéticas e meios técnicos, antes pouco intercambiáveis, tornando-os também manipuláveis pela metamídia — blocos de montar; dados culturais a serem (re)mixados.

Segundo Manovich (2013), os diferentes materiais e semioses não desaparecem simplesmente; ao invés de materialidades distintas, as mídias computacionais empregam codificações e armazenamentos de informação — "estrutura de dados", ou nível representacional superior (arquivo de texto, de áudio, imagem *bitmap*, vetor, modelo polígono 3D, html etc.) Essa noção de "estrutura de dados", segundo Manovich, é fundamental para nos lembrar de que, na atualidade, o que experimentamos como "mídia", ou "objeto midiático" ou "artefato cultural", dentro de uma metamídia, são, na verdade, dados codificados e armazenados em formas e estruturas particulares (Manovich, 2013, pp. 200-201).

As diferentes semioses e suas estéticas tornam-se traduzíveis, renderizáveis como objetos (dados visuais e/ou sonoros) a serem sampleados e remixados; manipuláveis por "algoritmos". O próprio Photoshop disponibiliza ao usuário uma infinidade de **algoritmos**[15], que podem simular pinceladas, efeito de aquarela, efeito de aplicação de textura etc.

Ou seja, por meio de determinado *software* (ou pela combinação deles) e de algoritmos (filtros, controles, camadas e meios de renderização), podemos simular efeitos visuais, processos de criação e estética e manipular de certa forma mídias em um único meio (metamídia; metalinguagem semiótica).

---

[15] O Photoshop permite também a inserção de novos algoritmos (ou de novas versões de filtros) por meio da arquitetura de "plug-in".

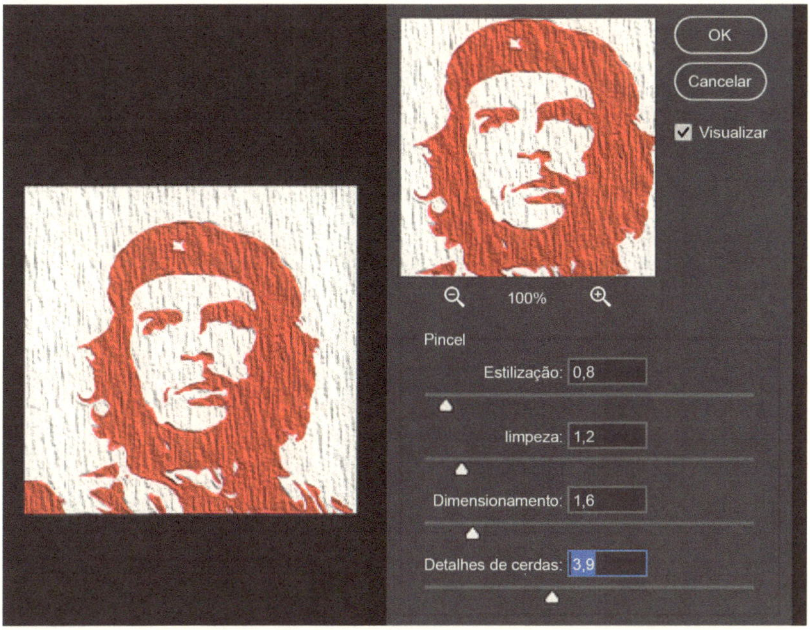

Filtro: *Pintura a óleo*. Photoshop.

É interessante notar que o exemplo normalmente descrito por Manovich para enfatizar a importância do *software* no desenvolvimento de novas estéticas é o campo criativo denominado de *motion graphics*:

> Todo o campo do *motion graphics* como ele é hoje veio a existir massivamente devido à integração entre *softwares* de desenho vetorial, especialmente o Illustrator, e *softwares* de composição e animação como o After Effects (Manovich, 2006: 9).

Para Manovich (2006), o *motion graphics* só existe graças à integração de processos e técnicas promovidos pelos próprios fabricantes de *softwares*: por exemplo, as **tipografias cinéticas**[16] seriam fruto de remixibilidades entre processos e técnicas próprios do *design* gráfico e da animação.

Da mesma forma, a estética que imortalizou **Saul Bass**[17] — também resultado da hibridação entre *design* gráfico e animação — agora, por conta de *softwares* de vetorização/ilustração e de animação e pós-produção de vídeo, faz parte do repertório criativo de muitos jovens em *mashups* e *fan art* disponíveis nas redes sociais.

---

[16] Ver *O auto da compadecida*. Disponível em: <https://youtu.be/slaiZv_z8XU>. Acesso em: 31 jul. 2019.

[17] Ver: <https://youtu.be/aPBWvfMKV10>. Acesso em: 31 jul. 2019.

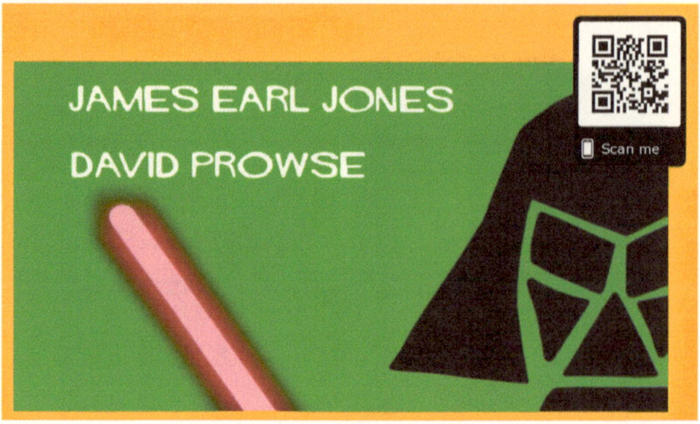

Rich, Buddy, *Star Wars vs Saul Bass.*
Disponível em: <https://youtu.be/2yoIEWpl9oc>. Acesso em: 31 jul. 2019.

Os *motion graphics* tornam nítidas as mudanças espaçotemporais circulantes na produção, edição e recepção de imagens. Por meio do desenvolvimento da interface do After Effects, passa-se de uma produção/edição linear (em *timeline*) para uma composição em camadas, similar à lógica de composição do Photoshop. Como resultado, muitos dos fluxos de trabalho (*workflows*), convenções e interfaces de imagens estáticas e de imagens em movimento tornam-se traduzíveis e transponíveis de um meio a outro — o que facilita a inserção (como matéria-prima) de imagens fotográficas e ilustrações em animações diversas.

The School of Life, Mad Adam Films. Literatura: Leo Tolstoy.
Disponível em: <https://youtu.be/Lr6DYLBkyG0>. Acesso em: 31 jul. 2019.

Segundo Manovich, a interface do After Effects propiciou o desenvolvimento de uma nova forma de imagem. Aplica-se a ideia de

composição[18] (*composite*) do Photoshop à conceitualização e criação de imagens em movimento. Parte-se de uma grande tela, de um plano/espaço único (organizado em camadas) para edição de elementos visuais (vídeo, fotos, gráficos, imagens vetoriais etc.), os quais podem adquirir tamanhos, proporções e valores diferentes e variáveis no tempo, conforme o projeto (*design*) arquitetado pelo editor/criador.

De forma diferente do paradigma de edição linear, em que a unidade mínima é o *frame*, na interface do After Effects, a unidade básica passam a ser os elementos visuais inseridos na janela de composição, onde cada elemento pode ser acessado, manipulado e individualmente animado. Consequentemente, produz-se um composto imagético; um conjunto de objetos independentes que mudam no tempo (Manovich, 2013: 283-284).

Dentro dessa lógica, posso "animar" uma fotografia (dar vida a ela), remidiando o efeito das fotografias estereoscópicas por meio do efeito Parallax - *2.5D* e simulando a sensação de percorrer o espaço imagético. Assimila-se ao cronotopo fotográfico o tempo-espaço das imagens em movimento e das visualizações de modelagens 3D. Ou seja, restitui-se a dimensão do tempo e de profundidade à fotografia.

Veja como o efeito é criado:

Efeito Parallax 2.5D.
Disponível em: <https://youtu.be/FYEDXfuu0HM>. Acesso em: 31 jul. 2019.

[18] A própria palavra "composição" é importante nesse contexto, pois se refere à mídia 2D (desenho, pintura, fotografia, *design*), em vez de fazer referência a filmes — ou seja, o espaço tem primazia sobre o tempo.

> Mostrar-nos o nosso mundo e a nós mesmos de uma nova maneira é, naturalmente, um dos principais objetivos de toda a arte moderna, independentemente da mídia. Ao substituir todas as constantes por variáveis, o *software* de mídia institucionaliza esse desejo. Agora tudo pode mudar e tudo pode ser processado de uma nova maneira (Manovich, 2013, pp. 322-323).

Tingle, G. *Archival Parallax Image Animation*.
Disponível em: <https://youtu.be/mv3LqIirLuU>. Acesso em: 31 jul. 2019.

Contudo, com o desenvolvimento das plataformas móveis, colocam-se novos desafios à produção e recepção de imagens feitas por meio de *softwares*.

Manovich nos chama a atenção:

> Atualmente, pessoas e empresas em todo o mundo capturam e compartilham mais de dois bilhões de fotografias todos os dias. Essas atividades têm muitos propósitos diferentes, as fotos podem seguir estilos diferentes; e as plataformas/meios de comunicação nos quais eles circulam (por exemplo, Instagram, Snapchat, Facebook, WhatsApp, Linha, Tumblr etc.) também diferem significativamente (Manovich, 2016: 4).

Nesse contexto, as plataformas móveis, fundamentalmente, reconfiguraram como as outras mídias são entendidas e como elas podem ser usadas, remidiadas e remixadas. Por exemplo, acrescentam-se coordenadas espaciais (*geomídia*) às produções atuais.

Milk; Arcade Fire. Videoclipe interativo (geomídia), *The Wilderness Downtown, Arcade Fire.* Disponível em: <http://www.thewildernessdowntown.com>. Acesso em: 31 jul. 2019.

Ou ainda, usam-se espaços virtuais 3D a partir de fotografias em uma realidade aumentada:

Coral Visualizer. Aplicativo de realidade aumentada, mostra como ficará a pintura de ambientes em tempo real. Disponível em: <https://bit.ly/2Ox91Df>. Acesso em: 31 jul. 2019.

Segundo Manovich (2016), diante da proliferação de plataformas midiáticas, ao olharmos para fotografia digital, devemos levar em conta o que se chama de *instagramismo* e, principalmente, o papel da IA (Inteligência Artificial) e do aprendizado de máquina (*machine learning*) no campo das produções culturais.

Manovich define *instagramismo* em analogia aos movimentos de arte moderna (futurismo, cubismo, surrealismo etc.):

> Como esses primeiros ismos, o instagramismo oferece sua própria visão de mundo e sua linguagem visual (Manovich, 2016: 4).

Contudo, ele destaca que o Instagram, ao contrário dos movimentos de arte, é moldado por milhões de criadores e consumidores de imagem conectados em rede. Esses usuários influenciam uns aos outros: trocam informações e valores sobre como criar, editar e compartilhar fotos, tanto no Instagram como em outras redes sociais (Manovich, 2016: 4). Nesse contexto, marcado pela produção e apreciação em rede, emergem certos padrões estéticos, certos **fluxos de trabalhos e designs específicos**[19].

Manovich *et al.* Selfiecity, 2015. Disponível em: <http://selfiecity.net/#>. Acesso em: 31 jul. 2019.

[19] Ver resultados obtidos por Manovich e seus colegas no estudo *Selfiecity*. Disponível em: <https://bit.ly/2KuuQhv>. Acesso em: 31 jul. 2019.

Normalmente, um fotógrafo que participa do Instagram, por exemplo, trabalha em uma única foto, usando um ou mais aplicativos diferentes.

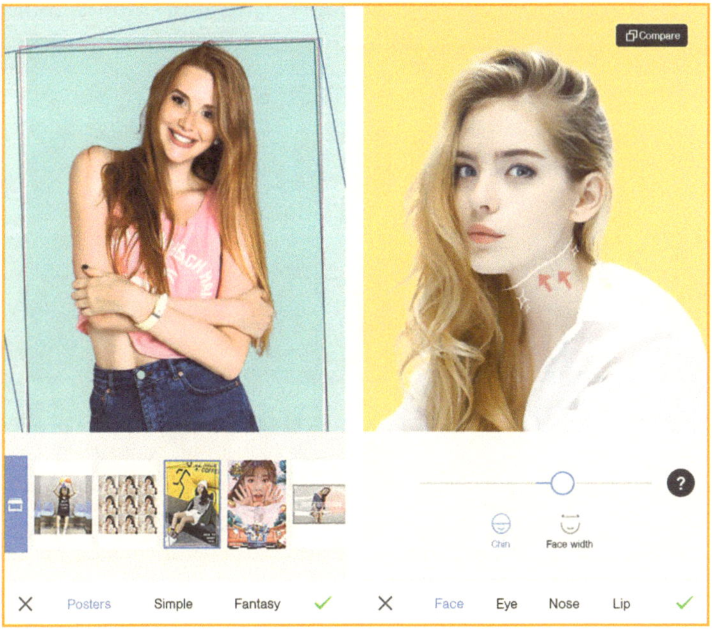

Aplicativo Meitu. Disponível em: <https://bit.ly/2OEa3xg>. Acesso em: 31 jul. 2019.

Existem atualmente centenas de aplicativos de edição de fotos para dispositivos móveis (VSCO Cam, Snapseed, Meitu etc.). Cada aplicativo é usado para tipos específicos de edições, em que o autor pode aplicar diferentes filtros, usados tanto para "melhorar" uma foto, como para garantir que ela se encaixe em uma determinada estética e/ou tema projetados pelo autor (Manovich, 2016: 20)

Segundo Manovich, ao definir um "tema", o fotógrafo articula e combina em suas produções certos assuntos, paleta de cores, escolha de contraste e periodicidade das postagens (forma de composição) (Manovich, 2016: 13).

Usar um "tema" não significa que todas as fotos em um *feed* devam ser semelhantes. Pelo contrário, há uma variedade de imagens que "convivem" com diferentes padrões, mas essa variedade, normalmente, é estruturada e segue um padrão temporal específico: os *feeds*.

Os usuários do Instagram que buscam se destacar como fotógrafos, normalmente, projetam seus *feeds* de acordo com as experiências estéticas desejadas. Por exemplo, eles empregam técnicas de sequenciamento, por meio das quais visam uma totalidade, ou, seja seu "tema", e como suas fotos devem ser apreciadas pelos outros usuários. Nesses casos, a sequenciação tende a ter prioridade sobre fotos individuais.

Gride de contas de Instagram*:* @tienphuc_ (esquerda) e @caduphotograph (direita).

Gride de conta de Instagram, @maricotinhax.
Observa-se que as imagens foram postadas para serem observadas como um todo no gride.

No que se diz respeito à integração da Inteligência Artificial (IA) em dispositivos de fotografia de usuários, é possível observar que certos mecanismos e escolhas, manualmente definidos pelo fotógrafo (velocidade, abertura, ISO, qualidade da luz etc.) agora são automatizados já no próprio ato fotográfico — o *software* das câmeras determina esses valores dependendo da cena e objetos fotografados. Em muitos casos, também estabelecem tonalidade, granulação, redução de ruídos e filtros etc. em referência ao tipo de efeito pretendido pelo fotógrafo — por exemplo: *dramático*, *clássico*, *aconchegante* são alguns padrões que podem ser selecionados na própria câmera (no caso do Samsung S7).

A IA produzida dentro da esfera cultural não só muda como pensamos a própria inteligência artificial, como redefine nossa relação com as imagens. A análise automática de fotografias por inteligência artificial desenvolvida por aplicativos como o EyeEm também é um exemplo interessante. O EyeEm classifica fotografias e prevê *tags* descrevendo o conteúdo gerado.

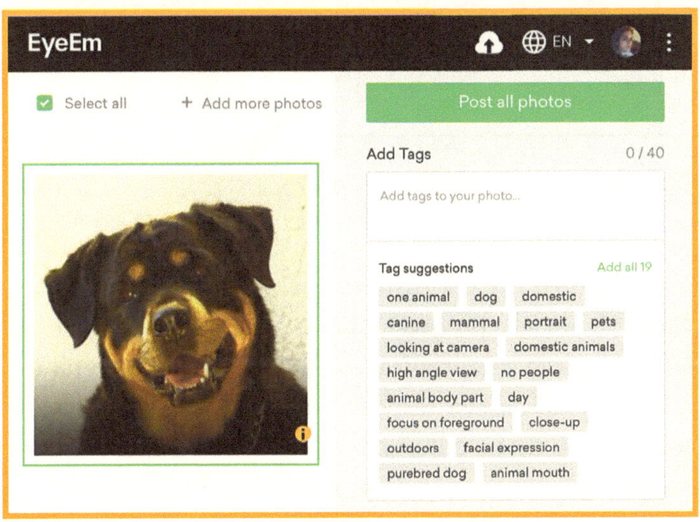

Classificação e tagueamento automáticos feito pelo EyeEm.

Softwares que "aprendem" com imagens de fotógrafos profissionais e, dessa forma, sugerem a seleção de fotos adequadas para edição, recorte e aplicação de filtros, tendem a se tornar realidade cada vez mais presente. O próprio Google usou o banco de imagens do Google Street View para treinar um sistema de *machine learning* (chamado Creatism), pensado para a edição artística de fotos, detectando recortes (faz *crops*, ajusta o ângulo da imagem) e trabalhando de forma bastante árdua e detalhada sobre eles — editando a exposição, contraste, curva de cores e aplicando efeitos da mesma forma que um fotógrafo profissional faria no Photoshop.

Fang; Zhang. *Creatism:* A Deep-Learning Photographer Capable of Creating Professional Work, 2017. Disponível em: <https://google.github.io/creatism/>. Acesso: 31 jul. 2019.

A integração da IA em dispositivos de fotografia suscita questões importantes. Manovich, por exemplo, levanta o seguinte questionamento: "A estética IA leva à padronização da 'imaginação fotográfica'?" (Manovich, 2018, s.p.). Em sua resposta, define duas categorias de análise para o que chamou de IA cultural:

(i) assistência em seleção apropriada de coleções;

(ii) assistência na criação/edição de novos conteúdos.

E, a partir dessas duas grandes categorias, define quatro tipos de IA (Manovich, 2018, s.p.):

(1) **Seleção de conteúdo de coleções maiores**: pesquisa, descoberta, curadoria, recomendações e filtragem.

(2) **Segmentação de conteúdo:** *marketing* personalizado, segmentação comportamental e segmentação de mercado.

(3) **Assistência de criação/edição de novos conteúdos**.

(4) **Criação autônoma**.

Dentro desse contexto, cada vez mais, as inteligências artificiais (IA) irão desempenhar papel importante e influenciar comportamentos culturais e estéticos, automatizando processos de criação e de escolhas estéticas (estética IA), mas também se integrarão a processos de remidiação e softwarização, ampliando as possibilidades de criação, edição e distribuição midiáticos de imagens estáticas.

No momento atual, contudo, podemos dizer que a fotografia se torna tanto "matéria-prima" (elemento gráfico recortável, manipulável, recombinável e distribuível nas redes sociais) como objeto a ser assimilado e categorizado: objeto de cognição e significação de máquinas programáveis, verdadeiras caixas-pretas.

> O aparelho funciona, efetiva e curiosamente, em função do fotógrafo. Isso porque o fotógrafo domina o *input* e o *output* da caixa: sabe como alimentá-la e como fazer para que ela cuspa fotografias. Domina o aparelho, sem, no entanto, saber o que se passa no interior da caixa. Pelo domínio do *input* e do *output*, o fotógrafo domina o aparelho, mas pela a ignorância dos processos no interior da caixa, é por ele dominado (Flusser, 2002: 25).

Nada melhor para terminar este capítulo que trechos do documentário *Revelando Sebastião Salgado* — nosso maior fotógrafo falando das artes visuais e do que é fotografar.

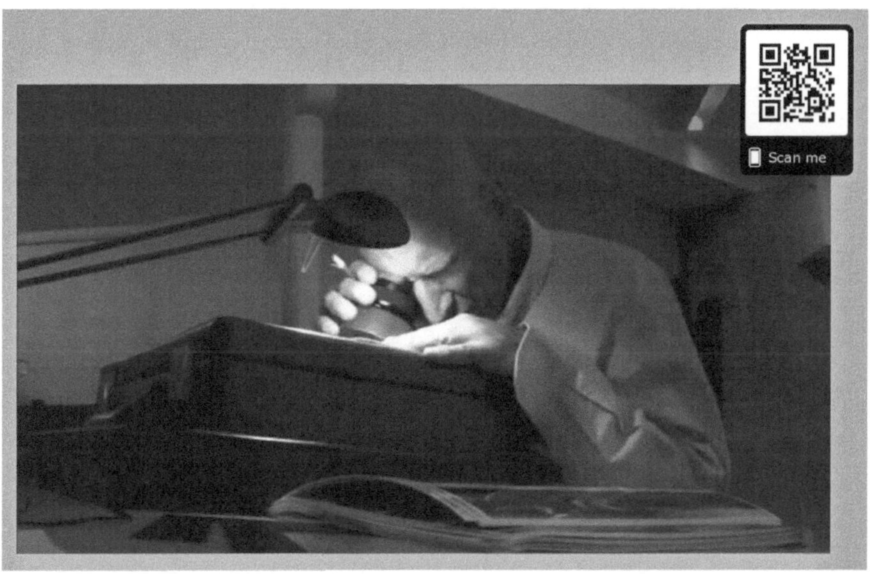

Trechos do documentário *Revelando Sebastião Salgado*.
Disponível em: <https://youtu.be/LXFtKQUnoUs>. Acesso em: 31 jul. 2019.

CAPÍTULO 4

A IMAGEM DINÂMICA

No capítulo 3, tratamos da semiótica da imagem estática e de suas formas arquitetônicas. E a imagem dinâmica, que reina soberana em nossos dias? Seguirá também os movimentos e paradigmas da imagem estática? Com quais novos recursos, tecnologias e mídias? Obedecendo a quais formas arquitetônicas? Vamos ver?

1. OS TRÊS PARADIGMAS DA IMAGEM DINÂMICA: PRÉ-CINEMATOGRÁFICO, CINEMATOGRÁFICO, PÓS-CINEMATOGRÁFICO

Usaremos de novo a distinção feita por Santaella e Noth (2014 [1997]) entre os três paradigmas e modos de funcionamento da imagem — no caso, imagem estática: pré-fotográfico, fotográfico, pós-fotográfico —

também para a imagem dinâmica, dividindo nossa discussão pelos três paradigmas e modos de funcionamento da imagem em movimento, no caso: pré-cinematográfico, cinematográfico e pós-cinematográfico.

Embora Santaella e Noth (2014 [1997]) não abordem a imagem dinâmica nessa sua obra, outros autores do campo da semiótica peirciana — tais como Arlindo Machado em sua obra de 1997 — fazem-no com essa designação, o que nos autoriza a estender o conceito à imagem em movimento.

2. DO PRÉ-CINEMATOGRÁFICO AO CINEMA: ENTRE O ESPETÁCULO E A MONTAGEM

Quanto mais buscamos encontrar uma origem para o cinema, mais somos remetidos para trás. Segundo Arlindo Machado, nesse caminho, somos levados até os mitos e ritos primordiais para logo concluir que, se quisermos eleger qualquer marco cronológico inaugural para o cinema, ele sempre será arbitrário (Machado, 2011: 16).

Diante dessa angústia, comumente, enumeramos as contribuições tecnológicas significativas para o desenvolvimento do cinema: a invenção dos teatros de luz, a lanterna mágica, a fotografia etc.

Lanterna Mágica. *Lanterna Magica: A Pageant of Illusions*. National Film and Sound Archive of Australia (NFSA). Disponível em: <https://youtu.be/w1XkqtzLfKo>. Acesso em: 31 jul. 2019.

No entanto, Arlindo Machado salienta: nesse caminho, é preciso termos em mente o que motivou o desenvolvimento do cinema. É preciso destacar que as pessoas que contribuíram para o sucesso do "cinematógrafo" eram, em sua maioria, curiosos, *bricoleurs* e ilusionistas (Thomas Edison, Lumière, Georges Méliès etc.). Com isso, não podemos perder de vista a importância do espetáculo e da ilusão no início da concepção do cinematógrafo.

Arlindo Machado argumenta que o caráter científico e o discurso de fisiologistas sobre o movimento humano e animal (de Étienne-Jules Marey a Eadweard Muybridge) que, de certa forma, deram origem à técnica do cinema, pouco teriam a nos oferecer na busca do que motivou o desenvolvimento do cinema. Por outro lado, o desejo de ilusionistas (como Reynaud e Méliès) poderia nos dar um norte no percurso entre um estágio pré-cinematográfico e o cinema.

Assim como Thomas Edison e os irmãos Auguste e Louis Lumière, os percursores do cinema estavam interessados na dinâmica e projeção da fotografia animada, pois, com ela, poderiam criar "uma nova modalidade de espetáculo" e "penetrar na alma do espectador, mexer com os seus fantasmas" (Machado, 2011: 20).

Já cientistas como Marey e Muybridge estariam interessados em decompor o movimento em imagens, não para promover novas maneiras de espetáculo, mas para melhorar a produtividade — para eles, a reconstituição e projeção do movimento era sentida como "defeito", era uma ilusão a ser combatida (Machado, 2011).

Sequência de fotos de um cavalo galopando. Muybridge (1904).
Disponível em: <https://goo.gl/0SQYZT>. Acesso em: 31 jul. 2019.

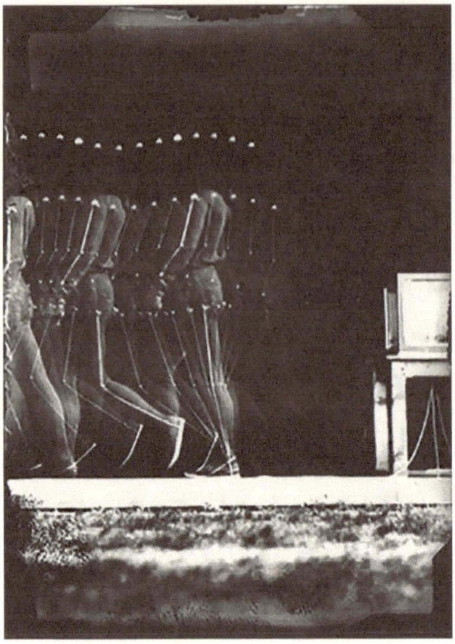

Man Walking. Marey, 1890-91.
Disponível em: <https://goo.gl/9p76RY>. Acesso em: 31 jul. 2019.

O cinematógrafo se aproxima, e nesse sentido concordamos com Arlindo Machado, da prática de nossos antepassados de se aventurarem nos fundos de cavernas para participarem de "comunhões"; verdadeiras sessões de "cinema" — como podemos ver no belo documentário *A caverna dos sonhos esquecidos*, do cineasta alemão Werner Herzog (Machado, 2011: 17).

A caverna dos sonhos esquecidos. Werner Herzog. Disponível em: <https://youtu.be/a5PqaWxKyzQ>. Acesso em: 31 jul. 2019.

Contudo, não podemos esquecer que o cinematógrafo faz parte da tradição e desenvolvimento tecnológico de "máquinas de imagens": máquinas de fabricar e conceber visualizações, como aponta Philippe Dubois (2004).

Verdadeiras *technè optikè* que ajudaram a fundar uma figuração "mimética" baseada na reprodução do visível (tal como ele se dava à percepção humana) e, ao mesmo tempo, intelectualmente elaborada, para não dizer calculada (como processo mental) (Dubois, 2004: 6).

No desenvolvimento de máquinas figurativas que antecedem o cinematógrafo e o cinema, Philippe Dubois (2004) destaca três estágios:

(1) Pré-visão;

(2) Inscrição;

(3) Visualização.

Em um primeiro momento (pré-visão), a *máquina de imagem* seria "puramente óptica". Estaria localizada em uma etapa que antecede a figuração, interviria antes da constituição da imagem e funcionaria como condição prévia da imagem a ser criada (Dubois, 2004: 36). As imagens concebidas aqui seriam resultado de instrumentos que, de certa forma, organizam o olhar, facilitam a apreensão do real — reproduzem, imitam, controlam, medem ou aprofundam a percepção do olho humano.

Máquinas como as câmeras obscuras não foram projetadas para desenhar propriamente a imagem sobre um suporte (como o fazem a fotografia e o cinematógrafo). Seriam "próteses para o olho" e não "operadores de inscrição" (Dubois, 2004: 37).

Já a partir do advento da fotografia, no início do século XIX, as máquinas de imagem alcançam um novo patamar (inscrição). A máquina agora não se

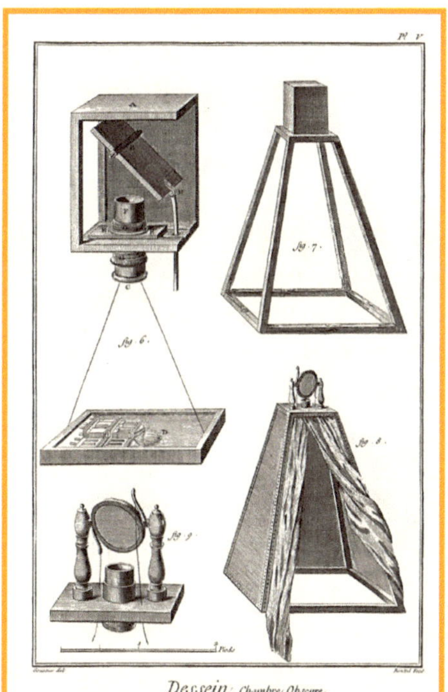

Câmera obscura. Disponível em: <https://bit.ly/2T9er65>. Acesso em: 31 jul. 2019.

limitará a prefigurar ou organizar a visão, mas produzirá, justamente, a inscrição propriamente dita:

> Com a fotografia, a máquina não se contenta mais apenas em *pré-ver* [...], ela inscreve também a imagem [...] por meio das reações fotossensíveis de certos materiais que registram por si mesmos as aparências visíveis geradas pela radiação luminosa. A "máquina" intervém aqui, portanto, no coração do processo de constituição da imagem (Dubois, 2004: 38).

No entanto, com o surgimento do cinematógrafo, atinge-se uma nova fase no desenvolvimento das "máquinas de imagem" (visualização).

Segundo Philippe Dubois, nesse estágio, a *recepção* é introduzida ao *maquinário* visual: "Só se pode ver imagens do cinema por intermédio das máquinas e pela projeção" (Dubois, 2004: 38). Sem a máquina de recepção, só vemos o rolo feito de imagens fixas — os fotogramas. Ou seja, sem o desenvolvimento do maquinário de projeção, só vemos a parte fotográfica do cinema.

> Para aceder à imagem mesma do filme (à imagem-movimento propriamente cinematográfica), precisamos passar pelo mecanismo de desenrolar das imagens e por todos os seus condicionantes: a sala escura; a tela grande; a comunidade silenciosa do público e a luz às suas costas [...] (Dubois, 2004: 43).

Ao desenvolver reflexão sobre a relação entre as máquinas de imagens e o cinema, Philippe Dubois lembra-nos de que, de certo modo, toda criação de imagem pressupõe uma tecnologia de produção e de recepção, pois requer "um gesto de fabricação de artefatos por meio de instrumentos, regras e condições de eficácia, assim como de um saber". Contudo, "máquinas de imagens", como o cinematógrafo, pressupõem, ao mesmo tempo, o uso de "instrumento (regras, procedimentos, materiais, construções, peças) e de um funcionamento (processo, dinâmica, ação, agenciamento, jogo)", que se hibridizam e se confundem (Dubois, 2004: 31).

Portanto, o cinematógrafo (e, posteriormente, o cinema) surgem do maquinário de inscrição de imagem, da tecnologia e de procedimentos voltados para a recepção. Sua força não reside apenas na dimensão tecnológica de captação e reprodução de imagens, mas sobretudo em sua dimensão simbólica de "espetáculo": "O cinema é gerador de afeto" e apresenta "um fantástico poder sobre o imaginário do espectador" (Dubois, 2004: 44).

Cinematógrafo. Lumière, 1895.
Disponível em: <https://bit.ly/33eARYi>. Acesso em: 31 jul. 2019.

É importante mencionar: as salas de exibição como as conhecemos, dedicadas exclusivamente à difusão de filme, são fenômeno recente. No início, as projeções cinematográficas faziam parte de diferentes modalidades de espetáculo popular: circo, magia, as feiras de aberrações etc. Dentro desse contexto, os filmes eram exibidos como "curiosidades" ou "peças de entreato nos intervalos de apresentações ao vivo" (Machado, 2011: 74). Nesse período, a exibição de filmes concentrava-se em casas de espetáculos de variedades.

> O cinema era só uma das atrações entre outras tantas oferecidas pelos *vaudevilles*. Nesses locais, um filme nunca era a única atração — inclusive, a própria duração dos filmes ia de apenas alguns segundos a, no máximo, cinco minutos (Machado, 2011: 76).

Os catálogos de filmes da época são representativos desse contexto de exibição. Classificavam-se os filmes como "paisagens", "*gags*", "contos de fadas", "incidentes", "quadros mágicos", "*teasers*"[1].

Por exemplo, o primeiro filme exibido pelos irmãos Auguste e Louis Lumière — *L'arrivée d'un train en gare de La Ciotat* (**A chegada do trem na estação**) — destaca-se como uma espécie de "paisagem" ou "incidente": mostra brevemente a entrada de uma locomotiva a vapor chegando à estação de trem de *La Ciotat,* cidade francesa.

[20] Eufemismo para coletâneas de cenas de pornografia.

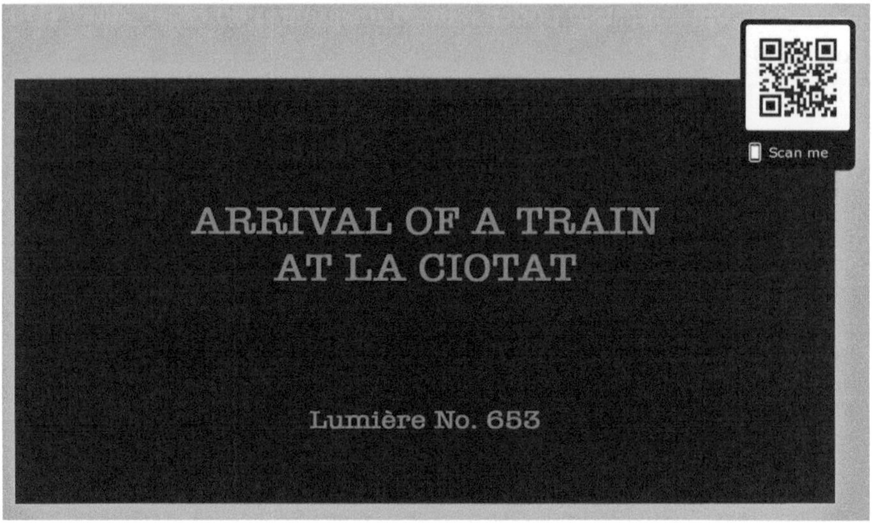

Arrivée d'un train en gare à La Ciotat. Irmãos Lumière, 1895.
Disponível em: <https://youtu.be/-e1u7Fgoocc>. Acesso em: 31 jul. 2019.

Os primeiros filmes de Georges Méliès também são representantes dessa etapa intermediária entre o cinematógrafo e o cinema. Mais especificamente, do imaginário típico dos espetáculos populares de que o cinema fazia parte. As cenas de Méliès nos soam estranhas, não correspondem ao olhar cinematográfico atual: são compostas de um único quadro, a câmera é fixa diante de uma cena dominada por alucinações e ilusões.

Le Magicien. Georges Méliès, 1898.
Disponível em: <https://youtu.be/zjNIUHv6PGk>. Acesso em: 31 jul. 2019.

Segundo Philippe Dubois, o cinema desse período seria marcado por "experimentações" voltadas a surpreender e entreter espectadores: representa uma descoberta do "maquinário cinematográfico" e das "trucagens" que ele possibilita. Um cinema bruto feito em bloco: "O filme é a própria filmagem, completa, sem perda. É como uma fotografia no tempo" (Dubois, 2004: 145).

Com o desenvolvimento da indústria cinematográfica nos Estados Unidos, percebeu-se ser preciso adotar um novo modelo: o cinema tinha de aprender a "contar uma história" a sua maneira, a "armar um conflito e pô-lo a desfiar-se em acontecimentos lineares, encarar esses enredos em personagens nitidamente individualizados e dotados de densidade psicológica" (Machado, 2011: 79).

Conforme a linguagem cinematográfica desenvolve-se dentro de um modelo mais industrial, os delírios e extravagâncias dos primeiros filmes entram em declínio e aos poucos são substituídos por outro tipo de espetáculo, mais preocupado com a verossimilhança dos eventos, empenhado em converter-se no espelho do mundo.

O naturalismo começa a se impor então como uma espécie de ideologia da representação: supõe-se que a experiência humana só ganha credibilidade na medida em que a sua simulação na tela se dá em "condições naturais", a fábula legitimada pela mimese (Machado, 2011: 80).

Dessa forma, os cineastas, a partir da primeira década do século 20, teriam se esforçado em "captar" e compor o que seria uma "cena real". Com isso, segundo determinada perspectiva histórica, conhecida como **"histórica básica"**[2], dá-se início a um cinema de "fratura" em que os "blocos" dos primeiros filmes se quebram em visualizações "naturalizadas" do cotidiano: desenvolvem-se a decupagem, a escala de planos, os cortes e a montagem; constroem-se os "grandes parâmetros" da linguagem cinematográfica — espaço, tempo, ator, cenário, narrativa e som (Dubois, 2004: 145-146).

Nessa perspectiva (da histórica básica), argumenta-se que a linguagem cinematográfica se configuraria por meio de um desenvolvimento rumo à revelação das capacidades estéticas inerentes ao próprio cinema. Ou seja, pela necessidade de tornar claras as possibilidades e limitações do fazer cinematográfico.

[2] "Narrativa [histórica] que acompanha o surgimento do cinema como arte distinta" (Bordwell, 2013 [1947]: 30). De certa forma, corresponde ao que Christian Metz (2014 [1972]) denomina de "cultura geral cinematográfica".

Concebe-se assim, historicamente, a "arte cinematográfica" como resultado da junção e evolução da fotografia com as estéticas próprias do aparato técnico cinematográfico e com outras artes/estéticas e semioses.

Riccioto Canudo (1927: 19), por exemplo, já supunha, que as três "artes rítmicas" (música, poesia e dança) e as três "artes plásticas" (arquitetura, pintura e escultura) haviam encontrado uma "síntese" no desenvolvimento da arte e estética fotográfica/cinematográfica, ou seja, na "sétima arte".

No seio dessa histórica básica do cinema — que busca estabelecer o estilo, a estética e a "cultura geral" do cinema como "sétima arte" (como síntese de outras artes e semioses) —, define-se o cinema como resultado do gradual abandono da capacidade de a câmera "apenas" registrar "acontecimentos reais e cotidianos" em direção a seu real "potencial artístico" e a sua especificidade estética (Bordwell, 2013 [1947]: 29).

Segundo essa perspectiva histórica, o cânone cinematográfico teria se estabelecido durante os anos 1910 e 1920 e permaneceria assim conosco. Por trás desse cânone, encontram-se pressuposições sobre a natureza do cinema e de seus "códigos" (Bordwell, 2013 [1947]: 29), em que a saga da especificidade cinematográfica começaria com o cinema de "registro de incidentes cotidianos" (Louis Lumière — *L'arrivée d'un train en gare de La Ciotat*) e que, gradualmente, vão tomando corpo "mais cinematográfico" com os "filmes de fantasia" de George Méliès, cujas "cenas artificialmente arranjadas" e "trucagens" teriam colocado o "filme narrativo" como o protótipo da estética cinematográfica (Bordwell, 2013 [1947]: 30).

Contudo, para a "histórica básica", o real avanço em direção a uma "linguagem cinematográfica" só se daria realmente com os filmes de Edwin S. Porter (*The Life of an American Fireman*, 1930 — <https://bit.ly/2yFQcDh>), que recebe o crédito de ter criado uma linguagem própria, ao combinar pedaços separados de filmes (planos) em uma narrativa fílmica coerente (Bordwell, 2013 [1947]: 30).

Já D. W. Griffith, por exemplo, seria conhecido como um dos pioneiros da montagem cinematográfica. Durante sua carreira de cineasta, Griffith teria se engajado em experimentações que buscavam aproximar a câmera da ação para estabelecer um maior "envolvimento emocional" do espectador com o filme.

Segundo Ken Dancyger (2011), em *Enoch Arden (Part I)*, por exemplo, Griffith demonstra que uma cena pode ser fragmentada em diferentes planos (próximo, médio e afastado), permitindo aos espectadores aproximarem-se gradualmente do drama vivido pelas personagens no filme.

Enoch Arden (Part I). D. W. Griffith, 1911.
Disponível em: <https://youtu.be/ehJTDFXP934>. Acesso em: 31 jul. 2019.

Nesse contexto histórico, é creditada a Griffith "a invenção ou o aperfeiçoamento da 'sintaxe cinematográfica' em planos" (Bordwell, 2013 [1947]: 32). Comumente, também se atribui a Griffith o primeiro uso do *flashback* (cenas esmaecidas usadas para indicar um tempo passado), da "montagem analítica" (a prática de "recortar" uma cena em sequência de planos próximos de rostos e objetos, adereços e figurinos etc.) e da "montagem paralela" (técnica conhecida, na época, como "imagens alternantes" ou *switch-backs*, em que a narrativa se divide em duas ou mais ações sugerindo que elas ocorrem simultaneamente) (Bordwell, 2013 [1947]: 32).

Depois de Griffith ter definido os primeiros recursos técnicos/estéticos do recorte e montagem de cenas em justaposição de planos, normalmente a narrativa da histórica básica aponta que a linguagem cinematográfica teria sido "aprimorada" por diretores europeus, que iniciaram caminhos próprios: os suecos, por exemplo, teriam focado em uma "revelação da beleza natural". Os franceses teriam desenvolvido "a escola impressionista" com maneiras cinematográficas próprias de representar a subjetividade (Jean Epstein, Abel Gance, Marcel L'Herbier) e os alemães, o cinema "expressionista" (*O gabinete do Dr. Caligari*, de Robert Wiene e *Metrópolis* de Fritz Lang) (Bordwell, 2013 [1947]: 33-34).

Já pelo fim da década de 1920, a "histórica" do cinema volta-se ao cinema soviético, o qual teria estabelecido o "corte dinâmico" e os recursos criativos conhecidos por "**montagem**"[3] que, sobretudo com Eisenstein, viria a definir o que seria a "essência" e a "força poética do cinema". Nesse contexto, os diretores soviéticos teriam explorado as descobertas rítmicas de Griffith e dos impressionistas franceses para construir clímax e intensificar emoções, desenvolvendo uma montagem "construtiva" (Bordwell, 2013 [1947]: 35).

Eisenstein, por exemplo, ficou conhecido por experimentar e teorizar sobre esse tipo de montagem que deveria evocar "conceitos abstratos", como vistos na sequência de *Outubro*, em que o cineasta intercala planos com representações de deuses de diferentes culturas para questionar o próprio conceito de "divindade" e "idolatria" (Bordwell, 2013 [1947]: 35).

Outubro, Sergei Eisenstein, 1927.
Disponível em: <https://youtu.be/tcJkMxxMxkg>. Acesso em: 31 jul. 2019

Os próprios soviéticos ainda teriam sugerido que o som fosse tratado como "elemento da montagem", criando um "contraponto" audiovisual denominado de "montagem auditiva" (Bordwell, 2013 [1947]: 56).

[3] Segundo Bordwell, sob o termo **montagem**, após os soviéticos, incluíam-se vários recursos de edição, os quais se referiam basicamente "às maneiras pelas quais a junção de duas tomadas produzia um efeito ou significado não evidente em nenhuma delas sozinha" (Bordwell, 2013[1947], 34).

Nesse quadro histórico, traçado pela história básica, atribui-se à montagem a qualidade "distintiva" que "libertaria o cinema" das outras "artes". A fragmentação, as mudanças rítmicas e a justaposição de planos são, assim, tidas como o essencial do "fazer artístico" cinematográfico (Bordwell, 2013 [1947]: 53). Sob esse ângulo, segundo Metz (2014 [1972]: 74), traça-se certo ideal — denominado por ele de "montagem-rei" —, que encontra também seus opositores, adeptos da **"câmera na mão"**[4] e do **"plano-sequência"**[5].

> [Autores que têm seu estilo — Antonioni, Visconti, Godard e Truffaut] usam frequentemente plano-sequência lá onde os partidários da montagem teriam desmembrado e reconstruído; recorrem ao que chamam, por falta de melhor expressão, "câmera na mão" (que nada mais é que uma mobilidade não codificada da câmera, um movimento realmente livre) (Metz, 2014 [1972]: 60-64).

Diante da supremacia e decadência da "montagem-rei", Metz evidencia dois caminhos traçados pelos teóricos do cinema: um em que a linguagem do cinema poderia ser compreendida/estudada por meio de certas metáforas que a aproximariam da linguagem verbal, justapondo "planos" fílmicos e "cenas" a "palavras" e "frases" ("sintaxe" cinematográfica); e outro que consideraria o cinema como necessária e essencialmente diferente da linguagem verbal (Metz, 2014 [1972]: 60-64).

Para Metz (2014 [1972]: 62), esses dois caminhos são apenas reflexos de um processo histórico, resultado do caminho percorrido pelo cinema guiado por uma "via narrativa", ou "via romanesca": via formada por necessidades/diálogos "impostos" por espectadores e "mercado" (com tendência ao espetáculo), características técnicas (propiciadas pelo cinematógrafo e por uma estética baseada em imagem sequenciais) e pelos próprios atributos do cinema (com base na *montagem*).

Diante desse quadro, segundo o próprio Metz, pelas características narrativas assim atribuídas à linguagem cinematográfica, crê-se possível fazer uma leitura "transversal" de um filme — resultado de ligações interpretativas diretas à linguagem verbal —, em que o significado do filme

---

[4] Glauber Rocha é representante dessa estética com sua frase icônica "uma câmera na mão e uma ideia na cabeça". O diretor brasileiro é mundialmente conhecido por filmes como *Deus e o Diabo na Terra do Sol*, *Terra em Transe* e *O Dragão da Maldade contra o Santo Guerreiro*.

[5] Registro de uma ação e de uma cena inteira sem cortes.

poderia ser acessado diretamente no seu conteúdo visual (conteúdo temático) presente e sugerido em cada plano/cena. No entanto, observa-se que o significado de um filme é, na realidade, quase sempre objeto de uma "leitura longitudinal, precipitada e projetada para frente, que aguarda ansiosa a 'continuação'" (Metz, 2014 [1972]: 62).

No cinema, de acordo com Metz, tudo se dá como se uma espécie de "corrente de indução" relacionasse imagens e outras semioses entre si (Metz, 2014 [1972]: 62). A soberania da montagem como essência narrativa (ou "via romanesca") do cinema, para Metz, prova somente a existência de uma lógica histórica de "implicações" em que a imagem cinematográfica se define como linguagem ao aproximar-se do "narrativo" e vice-versa.

> Não é por ser uma linguagem que o cinema pode nos contar tão belas histórias, é porque ele nos contou tão belas histórias que se tornou uma linguagem (Metz, 2014 [1972]: 64).

Por mais que não pareça, ou que não tomemos consciência disso, a montagem definiu historicamente hábitos e convenções cada vez mais elaborados para o espectador. Um exemplo seria a facilidade com que, na atualidade, aceitamos uma sucessão "louca" de imagens, uma sobreposição de ritmos e de encadeamentos visuais que nem sequer poderiam ser imaginados no início do cinema (Amiel, 2001:1). A montagem, na perspectiva elaborada pelo teórico francês Vincent Amiel, seria a maneira cinematográfica de criar e conceber narrativas visuais e estaria historicamente ligada a uma cultura que valoriza certo olhar sobre o mundo, associado à ruptura e à hibridização.

Segundo ele, durante o processo de desenvolvimento da linguagem de edição e montagem, distinguiram-se duas etapas ligadas a essa forma particular de "ver" o mundo (Amiel, 2007: 35).

A primeira ficou conhecida, em inglês, como *cutting* e está ligada ao ato de selecionar, recortar e montar os fragmentos de um material bruto. A segunda, chamada de *editing*, relaciona-se à concepção geral que vai do começo ao fim do material audiovisual: concepção que inclui desde um determinado projeto de ordenação narrativa até escolhas gerais para a montagem de um filme ou vídeo (Amiel, 2001: 5).

O *cutting* constitui-se como a operação técnica da montagem — o ritmo, a sucessão de planos, a fluidez etc. O dinamismo da prática do *cutting* resulta de escolhas técnicas feitas pelo editor: o tempo de duração de um plano, seleção de uma cena de ação captada mais afastada ou mais próxima etc. No interior da montagem, configura-se um "artesão", um indivíduo que deve modelar as inúmeras opções oferecidas pelo sistema cinematográfico (*cutting*) e que se desenvolve diante da prática de cortar um momento, de fragmentar determinada ação, de selecionar o melhor gesto, olhar, expressão, ou aquele determinado enquadramento que se encaixa o mais justamente possível no projeto geral de montagem (*editing*).

Diante desses dois momentos da montagem, segundo Amiel (2001; 2007), formam-se historicamente duas "lógicas e estéticas" de edição, as quais podem se completar ou se sobrepor: a **montagem narrativa** e a **montagem de correspondência**.

A primeira obedece às lógicas/tradições da narrativa; a segunda, ao agenciamento interno sequencial de imagens, que não visa construir uma história, mas trabalha por sugestão (Amiel, 2007: 41).

Montagem	Articulação de planos	Relação entre os planos	Princípio de "união"	Princípio de transmissão	Representação do mundo	Estética dominante
Narrativa	Contínuo	Articulado	Necessidade de *raccord*	Mimese	Um mundo evidente	Tradições de planificação clássica
De correspondência	Descontínuo	Em eco	Conexões metafóricas	Sugestão	Um mundo a conceber	Tradições de colagem

Tabela 1 — Quadro comparativo: montagem narrativa e de correspondência (Amiel, 2001: 11).

Contudo, tanto a montagem narrativa quanto a montagem por sugestão lidam com o mesmo "material": articulam material cinematográfico bruto. Amiel (2001: 11) observa que o editor trabalha com o "sistema cinematográfico" de maneira a servir a inúmeros "projetos", que podem corresponder a uma lógica de continuidade ou de ruptura. Dessa forma, os mesmos materiais contribuem para contar histórias (montagem narrativa) ou fazer nascer sensações particulares (montagem de correspondência).

A partir dessa perspectiva, as escolhas de "planos, tomadas, contraplanos e gestos de câmera" (ou planificação) constituem-se em um dos principais fundamentos da linguagem cinematográfica. Por meio da escolha do enquadramento, balizam-se os olhares e as tomadas que devem ser selecionados na composição de um determinado material visual (Amiel, 2001: 6).

Amiel (2001; 2007) sugere que a planificação possibilitou engendrar certa "escritura" fílmica, por meio da qual o espectador pôde ser guiado em sua experiência cinematográfica. Esse procedimento intervém no "projeto fílmico" antes mesmo de sua realização. Na verdade, as escolhas que fazem parte da planificação são o resultado do "projeto" e procedem, sobretudo, por meio de uma realidade interna, seja ela narrativa ou de correlação.

Hitchcock sobre a montagem de um filme.
Disponível em: <https://vimeo.com/22456937>. Acesso em: 31 jul. 2019.

A planificação projeta uma hipótese de realização (um **projeto arquitetônico**), um agenciamento da realidade. Extrai da "realidade", em função de um projeto, certos detalhes, escolhas de sequência de gestos, que evocam, graças a essas escolhas, uma "totalidade" aparente reconhecida por todos (**forma composicional**).

A planificação pressupõe que o autor e o espectador sejam cúmplices, que compartilhem do mesmo referencial, para que os "valores" pretendidos no enunciado (**tema**) tornem-se compreensíveis. Durante o processo de planificação, um editor, com base em seu projeto arquitetônico, seleciona um princípio de montagem que pressupõe uma "representação dominante" e que convoca certas "estéticas" definidoras da articulação e relação entre os planos, princípios de união entre os elementos "fílmicos" e o "princípio de transmissão" do material final.

A seguir, veremos como as escolhas de planificação, com a progressiva instalação da televisão e do videocassete (a chamada "cultura das mídias" por Santaella [2003]), ainda se mantêm centrais em práticas pós-cinematográficas, dominadas pela estética do *sampling* e do remix e pelo predomínio do que, na teoria do cinema, ficou conhecido como cinema-de-armar (Metz, 2014 [1972]: 57), em alusão à estética cinematográfica em que a montagem é predominante.

3. DO CINEMATOGRÁFICO AO PÓS-CINEMATOGRÁFICO: A METAMÍDIA

Segundo Philippe Dubois (2004: 45), com o progressivo desenvolvimento da projeção, edição e fazeres técnicos cinematográficos, seria possível considerarmos concluída a trajetória em que toda a cadeia de produção das imagens dinâmicas se tornaram máquina. Contudo, como veremos em mais detalhes a seguir, o maquinário cinematográfico ainda ganhará cada vez mais terreno a partir do desenvolvimento da indústria de informação e comunicação.

Com o advento e instalação progressiva da televisão e do videocassete, Philippe Dubois (2004) sugere, inicia-se uma "espécie de quarto momento" ao desenvolvimento do maquinário cinematográfico, o qual visa principalmente à transformação do espectador e a sua interação com o material audiovisual. Estaríamos diante de novos espetáculos propiciados por novos maquinários de pré-produção, criação, edição e distribuição de imagens em movimento, dominados pela estética do *sampling* e do remix.

Nos últimos anos, as práticas de **remix**[6] e *mashup* de vídeos têm tomado fôlego na internet, devido à proliferação de arquivos de vídeos digitais *online*, ao desenvolvimento dos *softwares* de edição de áudio e vídeo e ao crescimento de redes de mídia como YouTube. Portanto, pensar o remix de uma maneira mais geral tem sido central em nosso quadro cultural atual.

---

[6] Prática de apropriação, desvio e criação livre que surge dentro do movimento *hip-hop* e que, a partir de outros formatos e modalidades, é potencializada pelas características das ferramentas digitais e pela dinâmica da sociedade contemporânea (Lemos, 2005: 2). Segundo Navas (2012), o termo "remix" só começa a ser usado nos anos 1970 e em contexto musical.

No entanto, essa não é uma tarefa simples. Eduardo Navas (2017) destaca: em primeiro lugar, isso acontece porque o termo tem assumido inúmeros significados. Inclusive, conforme o próprio Navas destaca, remix tem até se tornado "metonímia" para falarmos de criatividade, aprendizado e de outros processos cognitivos e/ou de trocas de informação (Navas, 2017: 247).

Em segundo lugar, porque é muito comum confundirmos duas das muitas faces que compõem o remix: objeto e processo. Isso se deve, principalmente, ao fato de que, em inglês, o termo é verbo, *to remix*, e substantivo, *remix*. Dessa forma, é quase natural chamarmos de "remix" fenômenos bem diferentes entre si (Navas, 2017: 247). A lista de objetos e processos associados ao remix é enorme, como nos lembra David J. Gunkel (2016: 3):

> "Collage", "détournement" [desvio], "bricolagem", "pastiche", "jamming cultural", "sampling", "cortar e colar", "found footage", "Merz pictures", "versão", "readymades", "cut-ups", "recombinant art", "mashups" (algumas vezes, o termo também aparece hifenizado, "mash-up"), "remix", "bootlegs", "bastard pop", e por aí vai.

Mesmo dentro da música, de onde o termo foi tomado, remix também pode cobrir uma variedade significativa de estilos musicais: "*dub*, *disco*, *hip-hop*, música eletrônica, *house* e *mashup*, para nomear só alguns" (Gunkel, 2016: 17). E isso não é diferente no caso dos vídeos criados a partir de técnicas de remix: colocam-se sob o mesmo "guarda-chuva" vídeos como *Fan Vid*, AMV, *mashup*, *political remi*x, vídeo minuto, *supercut*, *trailer* honesto etc.

Navas (2012: 4) compara o remix a um vírus que pode assumir diferentes formas, conforme as necessidades de determinada cultura. O remix não apresenta uma forma estanque e única: pode adquirir qualquer formato, por meio de qualquer semiose, em qualquer mídia: para existir "[o remix] basta encontrar valores culturais".

Dessa forma, julgamos importantíssimos os trabalho de autores como Eduardo Navas (2012; 2015; 2017; 2018), David J. Gunkel (2016), Derek Stanovsky (2017), Marcelo Buzato (2017), Buzato *et al.* (2013), Monica Tavares (2015), que buscam esclarecer o termo, de maneira a situar tais objetos em diferentes contextos, dentro e fora da cultura digital.

> É nesse sentido que remix e *mashup* precisam ser pensados não apenas multidimensionalmente, mas também por meio da noção de gradiente, isto é, em termos de diferentes graus de efetivação dos múltiplos potenciais de

> sentido nele programados pela justaposição de intertextos, discursos, modalidades semióticas e referências contextuais (Buzato *et al.*, 2017: 1195).

Ao refletir sobre o conceito de remix, Eduardo Navas (2012) desenvolve-o em três frentes distintas:

(a) cultura remix, fenômeno cultural recente propiciado pelas tecnologias digitais;

(b) remix, prática/técnica de recortar/copiar e colar;

(c) **R**emix (com maiúscula), discurso e ideologia que "informa" a cultura do remix.

Ao definir remix como prática e técnica que "informa" a "cultura do remix", Eduardo Navas (2012) destaca que o termo poderia ser encarado como um re-mix. Ou seja, um (re)arranjo de algo reconhecível; uma segunda mixagem (edição) de algo já editado. Apesar de encontrarmos semelhança de processo em outros sistemas midiáticos, a prática de remix que informa e predomina nossa cultura atual (cultura remix) deriva de discurso (**R**emix) e de modelos desenvolvidos, principalmente, na música do final dos anos 1960/início dos anos 1970 em Nova York, com raízes na música jamaicana.

Para entender remix como fenômeno cultural (inclusive, porque o termo surge na própria indústria musical), devemos primeiro defini-lo na música.

Segundo Eduardo Navas (2012: 65), um remix de música, em geral, é uma reinterpretação de uma música preexistente, significando que a "aura especular" do original será dominante na versão remixada. Alguns dos remixes mais desafiadores podem questionar essa generalização, mas, com base na sua história, pode-se afirmar que existiriam quatro tipos básicos de remix: estendido, seletivo, reflexivo e regenerativo.

Estendido: versão mais longa da composição original; contém longas seções instrumentais para tornar o material mais "mixável" para o DJ (Navas, 2012: 65-66).

Seletivo: consiste em adicionar ou subtrair material da composição original, mantém-se sempre intacta a "essência" ou "aura especular" da composição (Navas, 2012: 66).

Reflexivo: alegorização da estética sampleada; desafia-se a "aura especular" do original e reivindica-se certa autonomia do material. Contudo, as faixas originais são deixadas, em grande parte, intactas para serem reconhecíveis pelo ouvinte. Prática que segue a tradição do *dub*, onde o termo "versão" era frequentemente usado em referência a remixes, que, devido a sua extensa manipulação no estúdio, desafiavam o material original (Navas, 2012: 66).

Regenerativo: específico das novas mídias e da cultura de rede. Como os demais remixes, evidencia-se a fonte original do material. Contudo, não há sempre referências claras para a validação cultural do *sample*. Em vez disso, o reconhecimento cultural da fonte original é subvertido em nome de certa praticidade — a validação do remix regenerativo está em sua funcionalidade (Navas, 2012: 73).

Eduardo Navas (2012) mostra-se preocupado em pesquisar como esses princípios, encontrados principalmente na música, tornaram-se estratégia conceitual comum, empregada na cultura remix. Dessa forma, busca identificar como certos discursos oriundos da música foram apropriados por diferentes culturas, manifestações artísticas e midiáticas, para a construção de sentidos diversos por meio do remix (Navas, 2012: 6).

Para Navas, enquanto discurso, o remix surge como resultado de um longo processo de desenvolvimento de experimentações com mecanismos de gravação e reprodução mecânicas (fotografia, cinema, fonógrafo etc.) que, no passado, referiam-se diretamente ao ato de "copiar e capturar" imagens, imagens em movimento e sons, mas que alcançam seu pleno valor por meio do *sampling* (Navas, 2012: 5).

As bases para o remix, segundo ele, teriam se desenvolvido durante o período em que se aprimoraram mecanismos e práticas voltados para a captura de som e de imagens (Navas, 2012: 13).

Por exemplo, durante o século XIX, com o desenvolvimento e ampliação do acesso à fotografia, circula a ideia de que, potencialmente, qualquer pessoa poderia copiar um pedaço da realidade, criando uma imagem fotográfica de determinado momento e espaço. Para a época, a fotografia poderia criar, na teoria, uma cópia acurada do mundo, por meio da qual poderíamos manipulá-lo e reordená-lo.

No entanto, Navas (2012: 10) aponta: os termos "captura" e "*sampling*" não podem ser considerados sinônimos; são distintos e foram concebidos em momentos históricos diferentes. O conceito de *sampling* se desenvolveu posteriormente à criação dos mecanismos de gravação e reprodução mecânicas: a ideia de *sampling* só é possível em contextos sociais em que há demanda por um termo que abarque os atos de "pegar", "copiar" e/ou "capturar" algo não do "mundo", mas de um "arquivo de representações do mundo" (Navas, 2012: 10).

O *sampling* seria o elemento chave que tornaria o remix possível.

> No momento em que a gravação mecânica se torna comum para avaliar, representar e compreender o mundo e em que se estabelecem condições para que haja um arquivo de representações do mundo, o remix torna-se também possível (Navas, 2012: 10).

Navas (2012) reconhece quatro estágios na formação de uma estética do *sampling*:

(1) captura do mundo;

(2) "reciclagem" de representações mecânicas;

(3) criação de máquinas de *sampling;*

(4) metanível, em que estágios e estéticas anteriores são recombinados.

Em um primeiro momento, o próprio mundo é capturado e re(a)presentado. Uma vez que a gravação mecânica é difundida e torna-se mais comum, desenvolve-se um segundo estágio: materiais vão sendo suficientemente gravados e arquivados, o que viabiliza, durante os anos 1920, a fotocolagem, a fotomontagem, o *found footage*[7] etc., em que são criados comentários dependentes da "reciclagem" de representações mecânicas por meio da prática do "recorta e cola".

Colagem de Hannah Hoch.
Disponível em: <https://bit.ly/2ZA43qx>. Acesso em: 31 jul. 2019.

[7] *Found footage* é o nome dos filmes que empregam a prática de apropriação de materiais audiovisuais preexistentes com o intuito de recontextualizar e inscrever novos significados, por meio de montagens criativas.

Nos anos 1970, máquinas de remix são criadas e apropriadas por DJs. Nesse contexto, vemos um terceiro momento na estética do *sampling*: a popularização de comentários socialmente reconhecidos, feitos a partir da manipulação de gravações musicais. Termos como remix, *scratch*[8] e *sampling*, tornam-se comuns e populares em movimentos como o *hip-hop* e transitam para outras manifestações culturais como a literatura, as artes plásticas e o cinema.

Documentário SCRATCH. Doug Pray.
Disponível em: <https://youtu.be/2d4kCXFE_Nw>. Acesso em: 31 jul. 2019.

Por fim, temos o estágio atual do *sampling*, em que se privilegiam as criações feitas a partir de materiais e arquivos preexistentes no lugar de representações do mundo em si.

A estética do *sampling* na atualidade, segundo Navas (2012), é definida pelas novas mídias. No momento atual, os estágios anteriores combinam-se em um metanível em que é dada aos usuários a oportunidade de criarem — por meio da combinação e recombinação de estéticas — linguagens e semioses anteriormente tidas como distintas.

[8] *Scratch* é uma técnica usada por DJs para produzir sons distintos, movendo um ou mais discos de vinil para frente e para trás. O *scratch* é comumente ligado ao *hip-hop* e está associado ao *remix*.

Para compreendermos o estágio em que atualmente se encontra o remix de imagens em movimento, devemos lançar um olhar atento sobre os remixes digitais e marcar as mudanças entre as apropriações e edições feitas dentro da estética *sampling* — em especial do *found footage* e dos remixes de vídeos que circulam na internet.

Nessa mesma direção, Santaella (2007: 263-264) defende que sejam acionados, simultaneamente, dois pontos de vista para repensar as estéticas propiciadas pelas novas mídias. O ponto de vista **diacrônico**: olhar que busca traços predominantemente associados à pós-modernidade e à cibercultura que já se encontravam presentes no processo de mutação da percepção e o conhecimento ao longo do século XIX (formas industrializadas de contemplação; aceleração dos processos de produção e consumo nas metrópoles etc.). O ponto de vista **sincrônico**: olhar direcionado às representações impostas pela tendência, cada vez mais nítida, das estéticas tecnológicas de misturar suportes, tecnologias, linguagens etc.

Horwatt (2012), por exemplo, no artigo "Taxonomy of Digital Video Remixing", argumenta, com relação às "imagens dinâmicas", que a prática de apropriação de vídeos na internet representa certa continuação e desenvolvimento de estratégias e técnicas empregadas em outras produções audiovisuais, sobretudo no gênero conhecido como *found footage*, mas que apresentam estéticas e retóricas próprias. E ainda sugere:

> Os remixes digitais devem ser reconhecidos por meio de uma taxonomia voltada a classificar a maioria dos tipos e procedimentos, com intuito de compreendê-los como uma continuidade e uma mudança na trajetória das apropriações de imagens em movimento (Horwatt, 2012: s.p.).

De fato, apesar de constatarmos que os remixes de vídeos digitais estabelecem certa continuação e desenvolvimento de estratégias e técnicas de apropriação empregadas nos *found footages*, devemos reconhecer que também representam uma mudança significativa nas práticas anteriores. Só para citar algumas diferenças: possuem categorias e subcategorias distintas; desenvolvem novos métodos de distribuição; partem de arquivos muito mais acessíveis que antes e têm uma ampla distribuição para um público maior e mais heterogêneo que os *found footages*.

Horwatt (2012), ao tentar resolver os problemas envolvidos na criação de uma taxonomia para os remixes de vídeos digitais com base nos *found footages*, sugere a existência de duas práticas de apropriação de imagens em movimento que moldam os remixes de hoje em dia: uma que, por meio de técnicas de edição, enfatiza novas relações entre os materiais selecionados e outra que visa transformar o discurso do material original, "recalibrando" e "invertendo" as cenas "oficiais".

A primeira tendência parte de uma estética própria aos dadaístas e surrealistas e baseia-se nos estratagemas encontrados em filmes como os de René Clair, Hans Richter, Walter Ruttmann e Charles Dekeukeleire que, frequentemente, exploravam o poder do humor na justaposição e na ligação casual entre cenas diversas para criar novas relações e realidades inusitadas (Horwatt, 2012: s.p.).

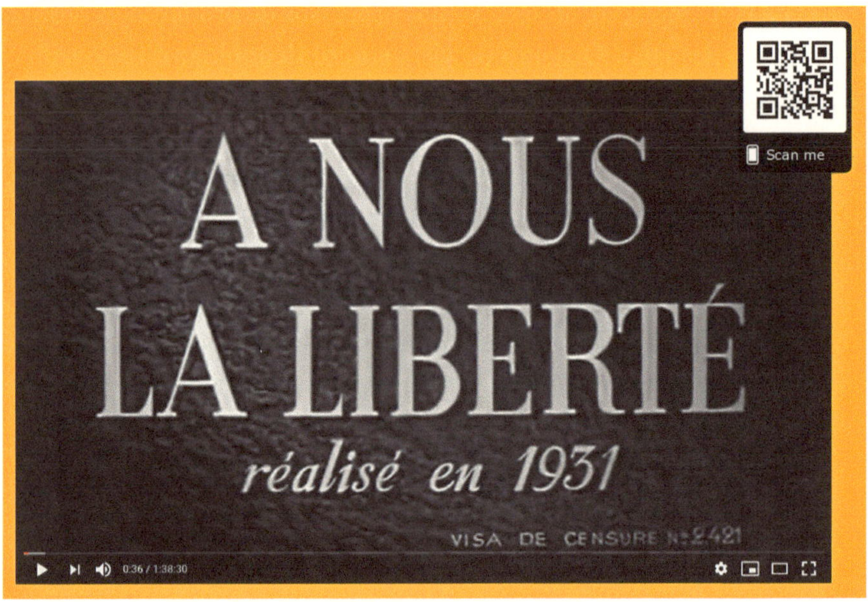

À nous la liberté, filme de René Clair.
Disponível em: <https://youtu.be/Rt_UjfDOI8w>. Acesso em: 31 jul. 2019.

Max Ernest descreve esse método como "o acoplamento de duas realidades irreconciliáveis em suas aparências, em um local que, aparentemente, não combina com elas" (Ernest *apud* Horwatt, 2012: s.p.). Horwatt traça um paralelo entre essa prática e remixes e *mashups* como *You, Me and E.T.*, em que duas fontes aparentemente opostas, ou sem nenhuma ligação, são justapostas para criar uma nova produção com a qual não se faz simplesmente uma paródia da narrativa de um filme, mas se zomba de todo o aparato de *marketing* cinematográfico dos *trailers*.

O *mashup* de *trailer You, Me and E.T* coloca lado a lado as personagens da comédia romântica *You, Me and Dupree* com o extraterrestre do filme de Spielberg. Um trabalho criativo que mistura estilos e cenas de filmes que não têm nada em comum, mas em que, com a habilidade de selecionar e justapor determinadas imagens, se estabelece um sentido e uma continuidade narrativa.

Mashup de *trailer*: You, Me and... E.T.
Disponível em: <https://youtu.be/d5-g_pyC19c>. Acesso em: 31 jul. 2019.

Segundo Horwatt (2012: s.p.), os remix e *mashups* de *trailers* "dependem muito da uniformidade da gramática cinematográfica em filmes tradicionais" e do "desejo inerente ao espectador de construir narrativas, mesmo quando são confrontados com elementos aparentemente díspares".

Uma série de estratégias de edição é utilizada para integrar com sucesso as várias cenas selecionadas. O *overdubbing*, por exemplo, é uma prática muito comum em *mashups* e consiste em selecionar o som de um filme e sincronizá-lo com o movimento labial dos atores de outro.

Podemos ver o uso da estratégia do *overdubbing* em trabalhos como *2001 Goodfellas*, em que se remixa o áudio do filme *2001 — Uma Odisseia no Espaço* com o áudio de *Goodfellas* ("Bons Companheiros", em português). Ou no remix *Dunga Em Um Dia de Fúria* (disponível em: <https://goo.gl/fX3bQX>), em que é acrescida dublagem sobre o filme

Um dia de Fúria para representar de forma bem-humorada a frustração do ex-técnico da seleção brasileira ante o jogo Brasil X Alemanha, durante a Copa do Mundo de 2014.

2001 *Goodfellas*. Disponível em: <https://youtu.be/Qfn3Wk_LnI4>. Acesso em: 31 jul. 2019.

Já com relação ao movimento de apropriação de materiais audiovisuais feito com objetivo de transformar o discurso vinculado ao vídeo original, podemos distinguir um caminho particular iniciado durante a criação de dois departamentos cinematográficos fundados após a Revolução Russa.

Durante esse período, cineastas como Esther Shub, Lev Kuleshov, Dziga Vertov e Sergei Eisenstein foram convocados a reeditar filmes capitalistas para refletirem ideologias pró-comunistas. Em seus trabalhos, os cineastas russos buscaram teorizar sobre a estética de edição e montagem de filmes e refletir sobre como replicar a mesma linguagem de um material original e, no entanto, alterar o seu significado.

Um exemplo interessante do esforço empregado pelos cineastas russos para aprimorar e compreender a edição e montagem de filmes durante esse período é o trabalho de Lev Kuleshov conhecido como o "Efeito Kuleshov".

Nesse curta-metragem, Kuleshov editou uma cena do rosto do ator Ivan Mosjoukine com um prato de sopa, uma menina em um caixão e uma mulher deitada em um divã. Ao assistir à montagem, o público acreditou que a expressão no rosto do ator mudava a cada sequência,

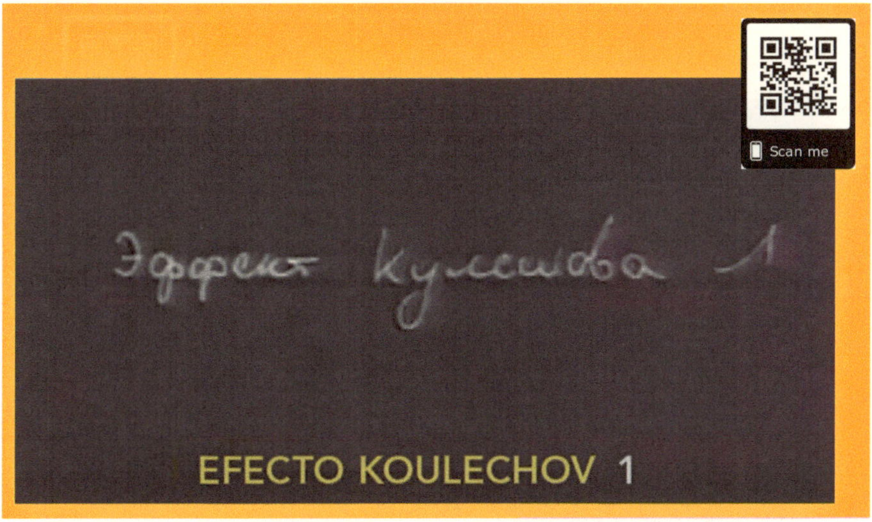

Efeito Kuleshov. Disponível em: <https://youtu.be/_gGl3LJ7vHc>. Acesso em: 31 jul. 2019.

dependendo de se ele olhava para o prato de sopa, a menina no caixão ou a mulher no divã; para o público, devido à montagem, o ator assumia uma expressão de fome, de luto ou de desejo.

O que distingue os editores russos de outros cineastas *found footage*, segundo Horwatt (2012), é, exatamente, a busca constante pelo desenvolvimento de qualidades técnicas que exerçam transformações "clandestinas" em um material cinematográfico bruto, camuflando alterações semânticas, mas mantendo os seus elementos sintáticos fílmicos na reedição de documentários, reportagens jornalísticas, discursos políticos, filmes narrativos etc.

A replicação da "gramática" de fonte é um componente importante para alguns remixes de imagens em movimento que encontramos na internet, principalmente, na cultura *jamming*[9]. Busca-se imitar a linguagem da produção original, mas altera-se o seu conteúdo. Nesses remixes, as palavras que escutamos não são exatamente as mesmas ditas originalmente, mas a linguagem, sim.

Um exemplo interessante que circulou em diversas redes sociais durante 2002 é o *political remix State of the Union... Not Good*, criado por Edo Wilkins:

[9] Termo vindo do dialeto jamaicano que significa "destruir". Cultura *jamming* designa o ativismo e os movimentos de arte urbanos que, apoiados em técnicas da estética de guerrilha, buscam praticar e promover o anticonsumismo e romper com a cultura de massa.

State of the Union... Not Good .
Disponível em: <https://youtu.be/6WtuYcn6N3A>. Acesso em: 31 jul. 2019.

Nesse *political remix*, Wilkins utiliza a técnica conhecida como *jiu-jitsu* midiático — "ato de usar o peso do inimigo contra ele mesmo" (Bruyn *apud* Horwatt, 2012: s.p.) — para fazer uma dura crítica à política armamentista e intervencionista de George Bush. Ele utiliza as próprias palavras do ex-presidente dos Estados Unidos e a linguagem do discurso político televisionado para construir sua avaliação sobre a personalidade de Bush.

Outro exemplo interessante é o remix *Discurso corrigido de Arnaldo Jabor* (disponível em: <https://youtu.be/oygPMKNHHIo>). O vídeo foi criado durante as manifestações de junho de 2013 como oposição ao comentário feito por Arnaldo Jabor, que avaliou negativamente os protestos organizados pelo movimento Passe Livre em São Paulo, fazendo-o falar exatamente o oposto do que havia comentado na época.

Observando os exemplos aqui citados, de fato, podemos estabelecer uma ligação familiar entre as duas tradições de *found footage* (criar novas realidades e "recalibrar" o discurso de um material original) e os remix de imagens em movimento atuais.

Podemos também destacar três grandes "referências culturais" importantes que antecedem o desenvolvimento das novas tecnologias de informação e comunicação e que têm os remix de vídeo como um discurso fundamental em suas interações sociais e culturais (Rojo; Moura, 2013: 20-42).

Referências culturais e tradições importantes para remixes de imagens em movimento

Estética *found footage*	Referência cultural	Remix – Video
Tradição surrealista **Tradição russa**	Cultura *jamming*	*Political remix* (PRV)
	Cultura de fã	*Fan Vid*
	Cultura *otaku*	AMV

Fonte: Adaptado de Rojo; Moura (2013: 233-263).

Cada uma destas referências assume relações e formas diferentes de se apropriar e reconverter os bens simbólicos e os diversos gêneros vindos da cultura *pop* em remixes variados de imagens em movimento.

No atual estágio em que se encontra a estética do *sampling*, criam-se remixes a partir da combinação e recombinação de linguagens, semioses, estéticas distintas entre si, em uma mistura de sistemas de significação "não digitais" e computacionais. Esse momento é ainda potencializado por *sites* de divulgação de vídeos como o YouTube, que impactam no processo e no resultado final de diversas comunidades de remix (*political remixers*; *vidders* e editores AMV), dando início a uma "cultura compartilhada" que percorre essas redes que escolheu um mesmo *site* para distribuir, divulgar e estabelecer contato.

Segundo Jenkins (2012), o YouTube, por exemplo, promove uma espécie de casa para diferentes comunidades que representam tradições diversas, mas também cria outras redes: uma ecologia de mídias, comunidades, grupos e estéticas, estabelecidas no cruzamento cultural que o próprio *site* representa. Nesse contexto, cada inovação técnica (uso de *auto-tune*, *overdubbing*, efeitos visuais, filtros de edição etc.) e tradições formais transitam, rapidamente, de uma comunidade produtora para outra.

Em tal contexto, torna-se um desafio manter qualquer linha divisória nítida entre diferentes remixes de imagem em movimento (Jenkins, 2012: s.p.).

Dessa forma, podemos constatar, com frequência, remixes que, atualmente, tornaram-se parte de uma cultura comum em que se hibridizam as várias redes que as antecederam, mas que também transitam por um mesmo espaço.

Categoria	Definição	Exemplo
Memes	Vídeos virais feitos para circular e ser redistribuídos em redes sociais, geralmente dentro de tradições de ciberativismo; consistem no remix de um mesmo fragmento de material audiovisual, acrescido de, somente, uma nova informação: uma nova legenda; dublagem e/ou outros fragmentos de vídeos.	**Hitler fica sabendo da Revolta do Vinagre:** http://migre.me/ftLn6 **Hitler fica sabendo do fechamento do *Megaupload*:** https://tinyurl.com/y4l3aups. **Chuck Norris e a televisão brasileira:** https://youtu.be/TGhyC1g1fuA.
Auto-tune	O *auto-tune* é um recurso de áudio utilizado para alterar a altura e a afinação de vocais. Por meio desse recurso, vídeos são remixados, transformando qualquer fala em uma canção ou videoclipe.	**Romaritta**: http://migre.me/ftLkX. **Joel Santana**: http://migre.me/ftMgb.
Mashup	Os *mashups* são criações transformativas feitas por meio da mistura de duas ou mais canções e/ou vídeos, aparentemente muito diferentes entre si.	**Bob Marley *vs.* The Beatles**: https://tinyurl.com/y53anzr3.
Overdubbing	Os remixes/*mashups overdubbing* recebem o nome da técnica utilizada em sua produção: a seleção de som, ou *redublagem*, de um filme sincronizado com o movimento labial dos atores do material original.	***Bad lip Reading:*** http://migre.me/ftLsp **Dunga em um dia de Fúria!:** http://migre.me/ftMZg.

Os remixes de imagens em movimento produzidos na contemporaneidade e divulgados em *sites* como o YouTube, em muitos casos, podem ser agregados em torno de diferentes pontos: por meio das inúmeras relações que estabelecem com o material original (ex.: estabelecer novas relações ou "recalibrar" material original); pelas suas técnicas de produção e/ou filtros e *softwares* dominantes no remix (ex. *overdubbing*, *auto-tune* etc.); e/ou por tradições, ativismo e características de distribuição (ex. *political remix*, *vidding*, AMV etc.).

Abaixo podemos ver um quadro (provisório, elaboração própria) composto de outros aspectos que também podem ser observados em remix de vídeo e que, combinados, possibilitam a construção de referências futuras em análises e descrição de obras transformativas de imagem em movimento contemporâneas.

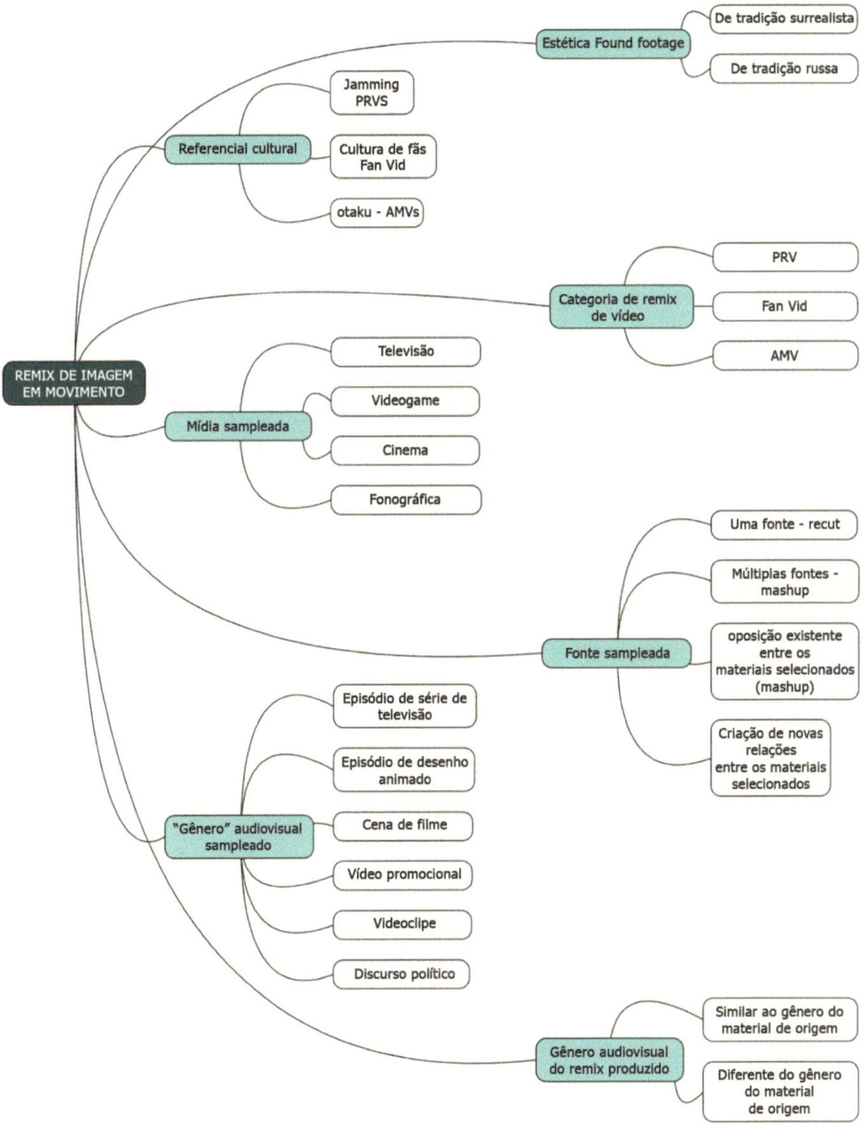

Apesar da imagem "televisual" não ser algo que se possua, com o videocassete, a imagem em movimento pôde fazer parte de acervos pessoais. Com o vídeo, a sala de projeção explodiu e, progressivamente a posse de materiais audiovisuais tornou-se regra. Nesse universo pós-cinema, somos constantemente instigados a criar em nossas casas e computadores repertórios efêmeros que combinam, montam e recombinam (como em um cinema-de-armar) o culto e o popular; a cultura erudita e a de massa; a cultura *pop* e o *cult* (García-Canclini, 2008a [1989]).

Mais do que isso, somos instigados a lançar mão de estratégias apoiadas em novas práticas de letramento (remix, legendagem, *overdubbing*, redublagem etc.) (Lankshear, 2007; Lankshear; Knobel, 2010), para participar de comunidades e redes sociais, relendo esses acervos pessoais de maneira ativa e criando produções muito particulares como os *mashups*, remixes de *trailers*, AMV etc.

É importante ressaltar, como nos alerta Horwatt (2012), que, apesar de muitas vezes nos sentirmos tentados a identificar utopicamente essas novas práticas de remix com novos métodos de ativismo, como um meio eficaz de criticar os meios de comunicação, de estabelecer possibilidades ricas de distribuição abertas de conteúdos culturais e de se criar um diálogo livre entre os indivíduos e os bens simbólicos — e, de fato, em muitos casos, há razões para tanto — "nem todos os remix são engajados em críticas radicais" (Horwatt, 2012: s.p.).

No entanto, produções como essas são parte fundamental do processo de transformação da linguagem cinematográfica e de seu espetáculo. Representam mudanças significativas na cultura cinematográfica que transita de uma cultura de espectador para uma cultura participativa; são fruto da apropriação de linguagens, gêneros, discursos e patrimônios culturais diversos, relidos de forma a servirem a inúmeros interesses, por meio de processos e práticas de **reconversão**[10] (García-Canclini, 2008a [1989]).

4. FAZENDO GÊNERO: *FANS VIDS* E AMV – ENTRE A CULTURA DE FÃS E A CULTURA *OTAKU*

A cultura de fãs tem uma história antiga e uma maneira bem própria de lidar com os diversos bens simbólicos advindos da cultura de massa e/ou valorizados, durante a qual se desenvolveram uma série de atividades e mídias específicas: *fanzine*, *fan* filmes, *fanart*, *fanfiction* etc.

Segundo Francesca Coppa (2008: s.p.), desde os anos 1970, observamos "o surgimento de uma estética visual e de uma abordagem crítica" novas nas comunidades feministas de fãs de ficção científica, principalmente, no domínio de fãs da série de televisão *Star Trek*: montagens de pequenos vídeos, tirados de séries televisivas, animações, filmes etc., rearranjados e acrescidos de áudios para a criação de um argumento ou de uma nova história.

[10] Termo empregado por García-Canclini (2008a [1989]) para designar estratégias de utilização de recursos econômicos e simbólicos anteriores em novos contextos, com ganhos pessoais, sociais ou culturais.

Os remixes de imagens em movimento feitos por fãs, segundo Coppa (2008: s.p.), se desenvolveram em um contexto dominado por questões políticas feministas despertadas por discussões sobre trabalho, novas tecnologias, poder, gênero e sexualidade. Os *fans vids* revelam os argumentos e temas discutidos dentro de diferentes comunidades: apontam para a relação que estabelecem entre suas atividades, as séries de televisão, filmes e músicas que consomem dentro de seus domínios de fã. Para ilustrar como os vídeos criados por fãs estão estreitamente ligados às suas comunidades, Henry Jenkins (2006: s.p.), em seu artigo *How to Watch a Fan-Vid*, analisa o *fan vid Closer*.

Fan Vid: **Closer.** Disponível em: <https://youtu.be/1PwpcUawjK0>. Acesso em: 31 jul. 2019.

Em *Closer*, podemos ver o remix da música da banda *Nine Inch Nails* com cenas do capitão Kirk e Spock. *Closer*, como outros *fan vids*, foi construído como parte das inúmeras discussões travadas entre fãs sobre os textos originais, no caso, a respeito da série *Star Trek* e da relação entre as duas personagens.

É fundamental termos em mente que esse remix foi feito para circular entre "pessoas que também leem *fanfiction* e compreendem a relação entre Kirk e Spock, a partir do subgênero conhecido como *slash*" (Jenkins, 2006: s.p.).

Slash é uma categoria de *fanfiction* em que dois ou mais personagens do mesmo sexo são colocados em uma situação romântica, normalmente oposta ao universo ficcional de origem. Para Jenkins (2006: s.p.), provavelmente, Kirk/Spok foi a primeira parceria *slash*. Antes de se estabelecer na cultura de fã, as ficções que exploravam a relação entre as duas personagens eram simplesmente conhecidas como K/S, daí o nome *slash*, que em português significa "corte" ou "barra".

Um espectador que não faça parte do domínio de fãs de *Star Trek* e que não esteja familiarizado com as narrativas Kirk/Spok poderá estabelecer a relação entre a letra da canção do *Nine Inch Nails* e as imagens selecionadas, inferindo uma relação sexual violenta entre as personagens do seriado de ficção científica. Provavelmente também reconheça, na tonalidade sépia do vídeo, uma semelhança estética entre o videoclipe original *Nine Inch Nails* e o *fan vid*. No entanto, talvez não percebe alguns detalhes próprios à narrativa K/S, ou não atribua o mesmo significado à frase que abre o remix de *Closer — What If They Hadn't Made It to Vulcan on Time.*

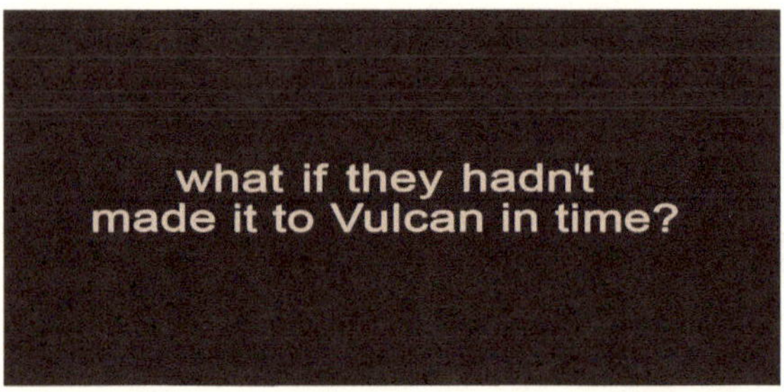

Captura de tela de *Closer*. Disponível em: <https://youtu.be/1PwpcUawjK0>. Acesso em: 31 jul. 2019.

A frase refere-se diretamente às *fanfics* que exploram a tradição **vulcana**[11] do *Pon Farr*: período de acasalamento, que ocorre de sete em sete anos e que pode levar os vulcanos à loucura ou à morte se não retornarem ao seu planeta natal para copularem.

Muitas das ficções K/S utilizam-se do *pon farr* como um estopim para criar uma relação erótica entre Kirk e Spock. Como aponta Jenkins (2006b: s.p.), essas *fanfics* normalmente seguem dois caminhos: Kirk supera suas inibições para salvar a vida do amigo; ou Spock recorre à violência sexual. No caso do *fan vid Closer*, podemos constatar a homenagem às narrativas *slashes* que seguem o caminho mais violento.

Diferentes *fandoms*[12], com tradições e narrativas particulares, provavelmente produzem vídeos com características próprias. Não só isso,

---

[11] Os vulcanos são uma espécie de humanoides do universo ficcional de *Star Trek*, povo proveniente do planeta Vulcano. A personagem Spock é um vulcano.

[12] Domínios de fã.

culturas de fãs singulares produzem remixes específicos de imagens em movimento, como é o caso da cultura de fãs de animação, filmes e quadrinhos japoneses, conhecida como *otaku*, que produzem os AMV.

Mizuko Ito, em entrevista feita em parceria com Jenkins, pergunta ao *vidder* AbsoluteDestiny como ele descreveria as semelhanças e diferenças entre *fan vids* e AMV como, por exemplo, "Perhaps, Perhaps, Perhaps", feito por Анна Копеина (2011), e "Euphoria", editado por Koopiskeva (Jay Naling) (2003).

AbsoluteDestiny ressalta que, de fato, durante a época em que se editavam vídeos com dois videocassetes, havia uma série de semelhanças entre os remixes. No entanto, destaca: com desenvolvimento de certas habilidades e estéticas, as comunidades tomaram caminhos próprios, e os *fan vids* e AMV começaram a divergir.

A partir de sua própria experiência, AbsoluteDestiny identifica três fatores importantes que levaram ao desenvolvimento de uma estética própria dos *fan vids* e dos AMV:

(1) como o material original é lido e apreciado;
(2) como o material original se presta às técnicas de edição de vídeo;
(3) quais as categorias de remixes de imagem em movimento são mais apreciadas.

De forma geral, a comunidade ligada à produção de *fan vids* desenvolveu-se a partir das criações narrativas, com bastante ênfase no desenvolvimento e na relação das personagens. Por outro lado, a comunidade AMV estabeleceu-se no desenvolvimento de subcategorias, espetáculos e autorreferências comuns à cultura japonesa. Com relação a como o material original se presta às técnicas de edição de vídeo, AbsoluteDestiny destaca que as cenas das animações japonesas não são visualmente "sutis" ao expressarem emoções:

> Muitas das nuances emocionais são enfatizadas pela atuação e pela voz do dublador, só as emoções muito enfáticas (alegria, raiva e vergonha) permanecem quando se extrai uma cena de seu áudio original (Jenkins, 2010: s.p.)

Enquanto quem produz um *fan vid* pode contar com as nuances da linguagem corporal dos atores, quem cria um AMV só pode lidar com as metáforas visuais oferecidas pelo material original, "flores, rubores, bolhas" etc. AbsoluteDestiny revela: "É difícil criar emoções sutis com animês e não é incomum recorrer a manipulações externas" como efeitos, ilustrações, filtros etc.; o que é difícil de observar em *fan vids* em geral (Jenkins, 2010: s.p.).

Por fim, temos de observar como os remixes são recebidos e apreciados nas comunidades de fãs e *otaku*. A comunidade AMV, por exemplo, tem suas regras muito pautadas no funcionamento de grandes convenções. Dessa forma, a estética AMV se desenvolveu a partir de exposições, sessões e dentro de concursos. Com isso, diferentemente dos *fan vids*, nas comunidades AMV, há um excesso de categorias (AMV de terror, drama, romance, comédia, ação etc.), uma constante necessidade de encontrar maneiras de avaliação e uma relação apaixonada pela proficiência técnica.

Aqua Satellite, AMV produzido pelo jovem brasileiro Rafael Shinzo, ilustra muito bem a ideia de Ito. Com *Aqua Satellite*, Shinzo participou de feiras e eventos nacionais e internacionais. *Aqua Satellite* é um AMV que se enquadra na categoria *dance video*, estabelecendo sincronia adequada entre o andamento das imagens e o ritmo da canção. Nesse sentido, recebe avaliação positiva da comunidade <http://www.animemusicvideos.org>:

> [...] você deu um andamento correto a todos os clipes, combinando com o clima que você quis dar ao seu vídeo.
> O ritmo do clipe vai tranquilo, depois você vai para um *upbeat*, volta a ser lento e rápido; parecendo ao ritmo da música.

É possível observar o cuidado que Shinzo dedica à criação de uma boa sincronia com a letra de *Satellite*. Na primeira estrofe de *Satellite*, lê-se:

> My love is like footsteps in the snow, baby
> I follow you everywhere you go, baby

A partir da frase "My love is like footsteps in the snow, baby", Shinzo enfatiza a palavra "footsteps", selecionando cenas que destacam os pés de diferentes personagens de animês.

Frames extraídos de *Aqua Satellite*.
Disponível em: <https://youtu.be/T_hCOpchvYQ>. Acesso em: 31 jul. 2019.

Em seguida, em consonância com o trecho "I follow you everywhere you go, baby", utiliza cenas de pássaros e mãos espalmadas que apontam para o céu, dando ênfase as palavras "follow" e "go".

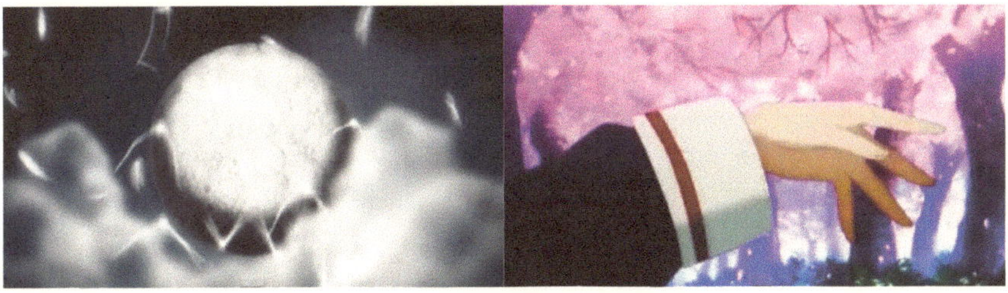

Frames extraídos de *Aqua Satellite*.
Disponível em: <https://youtu.be/T_hCOpchvYQ>. Acesso em: 31 jul. 2019.

Durante a produção de um AMV, Shinzo não só manipula repertório semiótico e linguístico, como hibridiza referências culturais (animação japonesa e canção *pop* ocidental), mas também demonstra dominar as linguagens audiovisuais necessárias para a edição de um "videoclipe".

Já no caso do aclamado AMV criado por Vlad Pohnert, *Flash*! foi classificado pelo seu autor nas categorias *fun/parody/character profile*. O vídeo remixa cenas do animê *Gurren-Lagann* com a música tema do filme *Flash Gordon*, da banda Queen. É um vídeo importante dentro da comunidade. Em 2012, foi indicado a dez prêmios VCA e venceu o melhor vídeo de paródia (VCA 2012 - Best Parody Video).

AMV: *Flash!*. Disponível em: <https://youtu.be/xOzKn6rBP58>. Acesso em: 31 jul. 2019.

Pretende-se estabelecer uma relação bem-humorada entre as personagens do filme *Flash Gordon* e o animê *Gurren-Lagann* – Kamina/Flash e Rei Espiral/Imperador Ming. O editor dialoga criativamente com o material promocional de *Flash Gordon*, apesar do áudio usado para a edição do AMV ser diferente do trailer de 1980.

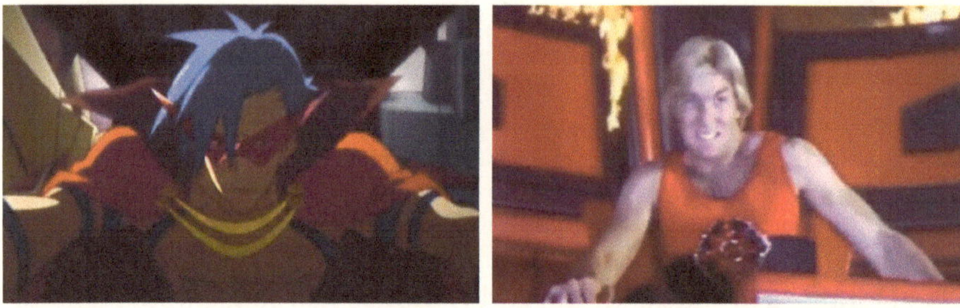

Frame do AMV *Flash!* e filme *Flash Gordon*: Personagens Kamina e Flash.

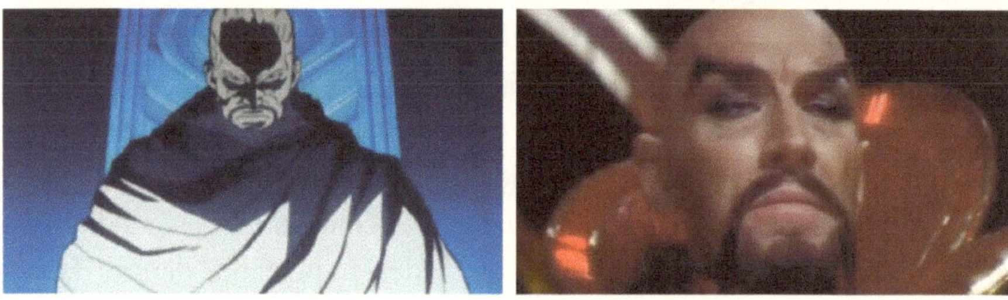

Frame do AMV *Flash!* e filme *Flash Gordon*: Rei Espiral e Imperador Ming.

As imagens que introduzem o AMV, por exemplo, fazem citação direta ao *trailer* de *Flash Gordon*: ambos apresentam a intenção do Imperador Ming de aniquilar a Terra.

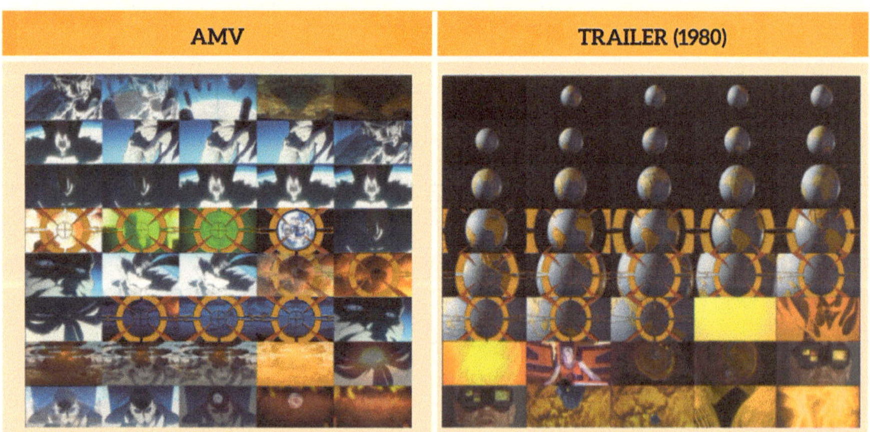

Visualização em montagem: Introdução, AMV *Flash!* em comparação com o filme *Flash Gordon*.

Contudo, no *trailer* de *Flash Gordon*, não vemos o Imperador Ming, apenas escutamos sua voz em *off* sobre a imagem da Terra se aproximando, entrando na mira dos "vilões" do filme.

FRAMES	ÁUDIO
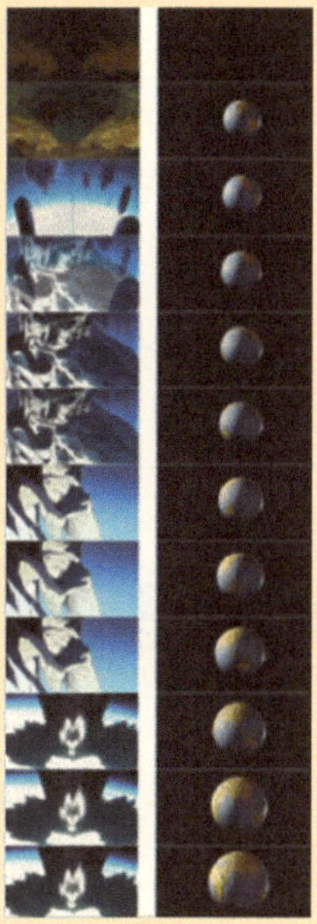	**Ming**: Klytus, I'm bored. What play thing can offer me today? **Klytus**: An obscure body in the S-K System, your majesty. The inhabitants refer to it as the planet Earth.

Visualização em montagem: Introdução, AMV Flash! em comparação com o filme Flash Gordon.

Para criar o diálogo pretendido com os materiais originais, o editor do AMV estabelece projeto arquitetônico voltado à seleção de cenas que possam dar corpo apenas ao que escutamos no *trailer* de 1980. Dessa forma, Vlad Pohnert privilegia cenas que possam ser utilizadas em sincronia labial com o áudio do *trailer* de *Flash Gordon* e da música da banda Queen — cenas em plano próximo e médio.

Buscamos aqui, neste "Fazendo gênero", dar consistência a um contraste entre dois gêneros remixados: *FanVid* e AMV. Esperamos que, com esse contraste, tenhamos permitido aos leitores avaliarem como, valendo-se de procedimentos e técnicas semelhantes na forma de composição dos vídeos, os criadores dão lugar a projetos arquitetônicos regidos por temas e refrações ideológicas diversos, em diferentes situações de produção.

CAPÍTULO 5

O som

1. Os três paradigmas do som: modal, tonal e pós-tonal (ou serial).
2. Do modal para o tonal: perdendo o ritmo?
3. O pós-tonal: o serial ou a música eletroacústica
4. Fazendo gênero: *sampling*

Toda epígrafe lança uma nova luz no conteúdo autoral que se segue a ela: uma nova refração, uma nova apreciação valorativa. Por isso, escolhemos como epígrafe uma breve fala de José Miguel Wisnik, retirada do documentário *Palavra (En)cantada*,

Wisnik em Palavra (En)cantada. Citação.
Disponível em: <https://youtu.be/Twf1tnuOgMc>. Acesso em: 31 jul. 2019.

de Helena Solberd (Radiante Filmes), não somente porque tematiza o som, a música, mas principalmente por estabelecer uma posição muito clara e interessante sobre a importância da música popular para a cultura brasileira.

Fármacon. (Veneno)remédio. Para Wisnik, no caso brasileiro, a riquíssima música popular e o quase sempre vitorioso futebol são nossos (venenos)remédios. Matam e salvam. A sugestão é a de que o povo brasileiro pode ascender aos letramentos valorizados, à cultura da escrita e à literatura por meio desse (veneno)remédio. Ou seja, para Wisnik, a música no Brasil, mais do que em muitos outros lugares do mundo, é fundante do enraizamento e da mudança culturais.

Essa breve introdução serve para indiciar três coisas:

(1) ao falarmos de "som" não estaremos falando de qualquer som (ambiente ou da fala, por exemplo), mas de música;
(2) como Wisnik, pensamos que essa é uma semiose importantíssima na e para a cultura brasileira;
(3) terceiro, que Wisnik será nossa base autoral principal neste capítulo.

1. OS TRÊS PARADIGMAS DO SOM: MODAL, TONAL E PÓS-TONAL (OU SERIAL)

A terceira semiose que discutiremos é o som (na música, sua mais perfeita realização). Na física, qualquer som é a propagação de uma frente de compressão mecânica ou onda longitudinal, propagando-se tridimensionalmente pelo espaço e apenas em meios materiais, como o ar ou a água. Para que essa propagação ocorra, são necessárias compressões e rarefações em propagação no meio e, então, essas ondas se propagam de forma longitudinal. Quando passa, a onda sonora não arrasta as partículas de ar, por exemplo; apenas faz com que elas vibrem em torno de sua posição de equilíbrio[1].

Logo, som é **onda**. A realização humana mais sofisticada do som é a música. E, justamente, Wisnik (2007 [1989/1999]) vai fazer "outra história das músicas" em seu livro *O som e o sentido*. Embora sua explanação esteja muito irmanada com os "paradigmas da imagem" de Santaella e

[1] Disponível em: <https://bit.ly/2YRHqg8>. Acesso em: 31 jul. 2019.

Noth (2014 [1997]) — que vimos no capítulo *3* —, seu fio condutor é outro: uma "pegada" mais histórico-antropológica que semiótica.

Assim, sentimo-nos autorizados a falar de três "modos de ser" da música na história (modal, tonal e serial), assim como falamos de três modos de ser do texto (pré-tipográfico, tipográfico e pós-tipográfico) e da imagem (pré-fotográfico, fotográfico e pós-fotográfico na imagem estática; pré-cinematográfico, cinematográfico e pós-cinematográfico na imagem dinâmica), dessa vez, com o ganho de uma visada socioantropológica. Embora Santaella e Noth (2014 [1997]) e Wisnik (2007 [1989/1999]) partam de perspectivas distintas (tecnossemiótica; socioantropológica), os três modos de ser da música de Wisnik "casam bem" com os três paradigmas da imagem de Santaella e Noth e fazem pensar novos aspectos, mutuamente mais abrangentes, dessas distinções.

Wisnik (2007 [1989/1999]) vai nomear seus três modos de ser do som (música) como: **modal**, **tonal** e **pós-tonal** (ou **serial**). Numa primeira visada — pelos nomes — sua abordagem pode parecer mais semiótica até do que a de Santaella e Noth (2014[1997]), pois designa as "eras" da música mais pelo arranjo semiótico que pelos impactos tecnológicos. Mas, ao final, todos buscam pelas raízes socioculturais das mudanças (incluindo as mudanças tecnológicas).

Para Wisnik (2007 [1989/1999]), o mundo **modal** é o mundo do pulso, do ritmo, já que "não há som sem pausa" (p. 18). Para ele,

> A onda sonora é um sinal oscilante e recorrente, que retorna por períodos (repetindo certos padrões no tempo). Isto quer dizer que, no caso do som, um sinal nunca está só: ele é a marca de uma propagação, irradiação de frequência. [...]
> A onda sonora obedece a um pulso, ela segue o princípio da pulsação. [...]

A terminologia tradicional associa o ritmo à categoria do andamento, que tem sua medida média no *andante*, sua forma mais lenta no *largo* e as indicações mais rápidas associadas à corrida afetiva do *allegro* e do *vivace* (os andamentos se incluem num gradiente de disposições físicas e psicológicas) (Wisnik, 2007 [1989/1999]: 19).

Bem, o que é então o pulso? Podemos dizer que, na pulsação:

Pulsação. Disponível em: <https://youtu.be/UCq3OpYwfAo>.
Acesso em: 31 jul. 2019.

Como mostra Wisnik, "as frequências sonoras se apresentam basicamente em duas grandes dimensões: as *durações* e as *alturas* (durações rítmicas, alturas melódico-harmônicas)" (Wisnik, 2007 [1989/1999]: 20). Acontece que,

> A partir de certo limiar de frequência (em torno de quinze ciclos por segundo, mas estabilizando-se só em cem e disparando em direção ao agudo até a faixa audível de 15 mil hertz), o ritmo "vira" melodia (p. 20) [...] Através das alturas e durações, timbres e intensidades, repetidos e/ou variados, o som se diferencia ilimitadamente. Essas diferenças se dão na conjugação dos parâmetros e no interior de cada um (as *durações* produzem as figuras rítmicas; as *alturas*, os movimentos melódico-harmônicos; os *timbres*, a multiplicação colorística das vozes; as *intensidades*, as quinas e curvas de força na sua emissão) (p. 26).

Mas o mais importante na obra de Wisnik é a relação dessas características intrínsecas da música principalmente com a vivência histórico-cultural da humanidade:

> No mundo **modal**, isto é, nas sociedades pré-capitalistas, englobando todas as tradições orientais (chinesa, japonesa, indiana, árabe, balinesa e tantas outras), ocidentais (a música grega antiga, o canto gregoriano

> e as músicas dos povos da Europa), todos os povos selvagens da África, América e Oceania, a música foi vivida como uma experiência do sagrado, justamente porque nela se trava, a cada vez, a luta cósmica e caótica entre o som e o ruído (Wisnik, 2007 [1989/1999]: 34, ênfase adicionada).

Vejamos um exemplo:

Ouvindo peles. Ziskind (2007 [1989/1999]), CD encartado. In: Wisnik (2007 [1989/1999]). Disponível em: <https://youtu.be/Hmta3vlNmUY>. Acesso em: 31 jul. 2019.

O que Wisnik e Ziskind querem dizer é que, nas sociedades primitivas até a Idade Média, o modal percussivo era privilegiado como música, quase sempre ligado a contextos religiosos e sacrificiais:

> A música modal é ruidosa, brilhante e intensa ritualização da trama simbólica em que a música está investida de um poder (mágico, terapêutico e destrutivo) que faz com que a sua prática seja cercada de interdições e cuidados rituais. Os mitos que falam da música estão centrados no símbolo sacrificial, assim como os instrumentos mais primitivos trazem sua marca visível: as flautas são feitas de ossos, as cordas de intestinos, tambores são feitos de pele, as trompas e as cornetas de chifres (Wisnik, 200 7[1989/1999]: 35).

Vejamos um exemplo bem brasileiro e que, contemporaneamente, ainda sobrevive: os "toques de candomblé":

Toques de candomblé. Disponível em: <https://youtu.be/JPTCN-8Hajw>. Acesso em: 31 jul. 2019.

Nesses quatro toques, para Exu, Oxalá, Yemanjá e Oxóssi, vemos não somente os instrumentos de madeira e pele descritos por Wisnik e o canto melódico, mas também os rituais mágicos e sacrificiais de que estão investidos e que dão poder a uma comunidade primitiva.

Como se pode perceber, a interpretação aqui é diferente da de Santaella e Noth (2014 [1997]): também ligada às tecnologias utilizadas para a produção de sentido (tambores — madeira e pele, voz, corpo), mas mais voltada para o contexto socioantropológico ritual e sacrificial em que essas práticas semióticas se dão.

A tecnologia é percussiva — peles e madeira, tambores —, é pulso, primitiva, pré-maquínica. Uma caixa de ressonância de madeira recoberta de pele é responsável pelo pulso e pelo ritmo, diferente para cada Orixá, acompanhado melodicamente pelo canto em yorubá dos ogãs e das filhas de santo, no candomblé queto. Esta prática deriva para outras práticas populares, não rituais nem religiosas, como a do Baianá, por exemplo, com percussões corporais, que dispensam até instrumentos, mesmo que primitivos, optando pelo uso do próprio corpo para percutir e criar ritmo e a voz para criar melodias.

Temos aí uma corda percussiva (quase um berimbau, chamada berimbau de boca), que poderia até ser de tripa, tambores, percussão corporal (ritmo marcado com os pés, palmas, ruídos corporais) e o canto, responsável pela melodia ainda não tão distanciada do ritmo. Muito próximo do maracatu. A música folclórica brasileira está cheia desses ritmos. Veja:

Baianá. Barbatuques. Disponível em: <https://youtu.be/KHyzrYBACcg>. Acesso em: 31 jul. 2019.

Aliás, o **Caboclinhos**[2], ritmo do carnaval pernambucano, aproxima-se muito do Baianá, com uma percussão feita com um instrumento percussivo em forma de arco e flecha indígena brasileira (as preacas). Logo, essa música modal brasileira primitiva não tem raiz exclusivamente africana.

O que Wisnik categoriza como **modal** utiliza instrumentos e tecnologia pré-mecânicos, artesanais ou naturais (como o próprio corpo, o canto, tambores variados, arco e flecha etc.), podendo ser equiparado ao modal europeu e oriental por ele também discutido. Se enfatizarmos o foco na tecnologia de base (bastante primitiva), como fazem Santaella e Noth (2014 [1997]) para a imagem estática, teríamos uma equivalência: ao invés do pincel, tinta e tela do **pré-fotográfico**, teríamos o tambor, corpo e voz do **pré-instrumental**. Os raciocínios se equivalem, com a

---

[2] Caboclinhos é uma dança folclórica executada durante o Carnaval em Pernambuco por grupos fantasiados de índios que, com vistosos cocares, adornos de pena na cinta e nos tornozelos, colares, representam cenas de caça e combate. Os instrumentos musicais são o violão, o apito, duas maracas de zinco ou flandre e um surdo (bombo) de zinco coberto com couro de bode em ambos os lados. As preacas são instrumentos de marcação em forma de arco e flecha, produzindo um som seco, em harmonia com o surdo; também o apito para os caboclos de frente, que puxam o cordão, tanto dos homens como das mulheres. Os ritmos são guerra e baião, sendo o primeiro mais lento. A dança é forte e rápida, exigindo destreza e desenvoltura dos participantes. Há passos em que se dança agachado, baixando-se e levantando-se rapidamente e, ao mesmo tempo, rodopiando, apoiando-se nas pontas dos pés e calcanhares, exigindo muita resistência física. Os personagens do caboclinhos são: cacique e "cacica" (ou mãe da tribo), ambos usando tanga e saiote de plumas ou penas; porta-estandarte; conjunto de três tocadores (gaita, maracas e surdo); cordões (filas indianas) de caboclos e caboclas; grupo de crianças ou "curumins" (do tupi kuru´mi, menino)" (*Wikipédia*. Disponível em: <https://pt.wikipedia.org/wiki/Caboclinhos>. Acesso em: 31 jul. 2019).

diferença de que Wisnik radica seu enfoque nas ressonâncias socioantropológicas dessas práticas, o que, convenhamos, é um ganho. Citando, ainda uma vez, Wisnik:

> Essa música é voltada para a pulsação rítmica; nela, as alturas melódicas estão quase sempre a serviço do ritmo, criando pulsações complexas e uma experiência do tempo vivido como descontinuidade contínua, como repetição permanente do diferente. (Por isso mesmo, elas apresentam esse caráter recorrente, que nos parece estático, mas é bem mais extático, hipnótico, experiência de um tempo circular do qual é difícil sair, depois que se entra nele, porque é sem fim.) A música modal participa de uma espécie de respiração do universo, ou então da produção de um tempo coletivo, social, que é um tempo virtual, uma espécie de suspensão do tempo, retornando sobre si mesmo. São basicamente músicas do pulso, do ritmo, da produção de uma outra ordem de duração, subordinada a prioridades rituais. Pois bem: essas músicas não poderiam deixar de ter a presença muito forte das percussões (tambores, guizos, gongos, pandeiros), que são os testemunhos mais próximos, entre todas as famílias de instrumentos, do mundo do ruído. E é também um mundo de timbres: instrumentos que são vozes e vozes que são instrumentos (vozes-tambores, vozes-cítaras, vozes-flautas, vozes-guizos, vozes-gozo). Falsetes, *jodls* (aquele ataque de garganta que caracteriza o canto tirolês e que está em certas músicas africanas), vozeios, vocalises, sussurros, sotaques, timbres. [...] O ruído cerca o som como uma aura (Wisnik, 2007 [1989/1999]: 40).

E, para fazê-lo como tal, as ferramentas são muito primitivas, pré-mecânicas: tambores, tripas (cordas), às vezes flautas/pífanos, vozes, corpos. Ou seja, podem equivaler ao "pré-fotográfico" de Santaella e Noth (2014 [1997]) no tratamento da imagem estática: somente teríamos de alcunhar como "pré-instrumental".

2. DO MODAL PARA O TONAL: PERDENDO O RITMO E O "JOGO DE CINTURA"?

A passagem do **modal** ao **tonal** deve quase tudo aos (novos) instrumentos mecânicos e à escrita. O **tonal** é também um percurso de "escrituralização dos saberes e das práticas" (Vincent; Lahire; Thin, 2001: 28-29).

Wisnik (2007 [1989/1999]: 41) situa, como muitos, a inauguração do primado do tonal no canto gregoriano (ou cantochão), "que vai dar na música barroca e clássico-romântica dos séculos XVII, XVIII e XIX". Segundo ele, o canto gregoriano

> É uma música que primou por evitar sistematicamente os instrumentos acompanhantes, não só os percussivos, como também o colorido vocal dos múltiplos timbres. É uma música para ser cantada, em princípio, por vozes masculinas em uníssono, à capela, na caixa de ressonância da igreja, sem acompanhamento instrumental.

E, bakhtinianamente, acrescentaríamos: no **cronotopo**[3] do mosteiro (Bakhtin, 2002).

Para Wisnik (2007 [1989/1999]: 42), o cantochão "prepara o campo da música tonal [...] ao desviar a música modal do domínio do pulso para o predomínio das alturas". A melodia vem em primeiro plano; o ritmo passa a servir apenas de suporte secundário para as "melodias harmonizadas". Uma música que evita o ruído.

Canto Gregoriano: Coro de Monges do Mosteiro Beneditino de Santo Domingo De Silos (citação). Disponível em: <https://youtu.be/VSVw4hHZb9o>. Acesso em: 31 jul. 2019.

Trata-se de uma "higienização" ascética do popular, do modal; recalca "os demônios da música", como diz Wisnik. Ora, "a música tonal moderna, especialmente a música consagrada como 'clássica', é uma música que evita também o ruído, que está nela recalcado ou sublimado" (Wisnik, 2007 [1989/1999]: 42) O projeto higienizador dos mosteiros,

[3] "À interligação fundamental das relações temporais e espaciais, artisticamente assimiladas em literatura, chamaremos *cronotopo* (que significa "tempo-espaço"). Esse termo é empregado nas ciências matemáticas

na música, como nos textos, não passou sem a escrituralização (Lahire, 1993), provida por Guido d'Arezzo, no séc. 9 d.C., com seus tetragramas, utilizados também, mais tarde, no canto gregoriano.

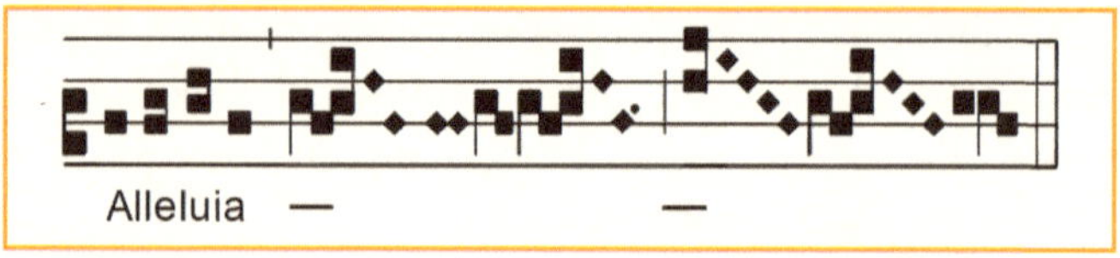

Figura 1: **Tetragramas**. Fonte: <https://it.wikipedia.org/wiki/Neuma>. Acesso em: 31 jul. 2019.

Dessa constatação, Wisnik (2007 [1989/1999]: 42-43) passa, para acelerar a história, ao cronotopo do "teatro de concerto burguês", em que também é visível um raciocínio cronotópico bakhtiniano:

> A inviolabilidade da partitura escrita, o horror ao erro, o uso exclusivo de instrumentos melódicos afinados, o silêncio exigido à plateia, tudo faz ouvir a música erudita tradicional como representação do drama sonoro das **alturas**[4] melódico-harmônicas no interior de uma câmara de silêncio de onde o ruído estaria idealmente excluído (o teatro de concerto burguês veio a ser essa câmara de representação). A representação depende da possibilidade de encenar um universo de sentido dentro de uma moldura visível, uma caixa de verossimilhança que tem que ser, no caso da música, separada da plateia pagante e margeada de silêncio. A entrada (franca) do ruído nesse concerto criaria um contínuo entre a cena sonora e o mundo externo, que ameaçaria a representação e faria periclitar o cosmo socialmente localizado em que ela se pratica (o mundo burguês), onde se encena, através do movimento recorrente de tensão e repouso, articulado pelas cadências tonais, *a admissão de conflito com a condição de ser harmonicamente resolvido.*

---

e foi introduzido e fundamentado com base na teoria da relatividade (Einstein). Não é importante para nós esse sentido específico que ele tem na teoria da relatividade, assim o transportaremos daqui para a crítica literária quase como uma metáfora (quase, mas não totalmente); nele é importante a expressão de indissolubilidade de espaço e de tempo (tempo como a quarta dimensão do espaço). Entendemos o cronotopo como uma categoria conteudístico-formal da literatura (aqui não relacionamos o cronotopo com outras esferas da cultura). No cronotopo artístico-literário, ocorre a fusão dos indícios espaciais e temporais num todo compreensivo e concreto. Aqui o tempo condensa-se, comprime-se, torna-se artisticamente visível; o próprio espaço intensifica-se, penetra no movimento do tempo, do enredo e da história. Os índices do tempo transparecem no espaço, e o espaço reveste-se de sentido e é medido com o tempo. Esse cruzamento de séries e a fusão de sinais caracterizam o cronotopo artístico" (Bakhtin, 2002: 211).

[4] Em música, altura refere-se à forma como o ouvido humano percebe a frequência fundamental dos sons (*i. e.*, o tom). As baixas frequências são percebidas como sons graves e as mais altas, como sons agudos, ou os tons graves e os tons agudos. Tom é a altura de um som na escala geral dos sons. *Wikipédia*. Disponível em: <https://bit.ly/2F6IvaY>. Acesso em: 31 jul. 2019.

Literal e bakhtinianamente, poderíamos dizer que Wisnik está falando do confronto entre o cronotopo da "praça pública" e do "carnaval" com o do "mosteiro" e o da "sala de concerto burguesa". Vejamos:

Bach, *Cantata 147* (*Jesus: Alegria dos homens*). Séc. XVIII — Citação. Disponível em: <https://youtu.be/kD5Hrzqbx7Y>. Acesso em: 31 jul. 2019.

Beethoven, séc. 19. *Sinfonia nº 5* (*Fado*). Orquestra de Seul: Regente - 정명훈 Chung Myung-Whun — Citação. Disponível em: <https://youtu.be/POVjeuef0RY>. Acesso em: 31 jul. 2019.

Sendo o tonal o reino dos instrumentos maquínicos melódico-harmônicos, ao equacionarmos o pensamento de Wisnik aos "paradigmas" de Santaella e Noth (2014 [1997]), o modal seria, do ponto de vista da tecnologia, um "pré-instrumental" (instrumento entendido aqui como instrumento maquínico melódico-harmônico e não percussivo artesanal) e o tonal, o "instrumental" propriamente dito. A grande mudança é que esses "instrumentos" — diferentemente da máquina fotográfica e da máquina de filmar — são máquinas simples, **máquinas não automáticas**[5], que dependem da ação contínua do músico executor.

Joias raras de um minuto. Ziskind (2007 [1989/1999]), CD encartado. In: Wisnik (2007 [1989/1999]). Disponível em: <https://youtu.be/zqNkB3EYLgs>. Acesso em: 31 jul. 2019.

A música tonal, obviamente, cria e desenvolve as **escalas**[6]: a **escala pentatônica**[7], os **modos eclesiásticos**[8] e, principalmente, as **escalas diatônicas**[9] (maior e menor) e a **escala cromática**[10].

---

[5] Essas máquinas também são chamadas de *alívio periódico*. São todas as máquinas que precisam da ação permanente do operador para executar o trabalho (*Wikipédia*. Disponível em: <https://bit.ly/2Kkcfpw>. Acesso em: 31 jul. 2019).

[6] "Uma sequência ordenada de tons pela frequência vibratória de sons (normalmente do som de frequência mais baixa para o de frequência mais alta), que consiste na manutenção de determinados intervalos entre as suas notas" (*Wikipédia*. Disponível em: <https://bit.ly/1dW58Qq>. Acesso em: 31 jul. 2019).

[7] Afirma-se que surgiu na China, por algum músico que reuniu as divisões melódicas propostas por Pitágoras, que descobriu que, se uma corda gerava uma nota "x" e fosse dividida ao meio, geraria a mesma nota, porém uma oitava acima, ou dividida em 3 gerando outro intervalo harmônico e assim sucessivamente. Foi o início da harmonia na música. A escala pentatônica organizada com as divisões em três propostas por Pitágoras era gerada em seis intervalos distintos: si, dó, ré, mi, sol, lá. A proximidade da nota si para a nota dó era muita e, quando tocadas juntas, geravam uma dissonância. Por essa razão foi retirada a nota si desta escala, sendo formada a escala de 5 tons (*Wikipédia*. Disponível em: <https://bit.ly/2TdlgDK>. Acesso em: 31 jul. 2019).

Vinheta cromática. Ziskind (2007 [1989/1999]), CD encartado. In: Wisnik (2007 [1989/1999]). Disponível em: <https://youtu.be/4hdioYexX1Y>. Acesso em: 31 jul. 2019.

---

[8] Na Grécia antiga, as diversas organizações sonoras (ou formas de organizar os sons) diferiam de região para região, consoante as tradições culturais e estéticas de cada uma delas. Assim, cada uma das regiões da antiga Grécia deu origem a um modo (organização dos sons naturais) muito próprio, e que adaptou a denominação de cada região respectiva. Desta forma, aparece-nos o modo dórico (Dória), o modo frígio (da região da Frígia), o modo lídio (da Lídia), o modo jônio (da região da Jônia) e o modo eólio (da Eólia). Também aparece outro — que é uma mistura dos modos lídio e dórico — denominado modo mixolídio. [...] Historicamente, os modos eram usados especialmente na música litúrgica da Idade Média, sendo que poderíamos também classificá-los como modos "litúrgicos" ou "eclesiásticos". Existem historiadores que preferem ainda nomeá-los como "modos gregorianos" por terem sido organizados, também, pelo papa Gregório I, interessado em organizar a música litúrgica de sua época. Outros nomes são "modos litúrgicos" ou "modos eclesiásticos". Segundo alguns, esses nomes são preferíveis porque foi descoberto que os modos gregos na antiga Grécia não eram os mesmos modos vigentes da época medieval até hoje (*Wikipédia*. Disponível em: <https://bit.ly/31or8g6>. Acesso em: 31 jul. 2019).

[9] Escala diatônica é uma escala de sete notas (heptatônica), com cinco intervalos de tons e dois intervalos de semitons entre as notas. Esse padrão se repete a cada oitava nota numa sequência tonal específica. A escala diatônica é típica da música ocidental e concerne à fundação da tradição da música europeia. As escalas modernas maior e menor são diatônicas, assim como todos os sete modos tonais utilizados atualmente (*Wikipédia*. Disponível em: <https://bit.ly/2GTYPP7>. Acesso em: 31 jul. 2019).

[10] Na música, a escala cromática é uma escala que contém doze notas com intervalos de semitons entre elas. [...] Chamamos de cromática a escala de doze sons criada pelos ocidentais através do estudo das frequências sonoras. A escala é formada pelas sete notas padrão da escala diatônica, acrescidas dos cinco tons intermediários.

Escala cromática completa ascendente e descendente sobre dó numa oitava ?Tocar.

O tonal instrumental se estende por séculos, a partir da Idade Média, por toda a Idade Moderna. No Brasil, é somente já no Modernismo (1926) que alguém como nosso genial Villa-Lobos vai reintroduzir o ruído em uma orquestra sinfônica, com vários tipos de tambores, chocalho, cuíca, dissonâncias dos sopros, corais de vozes masculinas e femininas e mesmo instrumentos melódicos, como as flautas, usados para produzir ritmo.

Choros nº 10 "Rasga o Coração" de Heitor Villa-Lobos — execução no concerto de ano novo em 31/12/2008 na sala São Paulo, Estação Júlio Prestes — regente: John Neschling. Disponível em: <https://youtu.be/7UnVmG-DDhY>. Acesso em: 31 jul. 2019.

Como diz um fã, que comenta essa postagem no YouTube:

> Eu fico com os olhos rasos d'água toda vez que ouço essa segunda parte do Choros nº 10. Eu vejo os índios no meio da floresta amazônica, todos dançando em um grande círculo, cantando e tocando instrumentos, todos celebrando as forças da natureza. [...] Bonito também de ver são os cantores do coro "dançando", se balançando na cadência quaternária da marcha rancho. Quando outro músico clássico consegue mexer nesses instintos primitivos de dança nos músicos que interpretam música clássica, a ponto de fazê-los balançar de um lado para outro? A música clássica é conhecida pela sua "rigidez" (disponível em: <https://youtu.be/7UnVmG-DDhY>. Acesso em: 31 jul. 2019).

Remix, avant la lettre.

3. O PÓS-TONAL: O SERIAL OU A MÚSICA ELETROACÚSTICA

No século XX, há "a volta em massa do ruído na música" (2007 [1989/1999]: 43). Wisnik data esse "retorno do reprimido" (do ritmo, dos ruídos de todo o tipo) da **Sagração da Primavera** de Stravinsky (1913). Para ele,

> A *Sagração* é *heavy-metal* de luxo e vem a ser o primeiro episódio exemplar de que ruído detona ruído (rompendo a margem de silêncio que separa, no concerto, o som afinado, e harmonicamente resolvido, dos ruídos crescentes do mundo). A *Sagração*, estrutura sonora provocando polêmica e pancadaria na plateia, ruído gerando ruído, desloca o lugar do *silêncio*, que sai da moldura e vai para o fundo (Wisnik, 2007 [1989/1999]: 44).

Orquestra da OSESP. Disponível em: <https://youtu.be/_zxYGQVc2Bg>. Acesso em: 31 jul. 2019.

Assim como Villa e seu *Choros nº 10.*

Mas, na verdade, a historieta mais interessante dos tempos (início da segunda década do século 20) que testemunham a mudança nas artes (plásticas, música) é o diálogo entre Arnold Schönberg e Vassily Kandinsky. Kandinsky e seus amigos, que estavam em München, resolveram ir a um concerto de Schönberg: era janeiro de 1911. Ele e os outros membros da Associação de Novos Artistas de Munique ouviram algo que foi ao encontro da teoria que Kandinsky estava buscando desenvolver para as artes plásticas (pintura), o que o levou a escrever para Schönberg:

> Vocês perceberam, em seu trabalho na música, o que eu busco... há muito tempo. A autossuficiência do seu próprio caminho, a vida independente de vozes individuais em suas composições são exatamente o que eu procuro encontrar em forma pictórica.

Na época em que ouviu o concerto de Schönberg, Kandinsky estava trabalhando na série intitulada **Impressions**[11]. A primeira pintura que ele fez depois do concerto, ainda em 1911, foi *Impression III: Konzert* (*Impressão III: Concerto*):

Kandinsky, **Impression III: Konzert (Impressão III: Concerto)**, 1911.
Disponível em: <https://mo.ma/2yF5Gr7>. Acesso em: 31 jul. 2019.

A imagem central da pintura é o piano — o bloco angular preto — que parece flutuar em um som amarelo. Os ouvintes, mostrados como círculos e arcos, são parcialmente recobertos pelo som, mas, ao mesmo tempo, estão se concentrando no piano. A música, que tanto influenciou Kandinsky nesse quadro, foi obra de Schönberg de 1909, *3 Klavierstücke* (*Três peças para piano*), op. 11.

O trabalho marca a ruptura decisiva de Schönberg com o tonal. O primeiro movimento é construído como uma versão comprimida da forma "sonata" e podemos ouvir um pouco de Brahms nos acordes, mas o elemento

[11] O uso de Kandinsky da palavra "Impressão" se refere a pinturas que reproduzem uma expressão direta de uma natureza interna. Esta tela (*Impression* III) não é a reprodução do concerto particular que ouviu, mas sua impressão total do desempenho da música.

organizador é, na verdade, as três primeiras notas, transpostas, expandidas ou integrantes das harmonias verticais, mas sempre presentes. A segunda parte começa com uma figura de duas notas repetidas. Vai de um pianíssimo quase silencioso no começo, para crescer a uma grandeza sombria. A peça final mata toda ideia de estrutura e transforma os poderosos acordes da abertura em um trabalho de cor e ritmos, com mudanças de humor. Ele fecha de maneira meditativa, quase silenciosa, no final.

Os trabalhos posteriores de Kandinsky, na série *Impressões* e depois, sob a inspiração da "desconstrução" schönberguiana na música, vão também desconstruir o figurativo na pintura, passando a privilegiar linhas, planos e pontos e inaugurando o abstracionismo (como vimos no capítulo 3).

A montagem abaixo mostra os três movimentos do concerto *Três peças para piano*, op. 11 de Schönberg (1909), ilustrados por algumas obras da série *Impressões* de Kandinsky (1911):

Montagem: Schönberg (1909), Klavierstücke, Op. 33a e Kandinsky (1911), Impressão III (Concerto), Impressão IV (Soldado), Impressão V (Parque) e Impressão VI (Domingo).
Montagem dos autores. Disponível em: <https://youtu.be/52vxfq5jzik>. Acesso em 31 jul. 2019.

Wisnik (2007 [1989/1999]: 44-45) vai mostrar que a música de Stravinsky, Schönberg, Satie, Varése vai, no início de século 20, inaugurar aquilo que Mário de Andrade chamou de "quase-música", citando um manuscrito inédito, da década de 1920, em que Mário comenta *Pierrot lunaire* de Schönberg (1912):

> Com efeito, na admirável criação de Schönberg, a voz não é nem fala nem canto [...] é a "Sprechgesang". [...] Experiências de todo gênero, vocais, instrumentais, harmônicas, rítmicas, sinfônicas, conjugação de sons e de ruídos, etc. etc. de que resultou a criação duma, por assim dizer, nova arte a que, por falta de outro termo, chamei de quase-música. [...] Resumindo: essa arte nova, essa quase-música do presente, se pelo seu primitivismo inda não é música, pelo seu refinamento já não é música mais.

Wisnik, pela voz de Mário, está se referindo a uma música já "pós-tonal e antitonal" (**dodecafonismo**[12], serialismo), evocando, ao mesmo tempo, as músicas modais. Mas o ruído renova a música e é, ao mesmo tempo, "índice do *habitat* moderno", da vida das grandes metrópoles urbano-industriais: "máquinas que fazem barulho" e "máquinas de fazer barulho".

E então, estamos diretamente no mundo pós-tonal ou pós-instrumental, que já admite o ingresso de **máquinas automáticas**[13], tanto nos meios de reprodução sonora, como nos de produção. O que é, de início, mecânico — como o gramofone e os instrumentos mais sofisticados de sopro e corda — é eletrificado nesse início de século, dando origem tanto aos meios elétricos de reprodução do som (a vitrola e o rádio), quanto aos meios de produção e distribuição do som gravado.

Por exemplo, o selo da RCA Victor, com o cãozinho ouvindo a "voz do dono" pelo gramofone, marca a passagem histórica das máquinas mecânicas às elétricas. No Brasil, ainda na década de 1920, foram prensados os primeiros discos elétricos pela Odeon, em 1927, e, em seguida, vários

---

[12] No dodecafonismo, as doze notas da escala cromática são tratadas como equivalentes, ou seja, sujeitas a uma relação ordenada e não hierárquica. As notas são organizadas em grupos de doze, denominados séries, as quais podem ser usadas de quatro diferentes maneiras: (1) série original; (2) série retrógrada (a série original tocada de trás para frente); (3) série invertida (a série original com os intervalos invertidos); e (4) retrógrado da inversão (a série invertida tocada de trás para frente). Todo o material de alturas utilizado em uma composição dodecafônica, tanto melódico (estruturas horizontais) quanto harmônico (estruturas verticais), deve ser originado com base na série.

[13] Aquelas em que a energia provém de uma fonte externa, como energia elétrica, térmica, entre outras. Uma furadeira elétrica, em que o operador tem de apenas apertar um botão para ela executar o trabalho, é uma máquina automática. As máquinas automáticas também não precisam da energia permanente do operador, mas podem precisar do controle permanente do operador, que, no caso da furadeira, é apertar um botão. As máquinas automáticas podem ainda ser divididas entre máquinas automáticas programáveis e máquinas automáticas não programáveis: a máquina automática não programável executa sempre o mesmo trabalho ao receber energia; a máquina automática programável tem como característica o fato de seu trabalho depender de instruções dadas pelo operador (*Wikipédia*. Disponível em: <https://bit.ly/2yLeZ8U>. Acesso em: 31 jul. 2019).

outros selos entraram na concorrência: RCA Victor, em 1929; Columbia, também em 1929; Parlophon, como subsidiária da Odeon, em 1928; e Brunswick, em 1930.

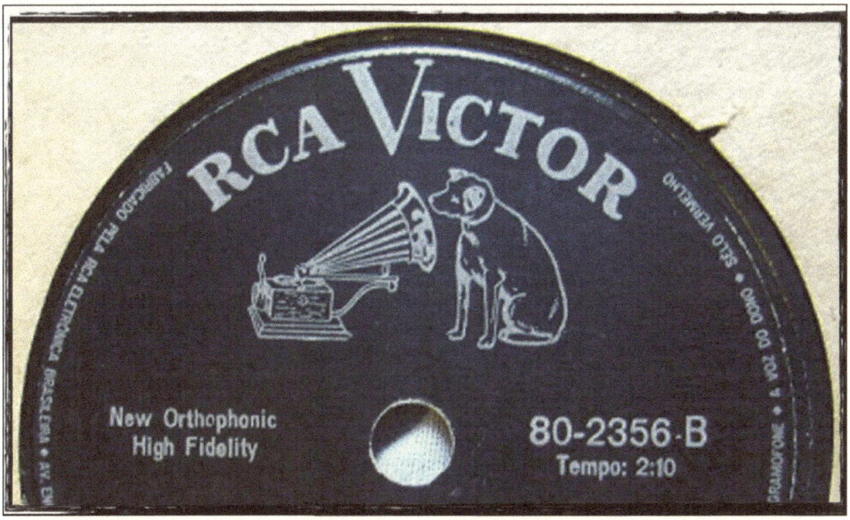

Selo da RCA Victor. Disponível em: <https://bit.ly/2YuFkHm>. Acesso em: 31 jul. 2019.

"O meio sonoro não é mais simplesmente acústico, mas eletroacústico" (Wisnik, 2007 [1989/1999]: 47). Posteriormente, no que Santaella (2010) chama de "era das mídias", esses dispositivos elétricos se multiplicam em gravadores e fitas de rolo e depois cassetes, que vão permitir a cada consumidor dos produtos da indústria cultural compor sua própria escolha e coleção musical, independentemente das gravadoras e distribuidoras, prenunciando um *ethos* típico da era digital.

Começa, segundo Wisnik (2007 [1989/1999]: 47), a "produção de ruídos com base em máquinas sonoras", pelos DJs, pelos ouvintes e pelos próprios "compositores" de músicas, como no caso da música concreta e da música eletrônica ou eletroacústica. Em 1939, John Cage cria *Imaginary Landscape nº 1*, primeira composição que utiliza, ao invés de partitura e execução instrumental, uma gravação sonora.

No pós-Segunda Guerra Mundial, há a criação na França do *Groupe de Recherches Musicales* (GRM): Schaeffer, sem utilização de partitura, grava sons, transforma-os e organiza-os para compor uma obra musical e, assim, nasce a *música concreta*, cujos "processos composicionais rudimentares foram cortar e colar a fita, *looping*, *delay*, *tape* eco e reversão do áudio gravado" (Fritsch, 2013 [2008]: 31).

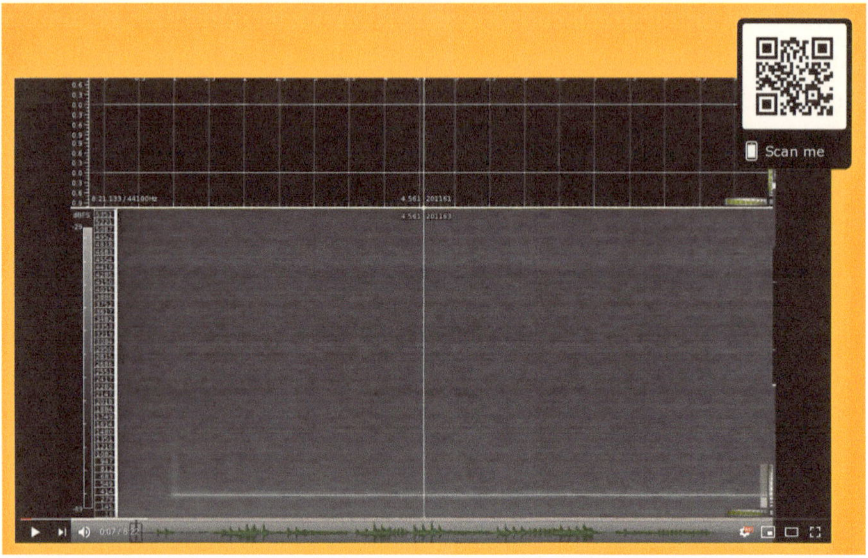

John Cage, Imaginary Landscape nº 1 (1939).
Disponível em: <https://youtu.be/p-3iLnXV90s>. Acesso em: 31 jul. 2019.

Já a música eletrônica (*elektronische Musik*) nasce em 1949 na Alemanha, utilizando "exclusivamente sons produzidos pelos osciladores do sintetizador, buscando a elaboração elementar do som a partir de suas propriedades físicas" (Fritsch, 2013 [2008]: 31). Disso deriva o serialismo.

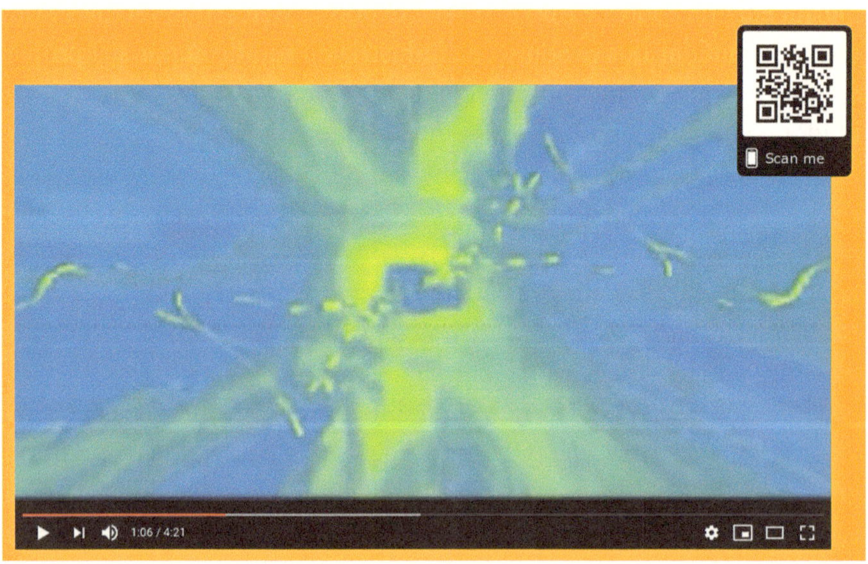

Stockhausen, Elektronische Studie I (1953)
Disponível em: <https://youtu.be/Pj00RVOB3kc>. Acesso em: 31 jul. 2019.

Stockhausen, por exemplo, em seu *Elektronische Studie I* (1953), resolveu não usar os equipamentos eletrônicos disponíveis (*melochord, trautonium*), que produziam espectros de som predefinidos, "optando por sons senoidais (sons puros, sem parciais harmônicas) criados por um gerador de frequência" (Fritsch, 2013 [2008]: 32): é, de certa maneira, a física substituindo a música.

Em 1977, Pierre Boulez cria na França o IRCAM (*Institut de Recherche et Coordination Acoustique/Musique*), "berço de muitas descobertas em música eletrônica e processamento de áudio" (p. 41): linguagens Max/MSP e jMax (síntese FM — modulação de frequência), 4X Digital Sound Processor, entre outros. De lá para cá, os sintetizadores se multiplicaram e diversificaram, indo desembocar nos *samplers*: "Aparelhos que podem converter qualquer som gravado em matriz de múltiplas transformações operáveis pelo teclado" (Wisnik, 2007 [1989/99]: 48). Estamos em pleno pós-tonal ou pós-instrumental, não mais elétrico, mas eletroacústico e digital. Diz Wisnik (ainda p. 48):

> O *sampler* registra, analisa, transforma e reproduz ondas sonoras de todo o tipo e superou de vez a já velha polêmica inicial entre a música concreta e a eletrônica (pois, num estado tal de produção de simulacros, dilui-se a oposição entre o gravado e o sintetizado, o som real e o inventado). As máquinas de produção e de reprodução sonora, além de terem seus terminais disseminados em rede por todo o tecido social (com sonorizadores fixos e ambulantes nos espaços mais públicos e nos mais privados), implantaram um modo de tratamento do som totalmente relativístico, em que nenhum de seus componentes ou propriedades inscreve-se em nenhuma ordem de hierarquia ritual. O objeto sonoro é o ruído que se reproduz em toda parte, além de passar por um processo sem precedentes de rastreamento e manipulação laboratorial das suas mais ínfimas texturas (gravado, decomposto, distorcido, filtrado, invertido, construído, mixado).

E Wisnik não poderia terminar sua explanação sem indicar uma vertente interpretativa socioantropológica:

> (Enquanto isso, a estratégia política do som deixou de se dar pela clivagem ideológica entre a música oficial, apropriada enquanto música elevada e harmoniosa, e as músicas divergentes, consideradas baixas e ruidosas; a industrialização tornou-se uma processadora de toda forma de

ruído repetitivo, disseminado em faixas de consumo diversificadas. Não se trata mais de tocar *o som do privilégio* contra o *ruído dos explorados*, mas operar industrialmente sobre todo o ruído, dando-lhe um padrão de repetitividade. É nesse campo que as músicas ocorrem, o que não quer dizer que elas se reduzam a ele, e aí está a complicação e o interesse do assunto) (Wisnik, 2007 [1989/1999]: 48-49).

Mundo Repetitivo. Ziskind (2007 [1989/1999]), CD encartado. In: Wisnik (2007 [1989/1999]). Disponível em: <https://youtu.be/apEFy8LdVYY>. Acesso em: 31 jul. 2019.

Essa não redutibilidade é exemplificada, por exemplo, quando Pierre Boulez compõe *Répons* (1981), que volta a misturar a música instrumental com a sintetização de sons e distribuição eletroacústica, colocando músicos e instrumentos, *notebooks*, teclados e digitadores tocando juntos uma "nova música", em que vemos, de certa maneira, recombinados, mixados, todos os três "paradigmas do som". *Répons*, uma composição de 45 minutos, combina de modo brilhante os tradicionais instrumentos acústicos com sonoridades eletrônicas. São seis solistas instrumentais (pianos, harpa e percussão), uma orquestra de câmara e sons gerados eletrônica e simultaneamente por computadores, uma das primeiras peças a usar tecnologia computacional digital e não analógica para transformar em tempo real os sons dos solistas em som digital durante o concerto.

Pierre Boulez, Répons (1981-1984) - Trecho, IRCAM. Regente: Matthias Pintscher - Citação
Disponível em: <https://youtu.be/imcykLin4jM>. Acesso em: 31 jul. 2019.

Como não poderia deixar de ser, seguindo fiéis e colados ao trabalho de Wisnik, abordamos principalmente a música considerada erudita. Outro caminho faríamos ao considerar a música popular, em especial nossa colorida e riquíssima música popular brasileira. A música popular nunca abandonou o pulso, os ruídos, mas, ao mesmo tempo, beneficiou-se de todos os avanços do paradigma tonal e pós-tonal: podemos pensar em música modal, como o exemplo do Baianá ou de toques de candomblé que demos no início, assim como em composições e arranjos tonais (mas que não se livram totalmente do ruído, como o do canto do sabiá, em algumas gravações da genial composição de nosso Tom Jobim, a seguir).

Tom Jobim, Sabiá, Terra Brasilis (1980)
Disponível em: <https://youtu.be/LEeHmdArdtE>. Acesso em: 31 jul. 2019.

Podemos também pensar em DJs, *rappers*, funkeiros, que constantemente se valem dos recursos do pós-tonal. Mas isso seria, como diria Wisnik, "outra história das músicas".

Fora o caminho alternativo sugerido pela música popular, podemos também ainda "viajar" nos inumeráveis — e muitas vezes ainda inimagináveis — modos de interação entre mídias e linguagens que o pós-instrumental ou o pós-tonal, combinados ao pós-fotográfico e pós-cinematográfico, já deixam entrever.

Por exemplo:

Que tal digitalizar os ruídos da rua Santa Ifigênia em São Paulo, em dia de movimento, projetar esses ruídos em ondas que impactem uma imagem digital 3D (uma foto renderizada, por exemplo) e mandar imprimir o resultado dessa mistura como uma cadeira impressa por uma impressora 3D? É o que faz Guto Requena (*designer* e arquiteto) em sua exposição *Noise*. Imagine só!

Guto Requena, Noise Chair, 2013.
Disponível em: <https://youtu.be/ipxtZ11g-DA>. Acesso em: 31 jul. 2019.

4. "FAZENDO GÊNERO": *SAMPLING*

Hoje, é fundamental termos em mente o papel que a música assume na vida dos jovens e das pessoas em geral e termos claro como, fundamentalmente, ela está ligada ao consumo de produtos culturais.

Para Lemos, na atualidade, a relação entre mídia e consumidor baseia-se em um novo fenômeno, em que cada individuo é estimulado a "produzir, distribuir e reciclar conteúdos digitais, sejam eles textos literários, protestos políticos, matérias jornalísticas, *emissões sonoras*, filmes caseiros, fotos ou música" (Lemos, 2005: 7, ênfase adicionada).

Um caso interessante que ilustra bem essa relação são as **pick-ups**[14], os *softwares* de edição de áudio e o papel que os **DJs**[15] (*Disk Jockeys*) assumem na música, já que eles são figuras centrais hoje dentro das **culturas juvenis**[16].

Veja, por exemplo, o trabalho dos irmãos DJ Sara (9 anos) e DJ Ryusei (6 anos):

Manhattan Records "The Exclusives" KIDS HITS 50 [DJ SARA & DJ RYUSEI]. Disponível em: <https://youtu.be/QtS-tPmLZv4>. Acesso em: 31 jul. 2019.

---

[14] Leitor elétrico de discos de fonógrafo que transforma as vibrações acústicas gravadas em tensões elétricas correspondentes (*Dicionário Priberam*. Disponível em: <https://bit.ly/2GVcR2G>. Acesso em: 31 jul. 2019).

[15] Um *disc jockey* (DJ), ou disco-jóquei, é um artista profissional que seleciona e reproduz as mais diferentes composições, previamente gravadas ou produzidas na hora para determinado público-alvo, trabalhando seu conteúdo e diversificando seu trabalho em radiodifusão em frequência modulada (FM), pistas de dança de bailes, clubes, boates e danceterias. [...] Hoje, diante dos numerosos fatores envolvidos, incluindo a composição escolhida, o tipo de público-alvo, a lista de canções, o meio e o desenvolvimento da manipulação do som, há diferentes tipos de DJs, sendo que nem todos usam discos. Alguns podem tocar com CDs, outros com *laptop* (emulando com *softwares*), entre outros meios. Há também aqueles que mixam sons e vídeos (VJs), mesclando seu conteúdo ao trabalho desenvolvido no momento da apresentação musical. Há, no entanto, uma vasta gama de denominações para classificar o termo DJ (*Wikipédia*. Disponível em: <https://pt.wikipedia.org/wiki/DJ>. Acesso em: 31 jul. 2019).

[16] Para Pais (2003), entende-se por cultura juvenil um sistema de valores atribuídos à juventude, aos quais jovens de diferentes meios e condições sociais aderem, diferenciando-se segundo a classe social e histórias de vida. Assim, diferentes juventudes e formas de interpretá-las podem ser agrupadas em duas correntes teóricas. A corrente geracional destaca o aspecto unitário da juventude, entendendo-a como uma "fase

Cada vez mais cedo, as *pick-ups* e *softwares* de edição e mixagem de áudio fazem parte da vida de jovens no mundo todo, que, em muitos casos, utilizam essas ferramentas como instrumentos musicais e como meio de expressão e construção de suas identidades.

Tanto no caso dos DJs como no caso de outras produções culturais contemporâneas, estamos diante de uma prática de base muito comum nas **ciberculturas**[17] e culturas juvenis: o **remix**[18]. Prática de apropriação, desvio e criação livre que surge dentro do **movimento hip-hop**[19] e que, a partir de outros formatos e modalidades, é potencializada pelas características das ferramentas digitais e pela dinâmica da sociedade contemporânea (Lemos, 2005: 2).

Estamos diante de jovens que se desenvolvem em uma cultura baseada em *remix*. Ou, como sugere Lawrence Lessig (2008: 13), diante do fato de que, à medida que *softwares* de edição (de áudio, vídeo e foto) ficam mais fáceis de usar, jovens e crianças pegam qualquer música do

---

da vida". Aqui, cultura juvenil se define pela relativa oposição à cultura das gerações anteriores. [...] A corrente classista interpreta a juventude a partir da reprodução social entendida em termos da reprodução das classes, sendo a transição para a vida adulta determinada pelas desigualdades sociais. Aqui as culturas juvenis são apresentadas como "culturas de resistência", isto é, negociadas num contexto determinado pelas relações de classe. Para Pais (2003), em ambas as correntes, o conceito de cultura juvenil está associado ao de "cultura dominante", pois uma se caracteriza pela oposição à cultura dominante das gerações mais idosas e outra pela resistência à cultura da classe dominante. Assim, nas duas correntes, cultura juvenil se caracteriza como subcultura e como procedimento de internalização de normas nos processos de socialização (Dias; Marchi, 2012: s.p.)

[17] Cibercultura é a cultura que surgiu, ou surge, a partir do uso da rede de computadores e de outros suportes tecnológicos (como, por exemplo, o *smartphone* e o *tablet*) através da comunicação virtual, a indústria do entretenimento e o comércio eletrônico, na qual se configura o presente, já que a cultura contemporânea é marcada pelas tecnologias digitais, resultado da evolução da cultura moderna. É também o estudo de vários fenômenos sociais associados à internet e outras novas formas de comunicação em rede, como das comunidades *on-line*, jogos de multiusuários, jogos sociais, mídias sociais, realidade aumentada, mensagens de texto e inclui questões relacionadas à identidade, privacidade e formação de rede (*Wikipédia*. Disponível em: <https://pt.wikipedia.org/wiki/Cibercultura>. Acesso em: 31 jul. 2019).

[18] Prática de apropriação, desvio e criação livre que surge dentro do movimento *hip-hop* e que, a partir de outros formatos e modalidades, é potencializada pelas características das ferramentas digitais e pela dinâmica da sociedade contemporânea (Lemos, 2005: 2). Segundo Navas (2012), o termo *remix* só começa a ser usado nos anos 1970 e em contexto musical.

[19] *Hip-hop* é um movimento cultural iniciado no final da década de 1960, nos Estados Unidos, como forma de reação aos conflitos sociais e à violência sofrida pelas classes menos favorecidas da sociedade urbana. É uma espécie de cultura das ruas, um movimento de reivindicação de espaço e voz das periferias, traduzido nas letras questionadoras e agressivas, no ritmo forte e intenso e nas imagens grafitadas pelos muros das cidades. O *hip-hop*, como movimento cultural, é composto por quatro manifestações artísticas principais: o canto do *rap* (sigla para *rythm-and-poetry*), a instrumentação dos DJs, a dança do *break dance* e a pintura do grafite. (**Portal: Hip hop.** Disponível em: <https://bit.ly/2M4DuXp>. Acesso em: 31 jul. 2019).

"Top 40" das rádios e as remixam, como já o fazem com fotografias, textos e outros artefatos culturais.

Ou mesmo, como indica o músico Gregg Gillis, conhecido por Girl Talk[20], devemos reconhecer que, desde já, a indústria fonográfica terá de investir cada vez mais na interatividade dos consumidores com os álbuns e músicas para garantir seu próprio futuro. Portanto, estamos diante do fato de que músicas e álbuns terão de ser distribuídos mais como elementos (re)combináveis, como elementos de um "jogo", e menos como "produtos" (Gillis, *apud* Lessing, 2008: 14).

Para conhecer mais sobre a mentalidade desses jovens a respeito da apropriação da cultura, bem exemplificada pelo trabalho de Lawrence Lessing e de Gregg Gillis, e sobre como eles estão ligados à prática do *remix*, vale ver o documentário *RIP! Manifesto*:

RIP! A Remix Manifesto – Citação (00:06:54-00:07:17; 00:08:40-00:11:48). Disponível em: <https://youtu.be/5YlbKGg1suU>. Acesso em: 31 jul. 2019.

É engraçado ver a reação e as respostas da profissional de direitos autorais: embora ela se interesse pelo que Gregg Gillis faz, o comentário é: "Não se pode defender a criatividade quando baseada na produção de

---

[20] Girl Talk é o nome de palco do DJ norte-americano Gregg Gillis, de Pittsburgh, Pensilvânia. Girl Talk lançou já quatro álbuns pela gravadora Illegal Art (especializada no uso de *samplers* e material com licença *copyleft* e *creative commons*). O estilo do músico é único, uma vez que utiliza *samplers* e trechos de diversas músicas para construir suas próprias composições. Além de Girl Talk, Gillis possui outros projetos paralelos, como o Trey Told'Em, em conjunto com Frank Musarra do Hearts of Darknesses (*Wikipédia*. Disponível em: <https://pt.wikipedia.org/wiki/Girl_Talk>. Acesso em: 31 jul. 2019).

outros". A pergunta que não quer calar é: quando é que a criatividade não se baseia nas produções anteriores?

Como disse, genialmente, um aluno nosso: "De certo modo, *Os Lusíadas* (Camões) são um *fanfic* da *Eneida* (Virgílio)" (Bosoffi, 2016, comunicação pessoal).

Se a defensora de direitos autorais não estivesse falando de Girl Talk, mas de algo pertencente à cultura canônica e valorizada, a posição talvez fosse diferente, julgando como criativo e de boa qualidade o resultado final. Querem ver? Ouçam essa belíssima canção, interpretada por Lívia Nestrovski (*Serenata*: Arthur Nestrovski, Lívia Nestrovski, João de Barro e Schumann).

Serenata (Ständchen), Arthur e Lívia Nestrovski.
Disponível em: <https://youtu.be/iQVTCp6x520>. Acesso em: 31 jul. 2019.

Muito da aceitação dessa "composição" vem do fato de Arthur Nestrovski ser um conceituado maestro, executando magistralmente João de Barro e Schumann ao violão, misturando assim popular e erudito, e da belíssima interpretação de Lívia Nestrovski. Mas não se pode negar que a criativa composição é feita a partir de ecos da produção alheia, mesclando: *A saudade mata a gente*, de João de Barro; o *lied Ständchen* (Serenata), de Schumann com letra/versão de Arthur Nestrovski e também o eco longínquo de "Minha terra tem palmeiras onde canta o sabiá" (Gonçalves Dias). Poderão dizer que são obras todas de domínio público, o que é verdade do ponto de vista autoral, mas não do ponto de vista comercial das gravadoras que colocam as canções em circulação. Assim, se o trabalho fosse feito digitalmente não instrumentalmente, feriria direitos autorais. É aí justamente é que está a graça: o movimento de se apropriar e incorporar a produção alheia para criar, que move a mentalidade dos produsuários da *Web 2.0*, como vimos no capítulo 1.

A estética do sampling

Para Eduardo Navas (2012: 10), o *sampling* é o elemento-chave que torna o *remix* possível. Ele argumenta que o *remix*, enquanto discurso, surge como resultado de um longo processo de experimentações com mecanismos de gravação e reprodução mecânicas (fotografia, cinema, fonógrafo etc.) que, no passado, referiam-se diretamente ao ato de "copiar e capturar" imagens, imagens em movimento e sons, mas que alcançam seu pleno valor por meio do *sampling* (Navas, 2012: 5). Mas em que se constitui o ato de samplear algo? Como ele está relacionado à música ou a outras semioses?

O *sampling* seria, basicamente, segundo Navas (2012), o ato de copiar ou capturar determinado fragmento de gravações mecânicas ou digitais. Ato, portanto, desenvolvido posteriormente à criação dos mecanismos de gravação e reprodução mecânicas. A ideia de *sampling* só se torna possível em contexto social em que há demanda por um termo que abarque o ato de "pegar", "copiar" e/ou "capturar" algo não do "mundo", mas de um "arquivo de representações do mundo" (Navas, 2012: 10).

Diante desse contexto, é importante considerar como a criação musical evoluiu para incorporar o *sampling* como parte de seu processo de produção.

Para Navas, no início, a gravação de áudio foi pensada paralelamente à invenção da fotografia. Ela foi projetada como instrumento capaz de mimetizar (ou copiar) o "real". Thomas Edison desenvolveu o **fonógrafo** em 1877 para captar e registar voz e não música.

Disponível em: <https://bit.ly/2BrrR5H>. Acesso em: 31 jul. 2019.

O fonógrafo foi pensado para servir a empresas e secretárias que necessitassem gravar e registrar "reuniões" ou "cartas ditadas", por exemplo. Só mais tarde, junto como o gramofone, é que o fonógrafo foi usado no registro e difusão de músicas (Navas, 2012: 13-14).

Ainda segundo Navas, se quisermos compreender como a estética do *sampling* se consolidou, devemos considerar como a gravação e a reprodução mecânicas evoluíram em uma estética de seleção, captura e manipulação de arquivos mecânicos e digitais (Navas, 2012: 12).

Dessa forma, segundo o autor de *Remix Theory*, é possível reconhecer quatro estágios na formação de uma estética do *sampling* (Navas, 2012).

Em um primeiro momento, o próprio mundo é "capturado" e representado — fonógrafo e fotografia. Uma vez que a gravação mecânica é difundida e torna-se mais comum, desenvolve-se um segundo estágio: materiais vão sendo suficientemente gravados e arquivados.

Isso viabiliza, por exemplo, durante os anos 1920, a *fotocolagem*, a *fotomontagem* etc., em que são criados comentários dependentes da "reciclagem" de representações mecânicas por meio da prática do "recorta e cola", como no caso de Jorge de Lima (poeta brasileiro) e sua obra de fotomontagens.

A poesia abandona a ciência à sua própria sorte.
Jorge de Lima, Fotomontagem, imagens do livro **A Pintura em Pânico**.
Disponível em: <https://bit.ly/2KbDCSt>. Acesso em: 31 jul. 2019.

Já durante os anos 1970, máquinas de *remix* são criadas e apropriadas por DJs. Nesse contexto, vemos um terceiro momento na estética do *sampling*: a popularização de comentários socialmente reconhecidos, feitos a partir da manipulação de gravações musicais. Termos como *remix*, **scratch**[21] e *sampling* tornam-se comuns e populares em movimentos como o *hip-hop* e, posteriormente, retransmitiram a prática para outras manifestações culturais como a literatura, as artes plásticas e o cinema.

Grandmaster Flash - Wildstyle.
Disponível em: <https://youtu.be/JHIsNQ3eh2g>. Acesso em: 31 jul. 2019.

Por fim, temos o estágio atual do *sampling*, em que se privilegiam as criações feitas a partir de materiais e arquivos preexistentes no lugar de representações do mundo em si.

A estética do *sampling* na atualidade, segundo Navas (2012), é definida pelas novas mídias (Manovich, 2001). Nesse momento, os estágios anteriores combinam-se em um metanível, em que é dada aos usuários a oportunidade de criar o novo por meio da combinação e recombinação de estéticas, linguagens e semioses tidas, anteriormente, como distintas.

Um exemplo interessante do atual momento em que se encontra a estética do *sampling* é o trabalho de Mark Ronson, que cria música a partir de vídeos:

---

[21] *Scratch* é uma técnica usada por DJs para produzir sons distintos, movendo um ou mais discos de vinil para frente e para trás. O *scratch* é comumente ligado ao *hip-hop* e está associado ao *remix*.

Marc Ronson, TED Talks Online - Citação.
Disponível em: <https://youtu.be/H3TF-hI7zKc>. Acesso em: 31 jul. 2019.

Como diz Mark Ronson, em sua Ted Talk:

> Provavelmente, Sir Ken Robinson e eu não nos tornaremos melhores amigos. Ele mora em Los Angeles e acho que é bastante ocupado, mas através das ferramentas disponíveis — tecnologia e os meios nativos que uso para fazer música — posso forçar a nossa existência num evento conjunto, como todos viram. Posso ouvir algo que adoro num excerto de áudio e consigo interagir e inserir-me naquela narrativa, ou alterá-la. [...] Mais importante: é assim que a música dos últimos trinta anos tem sido feita. Esse é o ponto principal. Há trinta anos, apareceram os primeiros sampleadores digitais, que mudaram tudo do dia para a noite. De repente, os artistas podiam samplear tudo e mais alguma coisa que quisessem [...] E não sampleavam esses discos por serem preguiçosos para compor sua própria música. Não os sampleavam para lucrar com o fato de as outras músicas serem muito conhecidas. Tudo girava em torno da sampleagem de trechos pouco conhecidos [...] Eles sampleavam esses discos porque havia algo na música que falava com eles e eles, de imediato, queriam fundir-se na narrativa daquela música (00:04:53-00:06:22).

Como fez Arthur Nestrovski com a *Serenata* de Schubert.

Nos anos 1930-1940, achávamos que os alunos da rede pública de ensino tinham direito à música, problema que Villa-Lobos resolveu por anos (até os anos 1960) com a proposta de ensino da música através do canto orfeônico, em que a ferramenta era a voz, já que a escola não tinha, supostamente, dinheiro para se equipar com instrumentos:

> A todo o povo assiste o direito de ter, sentir e apreciar a sua arte, oriunda da expressão popular ... (Villa-Lobos, 1946: 498, *apud* Goldemberg, 2002, s.p.).

Nos anos 2020, continuamos a pensar assim, sendo que as ferramentas mudaram e são hoje digitais. Por isso, acreditamos que a música e a estética do *sampling* possam integrar currículos hoje mais facilmente que no século passado.

CAPÍTULO 6

O VERBO

1. Os três paradigmas do texto: pré-tipográfico, tipográfico e pós-tipográfico
2. Do pré-tipográfico à tipografia: a escrita e o impresso
3. O texto pós-tipográfico: hipertexto, hipermídia, metamídia
4. Fazendo gênero: Reportagem multimídia

Neste último capítulo, vamos abordar a linguagem verbal nos mesmos termos em que abordamos a imagem (estática e em movimento) e a música, nos capítulos anteriores.

Mantendo nossas principais fontes primárias, notemos que Santaella e Noth (2014 [1997]: 70) lembram:

> Quando se faz referência à linguagem verbal, [...] isso é feito no esquecimento ou negligência de que, com efeito, há duas linguagens, uma falada, outra escrita, e de que há várias formas de escrita. Há escrituras que brotam da mímica e do gesto. Essas mantêm um vínculo ancestral com os primórdios da própria fala, a qual deve ter nascido do desenvolvimento mais especializado de sons originalmente indiscerníveis que acompanhavam os gestos. Há outras formas de escrita, vinculadas mais prioritariamente ao olhar. Divorciados da fala, os pictogramas são figuras, imagens fixas das coisas, enquanto os ideogramas realizam o amálgama perfeito entre os traços estilizados das coisas e as ideias abstratas da mente. Quase a meio caminho da tradução alfabética do som que seria realizada pela escrita fonética, os

hieróglifos são figuras abreviadas que podem representar objetos referenciais, mas usualmente representam sons e grupos de sons.

Em se tratando de uma obra dedicada à imagem, é claro que os autores não discutirão extensamente e em profundidade a linguagem verbal, mas tocam no tema em alguns trechos da obra. Assim, sentimo-nos autorizados a fazer, em relação ao verbo, raciocínio semelhante ao que foi feito para a imagem (estática e dinâmica) e para a música.

Se pudemos falar em paradigmas pré-fotográfico/fotográfico/pós-fotográfico para a imagem estática; pré-cinematográfico/cinematográfico/ pós-cinematográfico para a imagem dinâmica e modal/tonal e pós-tonal para a música, podemos aqui também discorrer sobre três paradigmas do verbo: pré-tipográfico, tipográfico e pós-tipográfico.

1. OS TRÊS PARADIGMAS DO TEXTO: PRÉ-TIPOGRÁFICO, TIPOGRÁFICO E PÓS-TIPOGRÁFICO

"No princípio, era o verbo..." (João, 1:1-4). Mas é praticamente impossível traçar as origens de quando e como passamos do psiquismo sensório-motor do animal para o psiquismo linguageiro e consciente do ser humano. Em uma abordagem bastante aproximada à de Vygotsky (1934), o filósofo marxista vietnamita Tran Duc Thao dedica seu livro *Investigações sobre a origem da linguagem e da consciência* (1984) a essa insondável questão. Para ele,

> A consciência precisa primeiramente ser estudada na sua realidade imediata: a linguagem, entendida em seu sentido geral como gesto e linguagem verbal. A linguagem foi originalmente constituída na atividade real do trabalho adaptativo, começando no nível antropoide. "Primeiro vem o trabalho", diz Engels, depois dele e concomitante a ele, a fala articulada — estes são os dois estímulos mais essenciais sob a influência dos quais o cérebro do macaco gradualmente muda na direção do humano. [...]
> Os macacos, sabemos, estritamente falando, não têm linguagem. Seus vários meios de expressão — gestos, gritos etc. — referem-se primeiramente ao emocional, aspecto biológico essencial de sua situação. Isso significa que podem também servir como sinais para determinados comportamentos, mas, estritamente falando, não há significado para os objetos, o que prova que no macaco não há relação consciente para com o objeto tal

como a que é expressa precisamente na linguagem. Mesmo aos antropoides falta o mais elementar dos signos linguísticos: o gesto indicativo (Thao, 1984: 6).

Para Thao, como para Vygotsky (1984 [1930]), é o gesto indicial de apontar a primeira emergência do simbólico na humanidade. Para Thao, mais do que o simples gesto indicativo, é o gesto de apontar em arco circular — que vai do outro ao objeto visado e que faz parte do trabalho de caça — que é, a um só tempo, linguagem e comunicação.

Como acrescentam Santaella e Noth (2014 [1997]: 67), são os "sons originalmente indiscerníveis que acompanhavam os gestos" que vão se cristalizar na linguagem oral e originar as línguas. O sistema semiótico verbal, nas diversas línguas, se organiza por meio de relações **tipológicas**[1]: classificamos "as coisas em categorias mutuamente exclusivas" (Lemke, 2010 [1998]: 464), como nomes, verbos, preposições, artigos, compondo os famosos **paradigmas**[2] saussurianos, e os colocamos em relação na frase, de acordo com as regras de cada língua, estabelecendo relações **sintagmáticas** por meio da sintaxe da língua em questão. As crianças, por exemplo, adquirem primeiro os verbos (**classe pivô**[3]) — "tó", "dá", "qué" etc. — e somente depois adquirem os nomes (**classe aberta**), em número muito maior, e os combinam com os verbos-pivô em pequenas frases de dois elementos: "tó banana", "dá áua", "qué áua". Da fala para a escrita, entretanto, há séculos de desenvolvimento. A passagem para a escrita, então, demorará muito mais.

---

[1] "Construímos significados fundamentalmente de duas formas complementares: (1) classificando as coisas em categorias mutuamente exclusivas e (2) distinguindo variações de graus (ao invés de variação de tipo) ao longo de vários contínuos de diferença. A língua opera principalmente no primeiro, que chamo de **tipológico**. A percepção visual e a gesticulação espacial (desenhar, dançar) operam mais no segundo, a forma **topológica**" (Lemke, 2010 [1998]: 464, ênfases adicionadas).

[2] A linguagem se constrói por meio de dois eixos: paradigma e sintagma. O paradigma é o eixo vertical das escolhas (o eixo por meio do qual eu escolho sempre a próxima palavra que constituirá o meu discurso). O sintagma é o eixo horizontal do discurso (fala), as múltiplas possibilidades de combinação das palavras em frases. O eixo do sintagma corresponde à "materialização" do meu pensamento, ou seja, eu escolho as palavras no eixo do paradigma para, então, construir a minha fala (sintagma) (*Conhecendo Saussure*. Disponível em: <https://bit.ly/2YDwYfP>. Acesso em: 31 jul. 2019).

[3] Sistema gramatical proposto por Braine nos anos 1960. Braine descobriu que, quando as crianças estão a adquirir uma língua, produzem frases que contêm palavras repetidas numa determinada posição, enquanto outras palavras são usadas com menor frequência. Ao primeiro processo chama-se palavra-pivô, ao último, classe aberta de palavras. Esse sistema foi utilizado para explicar o estádio de duas palavras na aquisição da linguagem. (Dicionário de Termos Linguísticos/Portal da Língua Portuguesa. Disponível em: <https://bit.ly/2T0WBCg>. Acesso em: 31 jul. 2019).

A humanidade levou mais de 2.000 anos para inventar o alfabeto e 34 séculos para inventar a alfabetização universal dos povos. Podemos datar as primeiras contribuições para a construção do alfabeto da escrita egípcia (hieroglífica), composta por pictogramas, ideogramas e fonogramas, concomitantemente à escrita mesopotâmica. A dispersão da escrita suméria pelo continente (que levou séculos), seu contato com a escrita cuneiforme de Ugarit e sua distribuição global pelos comerciantes-navegadores fenícios são responsáveis pela invenção dos alfabetos.

Vejamos um vídeo a respeito das escritas primitivas e atuais, que esclarece também o advento da escrita tipográfica e seus efeitos. O vídeo apresenta desde os primórdios do surgimento da fala e da escrita, até sua digitalização e a emergência do *design* gráfico, com seus projetos gráfico-editoriais que abrangem imagem estática e letras escritas e impressas.

Disponível em: <https://youtu.be/skySGQTc_Rg>. Acesso em: 31 jul. 2019.

2. DO PRÉ-TIPOGRÁFICO À TIPOGRAFIA: O IMPRESSO

Para a criança que começa a representar o mundo graficamente, assim como para a humanidade, a primeira escrita é pictográfica, ou seja, é composta por pictogramas (desenhos, ilustrações em paredes de cavernas, muros, tabuinhas de barro ou papel). Isso quer dizer que se representa graficamente não o significante sonoro das palavras, mas o significado (ou imagem mental que fazemos dos objetos do mundo), guardando relações de semelhança visual com esses objetos do mundo. Diria o linguista: são signomotivados e não convencionados — imitam as coisas do mundo.

Esta foi a grande chave dos *pictogramas* em murais de cavernas: avisar que havia animais a caçar ou a temer; registrar a vida cotidiana; avisar sobre perigos iminentes. Mas os pictogramas não eram muito práticos, pois não eram reprodutíveis... Era um processo artístico, demorado e custoso.

Com isso, a tendência foi que os pictogramas se estilizassem e se simplificassem em desenhos mais abreviados e simples: os *ideogramas*.

Pictograma de uma cabra.
Disponível em: <https://bit.ly/2KddgQ7>. Acesso em: 31 jul. 2019.

Os ideogramas ainda mantêm sua relação motivada como representação da (imagem das) coisas do mundo, mas sua relação de motivação vai cada vez ficando mais fraca, como se vê nesse exemplo de escrita cuneiforme:

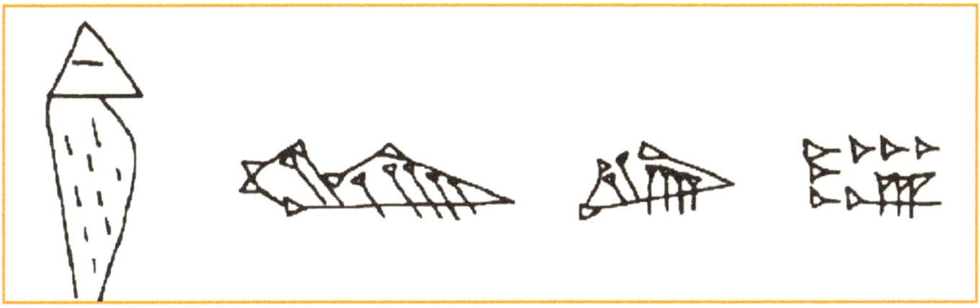

Evolução do signo cuneiforme para a representação de "homem".
Disponível em: <https://bit.ly/2KddgQ7>. Acesso em: 31 jul. 2019.

Se, na figura mais à esquerda, que mais parece um pássaro, ainda é possível perceber traços compartilhados com o significado de homem (símbolo) — ser bípede, a postura em pé, a cabeça no alto da figura —, conforme ela se estiliza, como se pode ver no lado direito da imagem, vai se perdendo cada vez mais sua relação com a imagem das coisas do mundo e se tornando cada vez mais convencionada (signo).

Isso permitiu inventar o primeiro alfabeto do mundo, o alfabeto de Ugarit (que, na verdade, era um silabário), cerca de 1500 a.C. Cidade comercial por excelência, Ugarit era um local muito cosmopolita. Por exemplo, na cidade, foram encontrados documentos em oito idiomas e quatro escritas diferentes. Temos, assim, a presença do ugarítico, anotado no alfabeto de Ugarit, cuneiforme; do acádio, dos sumérios, hititas e hurritas, escritos em cuneiforme tradicional; dos hieróglifos egípcios; da escrita cipro-minoica, em seu próprio silabário, e do luvita em hieróglifos hititas.

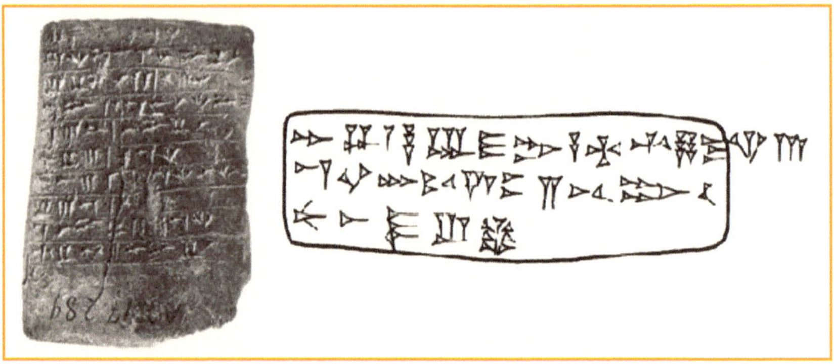

Alfabeto de Ugarit (Virolleaud, Syria, XXVIII: 22).
Disponível em: <https://bit.ly/2KbRGLO>. Acesso em: 31 jul. 2019.

Os escribas de Ugarit deviam seguir o currículo mais tradicional, sendo obrigados a, pelo menos, saber o acádio, com noções básicas do sumério, necessárias à compreensão da escrita cuneiforme, além da sua língua nativa, o ugarítico. O aprendizado dessas línguas se dava pelo método clássico desenvolvido na Mesopotâmia: listas de vocabulário com palavras de uma língua com o seu equivalente em outra e cópia de exercícios. Soa familiar? O aprendizado poderia ser a partir do ugarítico e de sua escrita alfabética.

E o que acontece quando se inventa um silabário — como o ugarítico — ou um alfabeto? Uma revolução: ao invés de se inventar uma multidão de signos gráficos, cada um representando uma coisa no mundo, como nos pictogramas e ideogramas, teve-se a ideia de relacionar esses signos simplificados com os sons iniciais das palavras que designavam essas coisas. Assim, passou-se de uma multidão de signos que representavam significados, para alguns poucos que representam sons da língua. Está inventada a base do alfabeto: o silabário.

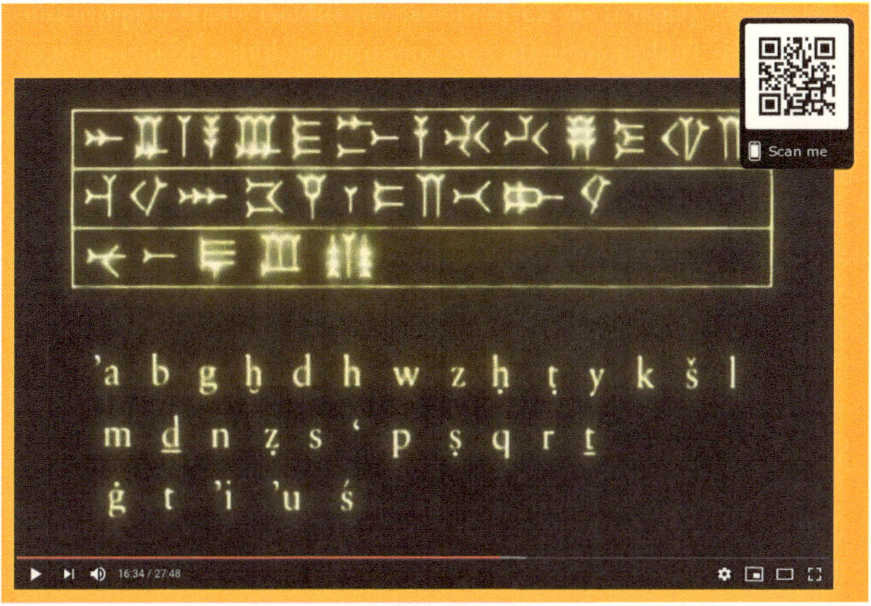

A história da palavra. O alfabeto de Ugarit em sua ordem original, próxima da nossa ordem alfabética. Disponível em: <https://youtu.be/T4VFpLDucBI>. Acesso em: 31 jul. 2019.

Mas, para que isso acontecesse, foi necessário que a escrita saísse das mãos dos imperadores e reis-sóis da antiguidade e de seus poucos e poderosos escribas, que a usavam para dominar o povo por meio de escritos religiosos e jurídicos. O povo, ele mesmo, não tinha a menor possibilidade de dominar a escrita.

Quando a escrita cai nas mãos de uma parcela do povo — os comerciantes-navegadores das costas marítimas do que hoje é a Síria (Ugarit, e depois Biblos, com os fenícios) —, tendo de servir às finalidades notacionais do comércio, ela tem de se simplificar, de ficar mais ágil, rápida. E adotar uma referência mais universal ao som. Vejamos o exemplo do "A":

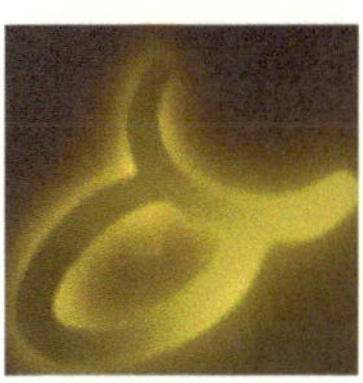

Aleph — vaca
Alfabeto de
Serabit-el-khadim

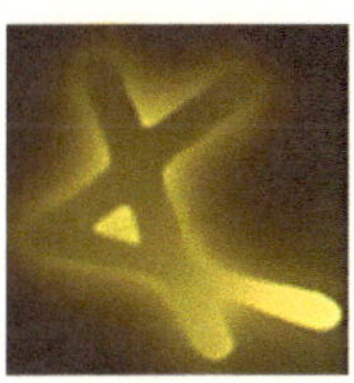

Aleph - /a/
Alfabeto de Ugarit e fenício

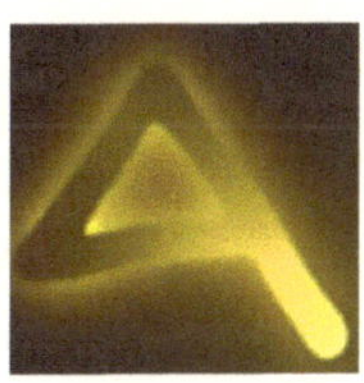

Alfa - /a/
Alfabeto grego

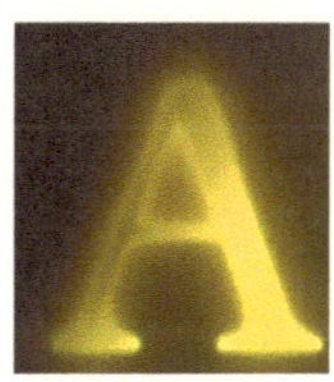

A - /a/
Alfabeto romano

De como o *aleph* se torna "a".
Disponível em: <https://youtu.be/T4VFpLDucBI>. Acesso em: 31 jul. 2019.

Com 22 (Ugarit) ou 23 (fenícios, em Biblos) sinais simplificados, é muito mais fácil escrever do que com uma multidão de ideogramas e pictogramas. Assim, os fenícios, potentes navegadores/comerciantes, espalharam seu alfabeto-silabário pelos quatro cantos do mundo, dando origem aos muitos e diferentes alfabetos, relacionados à fonologia das muitas e diferentes línguas, inclusive a grega (séc. 5 a.C.), que, depois, deu base ao alfabeto romano/latino, que, por sua vez, deu forma ao alfabeto de muitas outras línguas, latinas e não latinas.

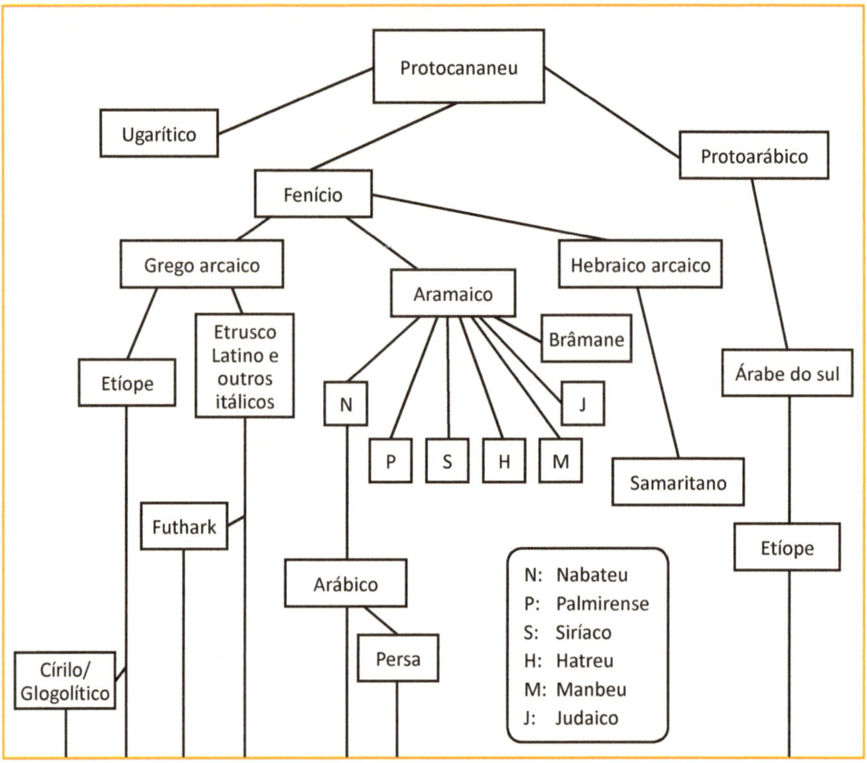

A história dos alfabetos.

Disponível em: <https://bit.ly/2T7Xedm>. Acesso em: 31 jul. 2019. Tradução dos autores.

O alfabeto ugarítico, distribuído pelo oriente pelos fenícios, chega à Grécia Antiga, dando origem ao alfabeto grego arcaico, que por sua vez origina os alfabetos etrusco, latino e outros itálicos. Isso tudo nos mostra que o alfabeto não é um mero "bê-á-bá", como quer a escola. Ao contrário, foi um longo e enorme trabalho de construção de usos, conceitos e representações que, ao longo de muitos séculos, deu-lhe origem na história da humanidade. Assim, a escrita silábica/alfabética se disseminou, servindo, de início, ao comércio, por todos os cantos do mundo alcançados pelos navegadores.

Na Idade Média, no entanto, ela é requisitada para cumprir outras funções, mais ambiciosas: registrar o conhecimento acumulado pela humanidade. Na Idade Média, a escrita ainda era domínio de poucos: os imperadores e os membros do clero e seus escribas.

As tecnologias também evoluíram. Das práticas tabuletas de barro marcadas com cunha, do ponto de vista de um navegador-comerciante, foi preciso passar ao papel (papiro) e aos rolos marcados com tinta: isso porque a função era outra — agora, os escribas deveriam registrar com tinta, em papiro (e mais tarde em papel), os conhecimentos acumulados pela humanidade e transcritos pela Igreja.

> O mais antigo exemplar escrito do qual se tem notícia, datado do final da I dinastia, é formado por fragmentos do livro de contas de um templo de Abusir, escrito em hierático. Na II dinastia (2770 a 2649 a.C.), o papiro já se disseminara como suporte de escrita. [...] Como papel, ele foi adotado pelos gregos, romanos, coptas, bizantinos, arameus e árabes. Grande parte da literatura grega e latina chegou até nós em papiros. Ele continuou a ser utilizado até a Idade Média. [...] As folhas prontas, que nunca excediam cerca de 50 centímetros de comprimento por, aproximadamente, 43 centímetros de largura, eram coladas umas às outras para formar longas tiras que eram enroladas com a face de fibras horizontais voltadas para dentro. Uma vareta de madeira ou marfim era presa em cada extremidade do rolo de papiro, formando um volume. O papiro mais largo encontrado até hoje pelos arqueólogos é um Livro dos Mortos, conhecido como Papiro Greenfield, e mede 49,5 centímetros de largura. O mais extenso, o assim chamado Grande Papiro Harris, mede 41 metros de comprimento. O papiro em rolo era um dos principais produtos de exportação do Egito antigo e foi, sem sombra de dúvida, um dos maiores legados da época faraônica à civilização (disponível em: <https://bit.ly/2r4FchL>. Acesso em: 31 jul. 2019).

Mas o pergaminho de papiro era frágil e se deteriorava com facilidade, exigindo sucessivas cópias. Além disso, o manuseio do rolo mantinha as duas mãos ocupadas, fazendo com que quem lia (em voz alta) não pudesse concomitantemente escrever, mantendo as práticas de leitura e escrita separadas. Na verdade, o leitor, tal como o conhecemos hoje, não existia ainda de fato. Somente o escriba.

Para Roger Chartier (1994), a invenção do livro tal como o conhecemos — o **códice**[4] ou *codex*,

> Ajuda na localização do texto, agiliza seu manejo: possibilita a paginação, a criação de índices e concordâncias, a comparação de uma passagem com outra, ou, ainda, permite ao leitor que o folheia percorrer o livro por inteiro. Daí, a adaptação da forma nova do livro às necessidades textuais próprias do cristianismo, ou seja, a confrontação dos Evangelhos e a mobilização, para os fins da pregação, do culto ou da oração, de citações da Palavra sagrada. Mas, fora dos ambientes cristãos, o domínio e a utilização das possibilidades oferecidas pelo códice não se impõem senão lentamente. Parece que aqueles que preferencialmente adotam o códice são aqueles que não pertencem à elite culta — a qual permanece fiel, de modo duradouro, aos modelos gregos, portanto a*o volume* — e tal adoção diz respeito primeiro a textos situados fora do cânone literário: textos escolares, obras técnicas, romances etc. (Chartier, 1994: 191).

---

[4] O códice (ou *codex*, em latim) foi o protótipo, ou modelo preliminar, do livro moderno. Era composto de folhas dobradas, ajuntadas e amarradas ao longo da dobra. As páginas eram escritas em ambos os lados e protegidas por uma capa. Os primeiros códices não se pareciam muito com os livros de hoje, mas, assim como acontece com a maioria das invenções, o códice foi modificado e adaptado de acordo com as necessidades e preferências daqueles que o usavam. A princípio, os códices geralmente eram feitos de tábuas revestidas de cera. Em Herculano, cidade destruída com Pompeia durante a erupção do monte Vesúvio, foram encontradas inscrições em polípticos, placas enceradas unidas no comprimento por argolas. Com o tempo, as placas rígidas foram substituídas por folhas de material dobrável. Em latim, esses códices, ou livros, eram chamados *membranae*, ou pergaminhos, assim denominados por causa do couro geralmente usado para as páginas. Alguns códices que ainda existem foram feitos de papiro, como é o caso dos códices cristãos mais antigos que se conhece, preservados no clima seco de certas regiões do Egito. Parece que, pelo menos até perto do fim do século 1 d.C., os cristãos usavam principalmente o rolo. O período desde o fim do século 1 até o século 3 d.C. testemunhou uma controvérsia entre os defensores do códice e os do rolo. Os conservadores, acostumados ao rolo, relutavam em abandonar tradições e costumes bem estabelecidos. No entanto, considere o que estava envolvido em ler um rolo. Ele geralmente era composto de um número padrão de folhas de papiro ou de pergaminho coladas para formar uma longa tira, que era então enrolada. O texto era escrito em colunas na parte de dentro do rolo. O leitor desenrolava o rolo para encontrar o trecho que queria ler. Após a leitura, enrolava-o novamente. Muitas vezes, era necessário mais de um rolo para uma única obra literária, dificultando ainda mais seu uso. As vantagens do códice são evidentes: cabia mais informações, era mais prático para manusear e mais fácil de carregar. Embora algumas pessoas percebessem essas vantagens desde o início, a maioria relutava em deixar de usar o rolo. Com o passar de vários séculos, porém, diversos fatores contribuíram aos poucos para o códice ser adotado pela maioria. Comparado com o rolo, o códice era mais econômico. Podia-se escrever nos dois lados da folha e juntar vários livros no mesmo volume. Segundo algumas pessoas, a facilidade com que trechos específicos podiam ser localizados no códice foi fundamental para sua aceitação entre cristãos e certos profissionais, como advogados. Os códices também eram práticos para a leitura pessoal. Perto do fim do século 3 d.C., Evangelhos de bolso em pergaminho circulavam entre professos cristãos. Desde então, literalmente bilhões de Bíblias, ou partes dela, foram produzidos em formato de códice (*Do rolo ao códice* — como a Bíblia passou a ter o formato de livro. Disponível em: < https://bit.ly/2LXrJ4J>. Acesso em: 31 jul. 2019).

Ainda para o autor (p. 192), "é com o códice, igualmente, que se inventa a tipologia formal que associa formatos e gêneros, tipos de livros e categorias de discursos, e, portanto, instala-se o sistema de identificação e localização dos textos, do qual a imprensa será herdeira e que conservamos até hoje".

Mas a escrita manual permanece até o que Chartier chama de a segunda revolução do livro: a invenção da impressão, em meados do século XV, que "altera os modos de reprodução dos textos e de produção dos livros. Com os caracteres móveis e a prensa de imprimir, a cópia manuscrita deixa de ser o único recurso disponível para assegurar a multiplicação e a circulação dos textos" (Chartier, 1994: 186).

Biblia Pauperum, séc. XIII.
Disponível em: <https://bit.ly/2KdDxxM>. Acesso em: 31 jul. 2019.

Gutenberg, no século XV, aperfeiçoa os tipos móveis (já existentes na China), desenvolvendo pequenos paralelepípedos de metal com relevos de letras e símbolos que poderiam ser reutilizados para imprimir cópias em papel, e aperfeiçoa também a prensa tipográfica. Com isso, pode-se imprimir em múltiplas cópias com muito mais facilidade, de maneira mecânica. Novamente, uma máquina e suas propiciações vêm se imiscuir em uma prática artesanal: a do copista.

Antes disso, na China, cópias já eram impressas por meio de xilogravuras, por exemplo, e também na Europa, mas não somente o processo não era mecânico como também o que se entalhava na madeira era a imagem completa de uma página (como o fazem, hoje, os PDF) e logo, a escrita não era propriamente a escrita (do copista), mas parte de uma imagem entalhada na madeira e impressa no papel. Isso nos faz concluir que há duas maneiras de encarar a escrita, ainda hoje: como imagem estática na página (maneira pela qual o computador e a tipografia a tratam) e como grafia dos sons da língua. A primeira maneira é topológica; a segunda, tipológica.

Como diz Lemke (2010 [1998]: 7),

> A construção real do significado geralmente envolve combinações de diferentes modalidades semióticas e também combinações bastante gerais desses dois modos [tipológico e topológico]. A semântica das palavras na língua é principalmente categorial ou tipológica em seus princípios, mas as distinções visuais significantes na escrita manuscrita (por exemplo, letras mais escuras ou um pouco mais grossas) ou na caligrafia, ou os efeitos acústicos da fala, um pouco mais alto ou forte, fazem sentido em um espectro contínuo de possibilidades, "topologicamente".

Se a invenção/aquisição da escrita exigiu/exige um raciocínio tipológico, analisando fonemas e relacionando-os a desenhos de letras/sílabas, que serão, depois, categorizados em tipos como vogal e consoante, vogal aberta e fechada, consoante bilabial, linguodental, palatal, gutural ou glótica etc., a imagem da escrita na página pode ser também abordada como mancha ou imagem global estática, que, aliás, como vimos na página da *Biblia Pauperum*, podem facilmente se combinar com imagens figurativas, compondo um todo.

Mas, com a invenção da prensa móvel, as letras da escrita se constituem por muitos séculos — até o advento das tecnologias digitais — como tipos isolados, com espaços entre eles e espaços entre palavras (que antes, não existiam), criando, inclusive, as normas ortográficas regidas por sucessivos acordos ortográficos, em geral multinacionais. Ou seja, o impresso consolida e normatiza a escrita, assim como a posse dos escritos, fato a que voltaremos adiante.

No entanto, temos mesmo de esperar até o que Chartier (1994) chama de a quarta revolução da escrita — a revolução digital — para termos efetivas diferenças nos modos de escrita, gravação e impressão.

3. O TEXTO PÓS-TIPOGRÁFICO: HIPERTEXTO, HIPERMÍDIA, METAMÍDIA

> Ler num monitor não é o mesmo que ler num códice. Se é verdade que abre possibilidades novas e imensas, a representação eletrônica dos textos modifica totalmente a sua condição: a materialidade do livro é substituída pela volatilidade de textos sem lugar próprio; às relações de contiguidade estabelecidas no objeto impresso, ela opõe a livre composição de fragmentos indefinidamente manipuláveis; à apreensão imediata da totalidade da obra, viabilizada pelo objeto que a contém (o livro), ela faz suceder a *navegação* de muito longo curso, por arquipélagos textuais sem beira nem limites. Essas mutações comandam, inevitável e imperativamente, novas maneiras de ler, novas relações com o escrito, novas técnicas intelectuais. Se as precedentes revoluções da leitura ocorreram em épocas nas quais as estruturas fundamentais do livro não mudavam, não é o que se dá no nosso mundo contemporâneo. A revolução iniciada é, antes de tudo, uma revolução dos suportes e das formas que transmitem o escrito. Nesse ponto, ela tem apenas um precedente no mundo ocidental: a substituição do *volume* pelo códice, do livro em forma de rolo, nos primeiros séculos da era cristã, pelo livro composto de cadernos juntados (Chartier, 1994: 190).

Toda revolução tecnológica implica mudanças nas formas e na organização dos objetos, em sua circulação, uso e apreciação e nas práticas sociais que envolvem esses objetos, no caso aqui, práticas letradas.

A passagem da tecnologia mecânica de impressão à tecnologia digital de geração e arquivo de textos não deixa de implicar, ela também, suas mudanças. Para Chartier (1994), o texto eletrônico não é um "texto escrito", mas uma "representação digital da escrita", ou seja, *pixels* na tela como em qualquer outra imagem estática. Por outro lado, mudam também as práticas letradas de leitura e produção de textos escritos no ambiente digital. Segundo ele (p. 192),

> Duas sujeições, tidas até agora como imperativas, podem ser eliminadas: (...) a que limita rigorosamente as possíveis intervenções do leitor no livro impresso (...) [e] a distinção, fortemente visível no livro impresso, entre a

escrita e a leitura, entre o autor do texto e o leitor do livro, desaparece diante de uma realidade diferente: aquela em que o leitor transforma-se em um dos atores de uma escrita a várias vozes ou, pelo menos, acha-se em condições de constituir um texto novo, partindo de fragmentos livremente recortados e ajuntados.

De fato, como comenta Chartier, hoje podemos executar múltiplas operações sobre o texto que lemos — indexá-lo, acrescentar comentários, "copiá-lo, desmembrá-lo, recompô-lo, deslocá-lo" (p. 192) — tornando-nos, assim, o que chamo de "lautor". O famoso "cortar e colar" ao qual a escola tanto se opõe tornou-se afinal a maneira de compor textos escritos digitais, apagando a forte distinção e os imperativos legais que separavam radicalmente, na cultura do impresso, produtor e consumidor, autor e leitor. Trata-se de novos posicionamentos éticos, de um "novo *ethos*" que se instala nos novos letramentos e que nos permite tornarmo-nos "produsuários" (Bruns, 2007).

Por outro lado, como bem nota Chartier, passamos a poder indexar os textos, não apenas em índices, glossários e notas de rodapé como antes, mas por meio de **hiperlinks**[5], ou, simplesmente, *links* — ligações entre textos diversos. E isso gerou os **hipertextos**[6]. Como diz Lemke (2010 [1998]: 471-472):

> A primeira geração das tecnologias de aprendizagem interativas foi, não surpreendentemente, uma simples transposição do modelo de educação do livro-texto para uma nova mídia de demonstração. As árvores podem estar

[5] "*Hiperlink* é uma palavra, frase ou imagem na qual você pode clicar e pular para um novo documento ou uma nova seção dentro do mesmo documento. Encontramos *hiperlinks* em quase todas as páginas da *web*, e eles permitem que os usuários façam seu caminho por entre as páginas. *Hiperlinks* nos textos são quase sempre azuis e sublinhados, mas não necessariamente. E quando passamos o cursor sobre o *hiperlink*, seja texto ou imagem, o cursor muda para uma mão apontando para o *link*. Clicando no *link*, abrir-se-á uma nova página ou um novo lugar do texto" (disponível em: <https://techterms.com/definition/hyperlink>. Acesso em: 31 jul. 2019).

[6] **Hipertexto** é o termo que remete a um texto ao qual se agregam outros conjuntos de informação na forma de blocos de textos, palavras, imagens ou sons, cujo acesso se dá através de referências específicas, no meio digital denominadas *hiperlinks*, ou simplesmente *links*. Esses *links* ocorrem na forma de termos destacados no corpo de texto principal, ícones gráficos ou imagens e têm a função de interconectar os diversos conjuntos de informação, oferecendo acesso sob demanda às informações que estendem ou complementam o texto principal. O conceito de "lincar" ou de "ligar" textos foi criado por Ted Nelson, nos anos 1960, sob a influência do pensador e sociólogo francês Roland Barthes, que concebeu em seu livro *S/Z* o conceito de "lexia", que seria a ligação de textos com outros textos. Em termos mais simples, o hipertexto é uma ligação que facilita a navegação dos internautas. Um texto pode ter diversas palavras, imagens ou até mesmo sons que, ao serem clicados, são remetidos para outra página, onde se esclarece com mais precisão o assunto do *link* abordado (*Wikipédia*. Disponível em: <https://pt.wikipedia.org/wiki/Hipertexto>. Acesso em: 31 jul. 2019).

agradecidas, mas pouco muda em relação à natureza da aprendizagem, talvez apenas a motivação crescente para alguns alunos gerada pela novidade. Mas tão logo os textos *online* se tornem digitais (em oposição a imagens em *bitmap* da página), ele é facilmente pesquisável. E se pode ser pesquisável, pode ser indexado e estabelecer referência com outros textos. Agora, o texto é simultaneamente um banco de dados, e o hipertexto nasce (Nelson, 1974; Landow, 1992; Bolter, 1991 e 1998). Se podemos usar uma palavra ou frase no texto como um indexador para encontrar outras ocorrências e também adicionar referências para outros itens específicos em um mesmo texto, por que não fazer então ligações com outros textos? Nos casos mais simples, os hipertextos nos oferecem apenas um *link* por item, mas há uma limitação inerente a tipo no conceito ou tecnologia. Se podemos pular de um texto a outro e para múltiplos pontos de aterrissagem em cada ponto de partida, precisaremos de alguma assistência para navegar e retroceder e ter uma noção do espaço textual que estamos projetando e atravessando. Agora, a aprendizagem muda. Ao invés de sermos prisioneiros de autores de livros texto e de suas prioridades, escopos e sequência, somos agentes livres que podem encontrar mais sobre um assunto que os autores sintetizaram, ou encontrar interpretações alternativas que eles não mencionaram (ou com a qual concordam ou até mesmo consideram moral ou científico). Podemos mudar o assunto para adequá-lo ao nosso juízo de relevância, para nossos próprios interesses e planos e podemos retornar mais tarde para um desenvolvimento padrão baseado no livro texto. Podemos aprender como se tivéssemos acesso a todos estes textos e como se tivéssemos um especialista que pudesse nos indicar a maioria das referências entre tais textos. Temos agora de aprender a realizar formas mais complexas de julgamento e ganhamos muita prática fazendo isso.

É o que faz a diferença entre um *ePub* ou um *eBook* — digital, mas com bem poucos recursos interativos para o leitor — e um livro interativo ou um *IBook,* que inclui não somente uma variedade de linguagens e mídias, mas que também permite ao leitor interagir com elas.

Chega a ser comovente ler Lemke, em 1998, desejando que tivéssemos mais *bits* e *bytes* de armazenamento [ele nem sonhava com armazenamentos em nuvem] e mais velocidade de banda para podermos ter **hipermídia**[7], que, para ele, transformaria tudo, como de fato transformou. Vejamos:

[7] A *hipermídia* surge com a possibilidade de lincar diferentes mídias em um produto, ao invés de simplesmente agrupá-las. Segundo Bandeira (2009: 291), "a consequência natural do hipertexto foi, com certeza,

> A próxima geração de ambientes de aprendizagem interativos adiciona imagens visuais e sons e vídeos, além de animação, o que se torna muito prático quando a velocidade e a capacidade de armazenamento podem acomodar estes significados densos de informação topológica. Do ponto de vista tipológico, o texto tem um nível muito baixo de redundância, ele não textualiza mais do que o necessário para fazer as distinções chave entre uma palavra e outra. Já as imagens visuais tipicamente contêm todo tipo de informação tipológica 'irrelevante' — que é por este mesmo motivo potencialmente crítico a suas capacidades de significação topológicas. [...].
> Estas mídias mais topológicas não podem ser indexadas e referenciadas por seu conteúdo interno (o que a figura mostra, por exemplo). Devem sim ser tratadas como "objetos" inteiros. Mesmo assim, como objetos podem se tornar nós para hipertextos e, então, a hipermídia nasce (ver Landow e Delany, 1991; Bolter, 1998). A importância dos letramentos multimidiáticos correspondentes já foi discutida, mas ainda é importante notar que não é apenas o uso da hipermídia que as novas tecnologias tornam mais fácil, mas a sua autoria. Hoje, qualquer um edita um áudio ou um vídeo em casa, produz animações de boa qualidade, constrói objetos e ambientes tridimensionais, combina-os com textos e imagens paradas, adiciona música e voz e produz trabalhos muito além do que qualquer editora ou estúdio de cinema poderia fazer até alguns anos atrás (Lemke, 2010 [1998]: 472).

A hipermídia vem, sem dúvida, intensificar as propriedades multissemióticas, reticulares e interativas do hipertexto e da hipermídia. Como diz Santaella (2014: 214), "a hipermídia mescla o hipertexto com a multimídia".

Em um artigo em que, surpreendentemente, toma por base a reflexão bakhtiniana, inclusive a noção de **arquitetônica**, Santaella vai afirmar:

---

a hipermídia que se desenvolveu a partir da autoração de apresentação e da navegação não linear de informações interativas". Segundo a *Wikipédia*, hipermídia é "a reunião de várias mídias num ambiente computacional, suportada por sistemas eletrônicos de comunicação. Hipermídia, diferentemente da multimídia, não é a mera reunião dos meios existentes e sim, a fusão desses meios a partir de elementos não lineares. Uma forma bastante comum de hipermídia é o hipertexto, no qual a informação é apresentada sob a forma de texto interativo. As informações são acessadas pelo monitor de um computador, pela tela de um *smartphone*, entre outros dispositivos. O usuário é capaz de ler de forma não linear, ou seja, ele escolhe entre o início, o meio ou o fim do conteúdo. Segundo Bugay, a hipermídia pode ser considerada uma extensão do hipertexto, entretanto, inclui, além de textos comuns, sons, animações e vídeos" (*Wikipédia*. Disponível em: <https://bit.ly/2yCq6AI>. Acesso em: 31 jul. 2019).

A hipermídia é composta por conglomerados de informação multimídia (verbo, som e imagem) de acesso não sequencial, navegáveis através de palavras-chave semialeatórias. Assim, os ingredientes da hipermídia são imagens, sons, textos, animações e vídeos que podem ser conectados em combinações diversas, rompendo com a ideia linear de um texto com começo, meio e fim pré-determinados e fixos (Santaella, 2014: 214).

"Niños multimedia Edoméx y las nuevas tecnologías." **Toluca Notícias.** Disponível em: <https://bit.ly/31bX7A2>. Acesso em: 31 jul. 2019.

Isso cria e exige o que ela chama de *leitor imersivo* (Santaella, 2004; 2013), que se vale e ativa capacidades de leitura muito distintas das do leitor do impresso ou do espectador das mídias de massa. Para a autora,

> Esse leitor pratica pelo menos quatro estratégias de navegação:
> (a) Escanear a tela, em um processo de reconhecimento do terreno.
> (b) Navegar, seguindo pistas até que o alvo seja encontrado.
> (c) Buscar, ou seja, esforçar-se para encontrar o alvo que tem em mente.
> (d) Deter-se no "saiba mais", explorando a informação em profundidade, até chegar à fonte mais especializada.
>
> É imersivo porque, no espaço informacional, perambula e se detém em telas e programas de leituras, num universo de signos evanescentes e continuamente disponíveis. Cognitivamente em estado de prontidão, esse leitor conecta-se entre nós e nexos, seguindo roteiros multilineares,

> multissequenciais e labirínticos que ele próprio ajuda a construir ao interagir com os nós que transitam entre textos, imagens, documentação, músicas, vídeo etc. (Santaella, 2014: 214-215).

Portanto, o texto pós-tipográfico cria outro leitor: navegador errante, imersivo, lautor. E isso tem uma razão de ser: o computador e seu funcionamento digital são muito mais que uma mídia, ou uma máquina capaz de combinar muitas mídias. Como afirma Leão (2004: 153), "a habilidade do computador para simular outras mídias (o que significa simular suas interfaces e 'formatos de dados' tais como texto escrito, imagem e som) não é um subproduto, é a essência do computador moderno — pós-1970". E não se trata apenas de simulação, pois permite outras e novas operações com essas mídias: como diz Manovich (2004: 153), "essas ferramentas têm o potencial de transformar a mídia em **metamídia**"[8].

Marshall McLuhan afirmava que os diferentes meios de comunicação estavam em constante relação de contato e apropriação uns com os outros.

> Se, para McLuhan, a metamídia era um processo no qual haveria sempre uma apropriação e ressignificação de meios mais antigos pelos mais recentes, o surgimento da internet nos faz refletir sobre a existência material de uma metamídia, uma mídia que conjugaria constantemente todas as anteriores. A internet não possibilita apenas, enquanto metamídia, a coexistência de produções e linguagens próprias de todos outros meios, mas também propicia uma atitude de comentário e produção interativa e individual, o que agrega ainda mais o seu caráter de meta. Não seria o Facebook, por exemplo, um grande repositório de produtos midiáticos e seu constante escrutínio, reelaboração e comentário? A internet parece ser, portanto, a metamídia por excelência, tendo o "espectador" como seu mecanismo de produção e até mesmo de conteúdo (Araújo, 2014, s.p. Disponível em: <https://bit.ly/2KeBs4I>. Acesso em: 31 jul. 2019).

---

[8] A ideia de *metamídia* decorre do teórico canadense Marshall McLuhan, que afirmava: os diferentes meios de comunicação estão em constante relação de contato e apropriação uns com os outros. O rádio surge como uma metamídia do jornal impresso, alcançando aos poucos a sua autonomia. O mesmo ocorre com a TV sendo uma metamídia do rádio, e assim por diante. Porém, se para McLuhan a metamídia era um processo no qual haveria sempre uma apropriação e ressignificação de meios mais antigos pelos mais recentes, o surgimento da internet nos faz refletir sobre a existência material de uma metamídia, uma mídia que conjugaria constantemente todas as anteriores. A internet não possibilita apenas, enquanto metamídia, a coexistência de produções e linguagens próprias de todos outros meios, mas também propicia uma atitude de comentário e produção interativa e individual, o que agrega ainda mais o seu caráter de *meta* (Araújo, 2014, s.p. Disponível em: <https://bit.ly/2KeBs4I>. Acesso em: 31 jul. 2019).

Assim, o computador e suas linguagens digitais de programação permitem a apropriação, combinação e recriação de todas as mídias anteriores, gerando suas características multissemióticas e hipermidiáticas, sendo, por isso, qualificado como a metamídia por excelência.

Nesse sentido é que, hoje, o texto digital não é mais somente o verbo, mas uma miríade de combinações multiculturais e multissemióticas que se distanciam muito do pré-tipográfico e ser qualificadas como pós-tipográficas. E ainda, como lembra Manovich (2004: 153), "a lógica da metamídia encaixa-se bem em outros paradigmas estéticos atuais — a remixagem de conteúdos e formas culturais anteriores, de uma dada mídia (mais visíveis na música, na arquitetura e na moda), e o segundo tipo de remixagem — o das tradições culturais nacionais, agora submersas na mídia globalização".

E isso é o que dá sentido às práticas letradas atuais, que caracterizamos como **multi**letramentos e **novos** letramentos, práticas nas quais se combinam leituras de múltiplas linguagens, que, muitas vezes, recombinam e remixam diversas práticas culturais, a partir de novas éticas e de novas estéticas.

4. FAZENDO GÊNERO: REPORTAGEM HIPERMIDIÁTICA

Tomemos a esfera jornalística como um dos campos sociais importantes da circulação dos impressos. Nela, um dos gêneros de maior fôlego e destaque nos jornais impressos e *sites* noticiosos é a reportagem.

Como nos lembra Alexandre Bergamo (2011), a *reportagem* pode ser entendida, de certa forma, como a "essência" do jornalismo: "Ainda que nem todos os jornalistas se definam como repórteres, a atividade é considerada formadora no exercício da profissão" (Bergamo, 2011: 234). No caso brasileiro, por exemplo, na primeira definição oficial de jornalismo (Decreto-Lei n° 910, de 30 de novembro de 1938), a profissão já era pautada por práticas entendidas como intrínsecas à reportagem (Bergamo, 2011: 235).

> Decreto-Lei no 910, de 30 de novembro de 1938
>
> **CAPÍTULO I**
>
> **DOS ESTABELECIMENTOS E PESSOAS**
>
> Art. 1° Os dispositivos do presente decreto-lei se aplicam aos que, nas empresas jornalísticas, prestem serviços como jornalistas, revisores, fotógrafos, ou na ilustração, com as exceções nele previstas.

> § 1º Entende-se como jornalista o trabalhador intelectual cuja função se estende desde a busca de informações até a redação de notícias e artigos e a organização, orientação e direção desse trabalho.
>
> (Disponível em: <https://bit.ly/2KcC9vq>. Acesso em: 31 jul. 2019).

Com frequência, no campo jornalístico, ouvimos o termo RAC — Reportagem Assistida por Computador (tradução de CAR, *Computer Assisted Reporting*) — ser empregado como sinônimo de textos de cunho jornalístico, produzidos e distribuídos em meio digital. É importante entender como as reportagens se consolidaram sócio-historicamente e como vêm sendo remidiadas nas *reportagens hipermidiáticas*.

> Da mesma forma que a "quebra dos limites físicos" na *web* possibilita a utilização de um espaço praticamente ilimitado para disponibilização de material noticioso, sob os mais variados formatos (multi)mediáticos, abre-se a possibilidade de disponibilização *online* de toda a informação anteriormente produzida e armazenada, através de arquivos digitais, com sistemas sofisticados de indexação e recuperação de informação (Palácios, 2003: 25).

Durante a constituição do que conhecemos como jornalismo, o *discurso retórico* era o paradigma do texto de cunho informativo. Segundo Lage (2008), os primeiros jornalistas eram parte ativa do desenvolvimento de centros comerciais/políticos e incumbiam-se da difusão de ideias burguesas. Nesse contexto (do século XVII), a profissão fixaria sua imagem de *publicista*: esperava-se do jornalista orientações e interpretação política.

Nos primórdios do jornalismo, a *narrativa* surgia só às vezes, fundamentalmente, em "crônicas". A linguagem dominante, nessa época, pendia entre "a fala parlamentar, a análise erudita e o sermão religioso" (Lage, 2008: 10-11). Já durante o século XIX, com a revolução industrial e o aumento das tiragens e do público leitor, as condições de produção e consumo de textos jornalísticos mudariam. O cenário da revolução industrial pedia mudanças no estilo e formato das matérias. A retórica publicista não satisfazia mais aos leitores, sedentos por agilidade e entretenimento — nesse contexto, nasceriam as primeiras reportagens.

Conforme descreve Lage (2008), em sua origem, o jornalismo e as primeiras reportagens estavam intimamente ligados a práticas *educativas* e *sensacionalistas*. As reportagens passavam a ser relacionadas a "práticas educativas", porque a vida em sociedade era bem mais dinâmica do que antes: tudo mudava rapidamente.

> O jornal ensinava às pessoas o que ver, o que ler, como se vestir, como se portar — e mais: exibia, como numa vitrina, os bons e, para escândalo geral, os maus hábitos dos ricos e dos poderosos (Lage, 2008: 13-14).

Contudo, para cumprir a função educativa, as reportagens também deveriam "atingir e envolver" o público: "A realidade deveria ser tão fascinante quanto a ficção e, se não fosse, era preciso fazê-la ser" (Lage, 2008: 14). À medida que as reportagens se definiam como gênero jornalístico, mais se instauravam contradições no meio.

> Repórteres passaram a ser bajulados, temidos e odiados. A reportagem colocou em primeiro plano novos problemas, como discernir o que é privado, de interesse individual, do que é público, de interesse coletivo; o que o Estado pode manter em sigilo e o que não pode; os limites éticos do comércio e os custos sociais da expansão capitalista (Lage, 2008: 16-17).

Por sua vez, entre questionamentos e debates, o jornalismo prosperaria nos EUA como "indústria" e geraria magnatas como Joseph Pulitzer (1847-1911) e William Randolph Hearst (1863-1951), que brigariam por leitores, levando o jornalismo a certas práticas eticamente duvidosas.

Por exemplo,

> Hearst é acusado de promover a guerra com a Espanha pela posse de Cuba, só para vencer seu rival, cuidando de ter exclusividade na cobertura jornalística dos combates — para o que fretou e equipou um iate (Lage, 2008: 17).

A partir desse contexto, como reação ao jornalismo praticado por Hearst e Pulitzer, os primeiros cursos superiores de jornalismo foram criados. Segundo Lage (2008: 18), devido à realidade acadêmica da época, as ciências exatas imporiam seu paradigma, deflagrando uma "campanha permanente contra a linguagem retórica": a informação jornalística deveria aproximar-se da realidade de forma "isenta" e "imparcial"; os jornalistas/repórteres não deveriam mais emitir "pontos de vista", deveriam reproduzir fielmente as informações. Por exemplo, testemunhos e fatos deveriam ser confrontados para se obter a versão mais próxima do real e, nos casos controversos, deveriam ser ouvidas as diferentes vozes, discursos e interesses em jogo. Em suma, o repórter, além de traduzir, deveria "confrontar as diferentes perspectivas e selecionar fatos e versões que permitam ao leitor orientar-se diante da realidade" (Lage, 2008: 23).

Nesse contexto, ainda segundo Lage (2008), a reportagem ganharia a forma moderna que conhecemos, em que a apresentação de fatos é organizada a partir da valorização de aspectos relevantes de um evento. No caso das notícias e das reportagens, a informação principal passa a ser organizada por meio de uma formatação em *lead*, na qual se introduzem "as circunstâncias de tempo, lugar, modo, causa, finalidade e instrumento" (Lage, 2008: 18). Como destaca Zamith, os acontecimentos não são mais "relatados por ordem cronológica, mas sim por ordem de importância" (Zamith, 2005: 176).

Ou seja, fica assim estabelecido aquilo a que, até hoje, os programas e disciplinas de técnicas de redação jornalística se referem como "técnica da pirâmide invertida".

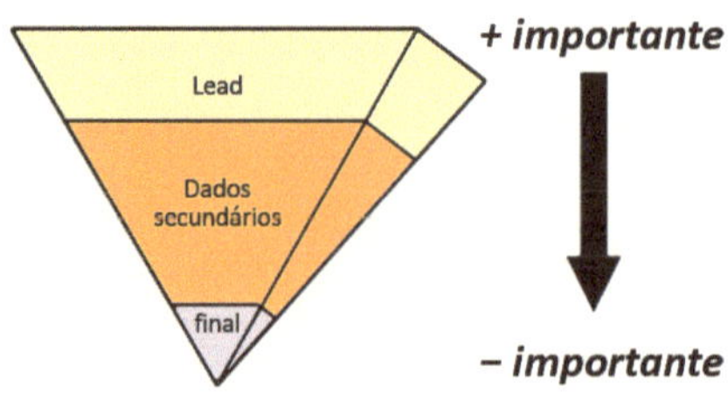

Pirâmide invertida (Canavilhas, 2003: 5).

Segundo Canavilhas, a técnica da *pirâmide invertida* também está ligada à tecnologia da época, pois está intimamente relacionada ao uso do telégrafo nos Estados Unidos da América durante a Guerra de Secessão:

> Para assegurar iguais condições de envio, jornalistas e operadores de telégrafo estabeleceram uma regra de funcionamento que não prejudicasse o trabalho dos profissionais da informação: cada jornalista enviaria o primeiro parágrafo do seu texto e, após uma primeira ronda, iniciava-se uma outra volta para que todos enviassem o segundo parágrafo do texto (Canavilhas, 2003: 6).

> Devido às restrições impostas ao uso do telégrafo durante a Guerra de Secessão[9], os jornalistas viam-se obrigados a alterar a "arquitetura" do texto noticioso, dando origem à técnica de *pirâmide invertida*.

> Em lugar do habitual relato cronológico dos acontecimentos, os jornalistas passaram a organizar os factos por valor noticioso, colocando os dados

[9] Segundo Canavilhas, "os postes que suportavam os fios do telégrafo eram um alvo muito apetecido para as tropas, pelo que o sistema estava muitas vezes inoperante" (Canavilhas, 2003: 6).

> mais importantes no início do texto e garantindo, assim, a chegada dos dados essenciais aos seus jornais — técnica que viria a ser batizada como pirâmide invertida por Edwin L. Shuman no seu livro *Practical Journalism*, tornando-se numa das regras mais conhecidas no meio jornalístico (Canavilhas, 2003: 6).

O trabalho de redação jornalística implica fundamentalmente se apropriar e saber jogar com as características do próprio meio: "Compreende-se, pois, que as prioridades do jornalista da imprensa em papel sejam diferentes das prioridades do jornalista em meio digital" (Canavilhas, 2003: 10).

Enquanto o jornalista do impresso volta-se prioritariamente para a *dimensão* do texto e a categorização da informação por ordem de importância, o *webjornalista* abre-se à arquitetônica da reportagem e aos formatos jornalísticos *longos* (como os especiais e grandes reportagens), uma vez que o espaço textual na internet é "tendencialmente ilimitado" e mais "receptivo" a quantidades e multiplicidades de informação, linguagens e semioses (Canavilhas, 2003: 10).

A *web* 2.0 e a cultura da convergência estabeleceram terreno fértil para transformações na esfera jornalística: propiciaram o desenvolvimento de novas configurações de trabalho, de processos de produção, novas relações entre produtor e receptor de informações e, consequentemente, novas formas de produzir, negociar e distribuir significados.

Nesse contexto de mudanças, desenvolvem-se o que Longhi (2014: 901) denomina de "gêneros noticiosos hipermidiáticos interativos",

> Ou seja, aqueles produtos informativos produzidos e distribuídos nos meios digitais de comunicação e informação, que contêm as características de multimodalidade, interatividade, conexão e convergência de linguagens próprias da linguagem hipermídia e do ambiente digital e *online* de informação (Longhi, 2014: 901).

Esses novos gêneros noticiosos, em especial, as *reportagens hipermidiáticas interativas*, tomaram forma a partir da necessidade de as grandes empresas atraírem leitores ao mercado jornalístico (em declínio) e, com isso, criarem formatos jornalísticos que fossem considerados "inovadores" pelo público (Longhi, 2014: 900).

Abaixo, temos dois exemplos de *reportagens hipermidiáticas interativas*: a reportagem *Snow Fall: The Avalanche at Tunnel Creek*, que repercute avalanche ocorrida no estado de Washington, em fevereiro de 2012 (*New York Times*, 2012) e o especial *A batalha de Belo Monte* produzido pela *Folha de S.Paulo* — reportagem especial sobre a construção da usina hidrelétrica de Belo Monte.

Reportagem hipermidiática *Snow Fall*.
Disponível em: <https://nyti.ms/2pLtKDO>. Acesso em: 31 jul. 2019.

Reportagem hipermidiática *A Batalha de Belo Monte*.
Disponível em: <https://bit.ly/1c4Y4hV>. Acesso em: 31 jul. 2019.

Outro projeto interessante é o TAB da UOL (<https://tab.uol.com.br/>), projeto inovador que também ajudou a popularizar as *reportagens hipermidiáticas interativas* no mercado jornalístico brasileiro. O projeto TAB se estabelece exatamente diante dessa dupla necessidade de *inovar* e *monetizar* notícias *online*, como podemos ver abaixo, na fala de Rodrigo Flores, diretor de conteúdo do UOL:

> A proposta é trazer uma nova experiência em conteúdo. O TAB é a resposta do UOL para a necessidade do nosso público de consumir conteúdo de qualidade em formatos criativos, interessantes e interativos. O TAB buscará novos pontos de vista e abordagem sobre temas como sustentabilidade, mobilidade, consumo, comportamento e tecnologia (Rodrigo Flores, diretor de conteúdo do UOL. Disponível em: <https://bit.ly/2uT1Cze>. Acesso em: 31 jul. 2019).

Veja abaixo a reportagem hipermidiática *O Futuro está nas Ruas* do TAB/UOL:

Reportagem hipermidiática *O Futuro está nas Ruas*.
Disponível em: <https://bit.ly/2YGrAbY>. Acesso em: 31 Jul. 2019.

Nesse contexto, é importante lembrar que a venda publicitária ainda é uma das maneiras mais frequentes de monetizar formatos jornalísticos. Mesmo na *web*, os patrocinadores de reportagens como as do TAB normalmente se fixam na relação de sua marca com a audiência do veículo. Por exemplo, no caso de *reportagens hipermidiáticas interativas*, a quantidade de *page views* é menos relevante. O que importa mesmo é "o tempo de leitura" e a *taxa de rejeição*[10].

O TAB, dessa forma, apropria-se de um *design* que incentiva o leitor a permanecer na página o maior tempo possível. Atento a essa lógica, o Uol consegue que o tempo médio de leitura do TAB passe a dois minutos e meio, enquanto a leitura de uma *web notícia* "normal" é de 40 segundos.

> Pode-se inferir então que, entre as intencionalidades de se publicar material como o TAB, está o de ser uma página que se diferencia do restante do conteúdo do Uol, focado em *hard news,* o que é evidenciado na valoração do *time spent* e do *bounce rate* (Ito; Ventura, 2016: 147).

Como é possível observar, não por acaso, o gênero reportagem e os formatos longos acabaram sendo os escolhidos para serem explorados, pois, segundo Longhi (2014: 900), possibilitam, ao mesmo tempo, acolher determinadas necessidades de mercado, como também incorporar as características e linguagem inovadoras próprias do meio digital.

No mesmo sentido, Canavilhas (2014: 126-127) acrescenta: mais do que *remidiar* reportagens e "gêneros longos" de modelos jornalísticos impressos, a *reportagem hipermidiática interativa* apresenta importantes elementos de ruptura.

Diante das mudanças propiciadas pelas TDIC, Canavilhas (2003) propõe que as *reportagens hipermidiáticas interativas* possam ser analisadas não só a partir de um olhar voltado para a formatação em *lead* (pirâmide invertida), mas também por meio de uma "arquitetura" organizada em quatro níveis: unidade-base; explicação; contextualização e exploração — a dita "pirâmide deitada", composta por:

Unidade-base: reponde ao essencial: o quê, quando, quem e onde.

Explicação: completa a informação essencial; responde ao porquê e ao como.

Contextualização: oferece ao leitor a oportunidade de acessar informação complementar em vídeo, som, infografia animada etc.

Exploração: liga-se a notícia a outros arquivos (internos ou externos), por meio de *links* e sistemas de indexação e recuperação de informação.

---

[10] Ver a respeito: <https://bit.ly/2MGKRUd>. Acesso em: 31 jul. 2019.

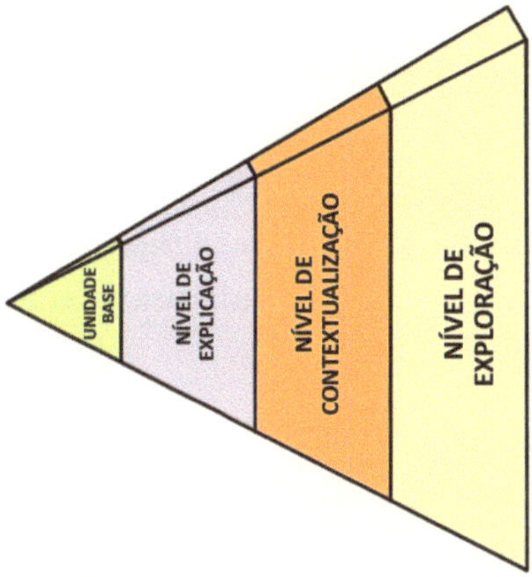

Pirâmide deitada. Canavilhas (2003: 15).

Por exemplo, a reportagem *A Batalha de Belo Monte*, produzida em 2013 pela *Folha de S.Paulo*, segue a lógica da "pirâmide deitada", em que o nível de exploração e contextualização torna-se o centro do *design* da reportagem, como podemos ver no *Mapa da cartografia da integração multimídia*, produzido por Alciane Nolibos Baccin e Priscila Berwaldt Daniel (2014).

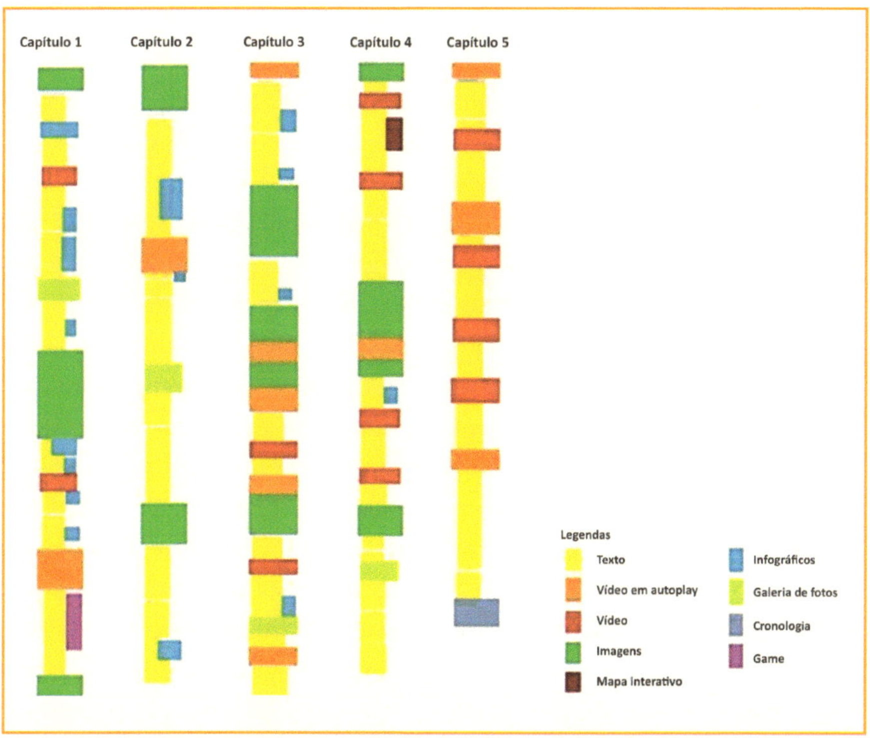

Mapa da cartografia da integração multimídia de *A Batalha de Belo Monte* (Baccin; Daniel, 2014: 216).

Esse desenvolvimento e remidiação das reportagens, centrado na exploração e contextualização, consolida-se no jornalismo *online*, segundo Longhi (2014: 900), em três fases:

Fase um: *slideshow* noticioso.
Fase dois: especiais multimídias (*flashjournalism*).
Fase três: reportagem hipermidiática interativa.

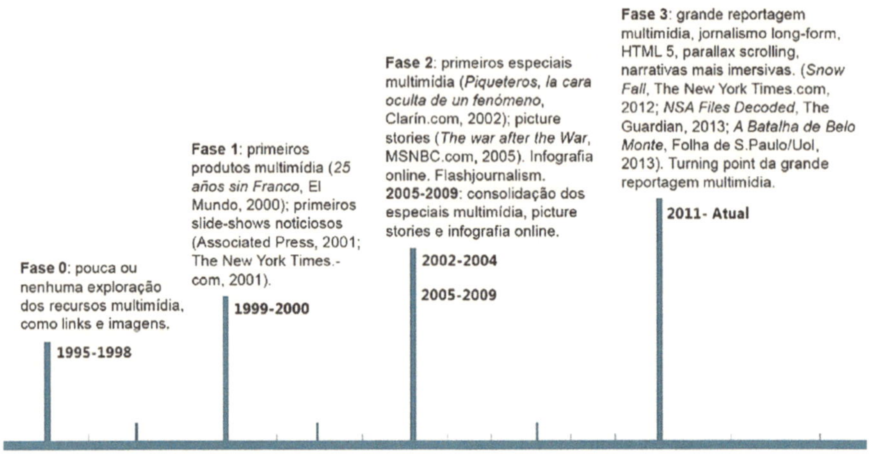

Linha do tempo da evolução dos formatos noticiosos hipermidiáticos (Longhi, 2014: 907).

Longhi (2014: 904) relata que o *slideshow* noticioso foi um dos primeiros formatos a explorar as possibilidades de convergência de linguagens do meio digital no jornalismo *online*.

Diferentemente das reportagens hipermidiáticas interativas, o *slideshow* assemelha-se mais a uma galeria de fotos: estrutura-se por meio de uma sequência de imagens estáticas, relacionada a uma narrativa jornalística. Normalmente, apresenta apenas título ou legenda em algumas das fotos; outras vezes, pode trazer diferentes sons (naturais ou narrações). Para a autora, uma das primeiras reportagens produzida em *slideshow* foi o especial sobre um terremoto ocorrido na cidade indiana de Bhuj, criado pela Associated Press, em 2001. Logo o formato foi copiado por outros jornais, como *The New York Times*, no famoso especial sobre 11 de Setembro. Ainda seguindo o caminho aberto pelos *slideshow* noticioso, o jornal espanhol *El Mundo* passa a explorar de maneira mais intensa recursos digitais multimídia: traz infográficos, textos e bibliotecas de imagens e áudios que podem ser acessados por *links* e botões.

Slideshow noticioso: *The New York Times on the web.*
Disponível em: <https://nyti.ms/2YxPRRy>. Acesso em: 31 jul. 2019.

Slideshow noticioso *25 Años sin Franco.*
Disponível em: <https://bit.ly/31gksAz>. Acesso em: 31 jul. 2019.

A fase 2 do desenvolvimento das *reportagens hipermidiáticas interativas* caracteriza-se, segundo Longhi (2014), pelo aparecimento dos primeiros especiais multimídia (ver <https://bit.ly/2YUqOE9>), fase marcada, sobretudo, pelos recursos propiciados pelo *software* Flash (*flashjournalism*), pelo uso de infografias e pelas primeiras *picture stories* — narrativas de cunho jornalístico em que se articulam texto, imagens fotográficas e áudio.

Picture Stories Scars from Iraq.
Disponível em: <http://www.nbcnews.com/id/29037969>. Acesso em: 31 jul. 2019.

Segundo Longhi (2014: 904), os especiais multimídia produzidos em *flash* consolidaram o cenário das produções jornalísticas *online* na primeira década dos anos 2000. Contudo, já a partir de 2011, uma nova forma de estrutura de conteúdos conhecida como HTML5[11] começa a

[11] "**HTML5** (Hypertext Markup Language, versão 5) é uma linguagem de marcação para a World Wide Web e é uma tecnologia chave da Internet, originalmente proposto por *Opera Software*. É a quinta versão da linguagem HTML. Essa nova versão traz consigo importantes mudanças quanto ao papel do HTML no mundo da *web*, através de novas funcionalidades como semântica e acessibilidade. Possibilita o uso de novos recursos antes possíveis apenas com a aplicação de outras tecnologias. Sua essência tem sido melhorar a linguagem com o suporte para as mais recentes multimídias, enquanto a mantém facilmente legível por seres humanos e consistentemente compreendida por computadores e outros dispositivos

tomar força, o que propiciaria o surgimento de novos *designs* e formas de navegação, interação e imersão de conteúdos de cunho noticioso.

Atualmente, o *flash* é bem menos utilizado, pois o HTML5 resolve algumas de suas desvantagens: a necessidade de baixar *plug-ins* para poder ser visualizado pelo usuário é um exemplo do que foi superado pelo HTML5.

Com a nova estrutura de conteúdos *online* multimídia, tem-se a vantagem de rodar arquivos de áudio, vídeo, texto e imagem em vários navegadores e em dispositivos diferentes. Segundo Longhi (2014: 904), por meio das diferentes possibilidades oferecidas pelo HTML5, o jornalismo *online* passa a consolidar as reportagens como o principal meio para consumar e explorar os "formatos noticiosos longos" orientados a grandes bancos de dados, mesclando-se ao gênero as qualidades do novo meio — de hipermídia, interatividade e responsividade[12].

O uso do *flash* (seus recursos e limitações) marcou determinado momento dos produtos noticiosos *online*. O *software* possibilitou reunir texto, imagens (estáticas e em movimento), áudios e consolidou o formato *leitura horizontal*, simulando a passagem de páginas impressas. Tanto no caso dos *slideshow* noticiosos como no *flashjournalism*, o acesso e leitura dos conteúdos eram feitos através de menus, *links* e botões, em que cada elemento constitutivo da narrativa noticiosa devia ser visualizado em blocos, simulando a leitura de páginas ou cadernos.

Já com o HTML5, a concepção de visualização em bloco — em uma única janela, quadro a quadro — é substituída pela visualização em *scrolling*: pela navegação "rolando a tela" feita a partir da barra lateral da página *web*, materializando uma leitura vertical que se "desenrola" no tempo.

Mais do que isso, segundo Canavilhas (2014), a partir do HTML5, vemos o desenvolvimento da tecnologia conhecida como *parallax scrolling*.

Ou seja, a visualização e animação de múltiplos conteúdos em uma página *web*, simulando percepção de profundidade e enriquecendo a experiência de navegação vertical do usuário.

(navegadores, *parsers* etc.)" (*Wikipédia*. Disponível em: <https://pt.wikipedia.org/wiki/HTML5>. Acesso em: 31 jul. 2019).

[12] *Design* responsivo diz respeito ao projeto e estrutura nos quais a formatação e a informação se adaptam ao suporte que o usuário está usando: telefone celular, computador, *tablet* televisão digital etc.

Whispered World Parallax Scrolling: cada *layer* move-se separadamente em tempos diferentes. Disponível em: <https://bit.ly/2ZzkqmW>. Acesso em: 31 jul. 2019.

> A navegação verticalizada e intuitiva [*parallax scrolling*], em conjunto com a plena integração de conteúdos multimídia, torna a leitura mais imersiva e envolvente, não requerendo ao utilizador conhecimentos de informática muito profundos. Acresce o facto de ser um formato de simples adaptação a computadores, *tablets* e *smartphones* (Canavilhas, 2014: 123).

O *design* em verticalização paralaxe, ao contrário da criação em janelas em blocos (em quadros individuais), tende a ocupar a totalidade da tela — usa-se todo o espaço visual constitutivo do projeto gráfico. Ao *design* em verticalização paralaxe ainda se soma o efeito visual conhecido como *cortina*, em que a um momento do texto, durante a navegação do leitor, se sobrepõem diferentes recursos e mídias, simulando a sensação de uma janela que se abre.

Abaixo podemos observar um *frame* da reportagem *Snow Fall* que ilustra a estética em verticalização paralaxe, somada ao efeito visual de *cortina*. O conteúdo é montado em diferentes níveis de profundidade (texto a frente e imagem/animação ao fundo) e, à medida que o leitor rola a página de *Snow Fall*, a imagem se sobrepõe ao texto e a animação é ativada ilustrando informação importante para a compreensão da reportagem:

Reportagem hipermidiática *Snow Fall*.
Disponível em: <https://nyti.ms/2GNpltj>. Acesso em: 31 jul. 2019.

Segundo Longhi (2014), os produtos noticiosos hipermidiáticos estruturados dessa forma (em *parallax scrolling* com conteúdos descortinados ao leitor), empregam elementos visuais em toda a largura das páginas (fotos, vídeo, ilustrações etc.), as quais podem ser usadas como aberturas ou entradas para diferentes conteúdos (que se integram a outros elementos como fotografias, *slideshows*, infográficos etc.), incluindo "recursos de navegação, como cliques do *mouse* para o seguimento a outros momentos da matéria" (Longhi, 2014: 909).

Reportagem hipermidiática *A Batalha de Belo Monte* — Fotografia de Lalo de Almeida.
Disponível em: <https://bit.ly/2YqdCvr>. Acesso em: 31 jul. 2019.

No caso de *A Batalha de Belo Monte*, é possível observar que as fotos, muitas vezes, são ampliadas e ocupam toda a página e são acionadas automaticamente para atribuir caráter passional à reportagem, apelando à empatia e contextualização do leitor para que, durante sua leitura, se aproxime dos "personagens" e dos fatos relatados. Nesse contexto, conforme Alciane Baccin (2016), ainda é preciso considerar a relevância que o jornalismo guiado por dados, ou *data journalism*, assume no desenvolvimento das *reportagens hipermidiáticas interativas*, tornando-se fundamental no processo de estruturação do jornalismo atual:

> A utilização das bases de dados está presente em todo o processo produtivo, desde a apuração das pautas, à construção da narrativa e à distribuição do produto. A narrativa jornalística no ambiente digital está cada vez mais dependente de bases de dados para comunicar as histórias contadas nesse meio (Baccin, 2016: 92).

A estruturação, visualização, mediação e softwarização de dados tornam-se determinantes e também reconfiguram os gêneros da esfera jornalística em ambiente digital, em especial no caso das *reportagens hipermidiáticas interativas*.

No exemplo a seguir, da reportagem *Identidade parcelada*[13], por exemplo, dados quantitativos sobre o perfil de consumo dos jovens brasileiros são apresentados visualmente e integrados a um quadro interativo sobre os diferentes estilos das culturas juvenis que podem ser encontrados na periferia de grandes centros urbanos.

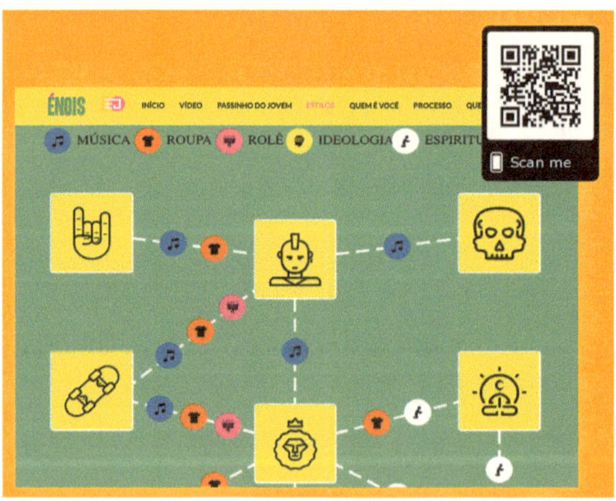

Reportagem hipermidiática *Identidade parcelada*.
Disponível em: <https://bit.ly/29mZMlj>. Acesso em: 31 jul. 2019.

[13] A reportagem faz parte de ações desenvolvidas pelo grupo *ÉNois*, escola aberta de jornalismo fundada pelas jornalistas Amanda Rahra e Nina Weingrill, a partir de trabalho voluntário, no Capão Redondo em

Retomando o caso reportagem hipermidiática *A Batalha de Belo Monte*, observa-se ainda que visualizações de dados diferentes são empregadas para auxiliar na compreensão de informações quantitativas. Segundo Baccin e Daniel (2014), essas são aplicadas para auxiliar o leitor a estabelecer relações entre diferentes conteúdos e esquematizar conteúdos densos:

> Esse recurso pode ser encontrado tanto em forma de esquematizações simples, quanto em forma de mapas estruturados e infográficos interativos (Baccin; Daniel, 2014: 217).

Reportagem hipermidiática *A Batalha de Belo Monte — Infografia*.
Disponível em: <https://bit.ly/2aMloXC>. Acesso em: 31 jul. 2019.

No caso dos infográficos interativos de linha do tempo, é possível observar que, como nos indicam Baccin e Daniel (2014), ao mesmo tempo em que se retomam informações sobre o passado, também se apresentam atualizações sobre o tema: "O recurso permite um envolvimento maior do usuário, que pode selecionar as notícias conforme o período de interesse" (Baccin; Daniel, 2014: 217).

2009. A reportagem *Identidade parcelada* foi produzida por jovens integrantes do grupo e é resultado de entrevistas e reflexões sobre consumo e identidade dentro do contexto das culturas juvenis.

Reportagem hipermidiática *A Batalha de Belo Monte — Infografia*.
Disponível em: <https://bit.ly/2aMloXC>. Acesso em: 31 jul. 2019.

A conclusão final que podemos tirar, a partir do exemplo da reportagem hipermidiática, é que, mesmo no que toca à linguagem verbal escrita, que é a semiose privilegiada do jornalismo, a mídia digital veio revolucionar tanto seus modos hipermidiáticos de apresentação como a imersividade de seus leitores. Como dizem Baccin e Daniel (2014: 217):

> O gênero reportagem, no meio digital, carrega junto características da reportagem em profundidade originada do impresso, como liberdade narrativa, detalhamento e humanização. Ao mesmo tempo, também se beneficia das características do meio digital, através da multimidialidade, da interatividade, da hipertextualidade, da legibilidade, da ruptura de periodicidade e das possibilidades técnicas.

É, mais uma vez, o verbo que se faz metamídia e nos leva, multiletrados, pelo mundo das notícias, das linguagens e das mídias.

REFERÊNCIAS

AMIEL, V. *Esthétique du montage*. Paris: Nathan, 2001.

_____. Poética da montagem. In: GARDIES, R. (org.). *Compreender o cinema e as imagens*. Lisboa: Edições Texto & Grafia, 2007, p. 35-58.

ARAUJO, A. Literatura e metamídia. Posfácio. Disponível em: https://bit.ly/2KeBs4I. Acesso em: 31 jul. 2017.

BACCIN, A. A narrativa *longform* em reportagens hipermídia. *Estudos em Jornalismo e Mídia*, v. 14, n. 1, 2017. Disponível em: https://bit.ly/2ThtxGD. Acesso em: 31 jul. 2019.

BACCIN, A.; DANIEL, P. B. A integração dos meios no especial multimídia A Batalha de Belo Monte. *Verso e Reverso* (Unisinos. Online), v. 28, p. 211-220, 2014. Disponível em: https://bit.ly/2YRaxjv. Acesso em: 31 jul. 2019.

BAKHTIN, M. O discurso no romance [1934-35]. In: _____. *Questões de literatura e de estética. A teoria do romance*. São Paulo, SP: Editora UNESP/Hucitec, 2002 [1988], pp. 71-210.

_____. O autor e a personagem na atividade estética [1923-24]. In: _____. *Estética da criação verbal*. São Paulo, SP: Martins Fontes, 2003, pp. 3-192.

_____. *Problemas da poética de Dostoiévski* [1929]. Rio de Janeiro, RJ: Forense-Universitária, 2008 [1981].

BANDEIRA, D. *Materiais didáticos*. Curitiba, PR: IESDE, 2009.

BAZALGETTE, C.; BUCKINGHAM, D. Literacy, Media and Multimodality: a Critical Response. *Literacy*, 47:2, 2012, pp. 95-102.

BENJAMIN, W. *A obra de arte na era da sua reprodutibilidade técnica* [1936]. São Paulo: L&PM Editores, 2014[1936].

BORDWELL, D. *Sobre a história do estilo cinematográfico*. Campinas: Editora Unicamp, 2013.

BUCKINHAM, D. Digital Media Literacies: Rethinking Media Education in the Age of the Internet. *Research in Comparative and International Education*, v. 2, n. 1, 2007, pp. 43-55.

BUZATO, M. El K. *et al.* Remix, mashup, paródia e companhia: por uma taxonomia multidimensional da transtextualidade na cultura digital. *Revista Brasileira de Linguística Aplicada*, Belo Horizonte, v. 13, n. 4, p. 1191-1221, 2013.

BUZATO, M. El K. Towards a Theoretical Mashup for Studying Posthuman/Postsocial Ethics. *Journal of Information, Communication & Ethics in Society*, v. 15, p. 74-89, 2017.

BRISELANCE, M. F.; MORIN, J. C. *Gramática do cinema*. Lisboa: Texto & Grafia, 2011.

CANAVILHAS, J. *Webjornalismo:* Da pirâmide invertida à pirâmide deitada. Comunicación Local: Da pesquisa á producción: Actas do Congreso Internacional Lusocom 2006. Santiago de Compostela, 21 e 22 de abril de 2006, pp. 4740-4754. Disponível em: https://bit.ly/1WaOiBw. Acesso em: 31 jul. 2019.

_____. A reportagem paralaxe como marca de diferenciação da *Web*. In: Ray, P. R.; Pisonero, C. G. (orgs.) Contenidos innovadores en la Universidad Actual. Espanha: Mc Graw Hill Education, 2014, pp. 119-130. Disponível em: https://bit.ly/2OKgtLe. Acesso em: 31 jul. 2019.

CANUDO, R. *L'usine aux images*. Genebra: Office Central d'Éditions, 1927.

CHARTIER, R. Do códice ao monitor: A trajetória do escrito. Estudos Avançados 8(21), 1994, pp. 185-199. São Paulo: USP. Disponível em: https://bit.ly/2M4am2h. Acesso em: 31 jul. 2019.

COPPA, F. WOMEN, *Star Trek*, and the Early Development of Fannish Vidding. *Transformative Works and Cultures*, n. 1, s.p., 2008. In: COPPA, F.; RUSSO, J. L. (orgs.) Disponível em: <https://bit.ly/2Km8MXr>. Acesso em: 31 jul. 2019.

DANCYGER, K. *The Technique of Film and Video Editing*: History, Theory, and Practice. Burlington: Elsevier, 2011.

DUBOIS, Ph. *Cinema, vídeo, Godard*. São Paulo: Cosac Naify, 2004.

EDSCHMID, K. *Über den Expressionismus in der Literatur und die Neue Dichtung*. Berlin: E. Reiss, 1919 [Manifesto Expressionista].

EDWARDS, R. L. Flip the Script: Political Mashups as Transgressive Texts. In: GOURNELOS, T.; GUNKEL, D. J. (orgs.) *Transgression 2.0:* Media Culture and the Politics of a Digital Age. New York: Continuum, 2012, pp. 26-41.

FABRIS, A. Diálogos entre imagens: fotografia e pintura na *pop art* britânica (III). *Revista Porto Arte*. Porto Alegre, v. 16, n° 27, novembro/2009, p. 99-118. Disponível em: https://bit.ly/2yLlusk. Acesso em: 31 jul. 2019.

FARACO, C. A. Aspectos do pensamento estético de Bakhtin e seus pares/*Aspects of the Aesthetic Thought of Bakhtin and his Peers*. *Letras de Hoje*, Porto Alegre, v. 46, n. 1, p. 21-26, jan./mar. 2011. Disponível em: https://bit.ly/2T9hZ8v. Acesso em: 31 jul. 2019.

FLUSSER, V. *Filosofia da caixa preta*: Ensaios para uma futura filosofia da fotografia. Rio de Janeiro: Sinergia Relume Dumará, 2002.

FRITSCH, E. F. *Música eletrônica*: Uma introdução ilustrada. Porto Alegre: UFRGS Editora, 2013 [2008].

GALLAGHER, O. *Reclaiming Critical Remix Video:* The Role of Sampling in Transformative Works. Nova York: Routledge, 2018.

_____. Sampling. In: NAVAS, E. *et al.* (orgs.). *Keywords in Remix Studies*. Nova Iorque: Routledge, 2018, pp. 259-272.

GARCÍA-CANCLINI, N. *Culturas híbridas:* estratégias para entrar e sair da modernidade. São Paulo: EDUSP, 2008ª [1989]. 4. ed.

_____. *Leitores, espectadores e internautas*. São Paulo: Iluminuras, 2008b.

GARDIES, R. (org.). *Compreender o cinema e as imagens*. Lisboa: Texto & Grafia, 2008.

GEE, J. P. Semiotic social spaces and affinity spaces: From the age of mythology to today's schools. In: Barton, D.; Tusting, K. (orgs.). *Beyond Communities of Practice:* Language, power and social context. Cambridge: Cambridge University Press, 2005, p. 214-232.

GNL (Grupo de Nova Londres). A Pedagogy of Multiliteracies: Designing Social Futures (Cazden, Courtney; Cope, Bill; Fairclough, Norman; Gee, Jim; *et al.*) *Harvard Educational Review*. Spring, 1996, pp. 60-92.

GOLDEMBERG, R. Educação musical: a experiência do canto orfeônico no Brasil. *Samba & Choro*, 2002, s.p. Disponível em: https://bit.ly/2MM98bK. Acesso em: 31 jul. 2019.

GOSCIOLA, V. *Roteiros para as novas mídias:* Do *game* à TV interativa. São Paulo: SENAC, 2003.

GOURNELOS, T.; GUNKEL, D. J. (orgs.) *Transgression 2.0:* Media, Culture, and the Politics of a Digital Age. New York: Continuum, 2012.

GUNKEL, D. J. *Of Remixology:* Ethics and Aesthetics after Remix. Cambridge, MA: MIT Press, 2016.

HEATH, S. B. *Ways With Words:* Language, Life and Work in Communities and Classrooms. New York: Cambridge University Press, 1983.

HORWATT, E. A Taxonomy of Digital Video Remixing: Contemporary Found Footage Practice on the Internet. In: SMITH, I. R. *Scope:* An Online Journal of Film and TV Studies, n. 17, s.p., 2009. Disponível em: https://bit.ly/2TbF22A. Acesso em: 31 jul. 2019.

ITO, L.; VENTURA, M. A reportagem multimídia interativa: inovação, produção e monetização. *Brazilian Journalism Research*, v. 12, n. 3, 2016, pp. 140-159. Disponível em: https://bit.ly/2Tg3qzV. Acesso em: 31 jul. 2019.

JENKINS, H. *Fans, Bloggers, and Gamers:* Exploring Participatory Culture. New York: New York University Press, 2006a.

_____. *A cultura da convergência.* São Paulo: Aleph, 2008 [2006].

_____. How to Watch a Fan-Vid. In: _____. *Confessions of an Aca-Fan*, September 18: s.p., 2006b. Disponível em <https://bit.ly/19Fn93f>. Acesso em: 31 jul. 2019.

_____. DIY Media 2010: Anime Music Videos (Part Three). In: _____. *Confessions of an Aca-Fan*, December 17, s.p., 2010.

_____. How YouTube became OurTube. In: _____. *Confessions of an Aca-Fan*, October 18: s.p., 2012. Disponível em: <https://bit.ly/2OIlSCE>. Acesso em: 31 jul. 2019.

KANDINSKY, W. *Ponto e linha sobre plano* [1926]. São Paulo: Martins Fontes, 2012.

KATO, M. A. *No mundo da escrita:* uma perspectiva psicolinguística. São Paulo: Ática, 1986.

KLEIMAN, A. B. (org.). *Os significados do letramento*. Campinas: Mercado de Letras, 1995.

KAY, A.; GOLDBERG, A. Personal Dynamic Media, 1977. Disponível em: https://bit.ly/2NJ5SuT. Acesso em: 31 jul. 2019.

KNOBEL, M.; LANKSHEAR, C. *A New Literacies Sampler*. New York: Peter Lang Publishing Inc., 2007.

KRAUSS, R. *O fotográfico*. Barcelona: Gustavo Gili, 2002.

KRESS, G. *Literacy in the New Media Age*. London: Routledge, 2003.

KRESS, G. *Multimodality*: A Social Semiotic Approach to Contemporary Communication. London: Routledge, 2010.

KRESS, G.; STREET, B. V. Foreword. In: PAHL, K; Rowsell, J. (orgs.) *Travel Notes from the New Literacy Studies.* New York: Multilingual Matters, 2006.

KRESS, G.; VAN LEEUWEN, T. *Reading Images:* The Grammar of Visual Design. London: Routledge, 1996 [2006].

LANKSHEAR, C. The Stuff of New Literacies. Mary Lou Fulton Symposium, Arizona State University, April 2007. Disponível em: https://bit.ly/2VK8rS1. Acesso em: 31 jul. 2019.

LANKSHEAR, C.; KNOBEL, M. (orgs.). *DIY Media:* Creating, Sharing and Learning with New Media. New York: Peter Lang, 2010.

_____. *New Literacies*: Everyday Practices and Social Learning. New York: Open University Press, 2011.

LEMKE, J. Metamedia literacy: Transforming Meanings and Media. In: Reinking, D., McKenna, M. C., Labbo, L. D., Kieffer, R. D. (orgs.). *Handbook of Literacy and Technology*: Transformations in a Post-Typographic World. Mahwah: Erlbaum, 1998, pp. 283-302.

_____. Letramento metamidiático: transformando significados e mídias. *Trabalhos em Linguística Aplicada*, v. 49, nº 2, Campinas, July/Dec. 2010. Disponível em: https://bit.ly/2YsYayX. Acesso em: 31 jul. 2019.

_____. Tipologia, topologia, topografia: A semântica dos gêneros. *Revista de Letras*, nº 31, v. (1/2) jan./dez. 2012. Fortaleza: Imprensa Universitária da UFC. Disponível em: https://bit.ly/2OEv3Ux. Acesso em: 31 jul. 2019.

_____. Travels in Hypermodality. *Working Draft*. Inédito. Disponível em: https://bit.ly/2yJimgm. Acesso em: 31 jul. 2019.

_____. Multiplying Meanings: Visual and Verbal Semiotics in Scientific Texts. In: MARTIN, J. R.; VEEL, R. (orgs.). *Reading Science:* Critical and Functional Perspectives on Discourse of Science. New York: Routledge, 1998, pp. 87-113.

LEMOS, A. Cibercultura e mobilidade. A era da conexão. *Anais do XXVIII Congresso Brasileiro de Ciências da Comunicação*. Rio de Janeiro: UERJ, Intercom — Sociedade Brasileira de Estudos Interdisciplinares da Comunicação, pp. 1-17, 2005. Disponível em: https://bit.ly/1uIZBQb. Acesso em: 31 jul. 2019.

LESSING, L. *Remix*. New York: Penguin Press, 2008.

LONGHI, R. R. O *turning point* da grande reportagem multimídia. *Revista FAMECOS, v. 21, n. 3,* pp. 897-917, 2014. Disponível em: https://bit.ly/2GRT6ck. Acesso em: 31 jul. 2019.

LEU, D. J.; KINZER, Ch. K.; CIR, J. CASTEK, J.; HENRI, L. A. New Literacies: A Dual-Level Theory of the Changing Nature of Literacy, Instruction and Assessment. *Journal of Education,* 197(2), pp. 1-18, 2017.

MACHADO, A. *Pré-cinemas e pós-cinemas*. Campinas: Papirus, 2011 [1997].

_____. Reinvenção do videoclipe. In: _____. *A televisão levada a sério.* São Paulo: Editora SENAC, 2000, p. 173-196.

MANOVICH, L. *The Language of New Media*. Cambridge: MIT Press, 2001.

_____. Import/Export: Design Workflow and Contemporary Aesthetics, 2006. Disponível em: http://manovich.net/. Acesso em: 31 jul 2018.

_____. There Is Only Software. 2008. Disponível em: http://manovich.net/. Acesso em: 31 jul. 2019.

_____. *Software Takes Command* (International Texts in Critical Media Aesthetics). New York: Bloomsbury Publishing. Kindle Edition, 2013.

_____. *Designing and Living Instagram Photography*: Themes, Feeds, Sequences, Branding, Faces, Bodies, 2016. Disponível em: https://bit.ly/2M3k5Gg. Acesso em: 31 jul. 2019.

_____. *All Aesthetics*. Russia: Strelka Press. Kindle Edition, 2018.

MARTINO, L. M. S. Entre mídia e comunicação: origens e modalidades de uma dicotomia nos estudos da área. *Revista Comunicação, Mídia, Consumo,* v. 13, n. 38, pp. 10-28, São Paulo, set./dez. 2016.

MEDVÉDEV, I. P./BAKHTIN, M. *O método formal nos estudos literários:* Introdução crítica a uma poética sociológica [1928]. São Paulo: Contexto, 2012.

METZ, C. A significação no cinema. São Paulo: Perspectiva, 2014 [1972].

NAVAS, E. *et al.* (orgs.). *Keywords in Remix Studies*. New York: Routledge, 2018.

NAVAS, E. Culture and Remix: A Theory on Cultural Sublation. In: NAVAS, E.; Gallagher, O.; burrough, x. (orgs.). *The Routledge Companion to Remix Studies.* New York: Routledge, 2015, p. 115-132.

_____. The Elements of Selectivity: After-Thoughts on Originality and Remix, 2017. Disponível em: <https://bit.ly/2YNH0ac>. Acesso em: 31 jul. 2013.

_____. *Remix Theory:* The Aesthetics of Sampling. New York-Wien: Springer, 2012.

PALÁCIOS, M. Ruptura, continuidade e potencialização no jornalismo *on-line*: O lugar da memória. In: MACHADO, E; PALÁCIOS, M. (orgs.) *Modelos de jornalismo digital.* Salvador: Ed. GJOL & Ed. Calandra, 2003, pp. 13-36.

PLATÃO. *Timeu*. Lisboa: Instituto Piaget, 2004.

RIBEIRO, V. M. Alfabetismo funcional: Referências conceituais e metodológicas para a pesquisa. *Revista Educação & Sociedade, ano XVIII, nº 60*, dezembro/1997. Disponível em: https://bit.ly/2ZBD1yJ. Acesso em: 31 jul. 2019.

RICHARD L. E. Political Mashups as Transgressive Texts. In: GOURNELOS, T.; GUNKEL, D. (orgs.). *Transgression 2.0:* Media, Culture, and the Politics of a Digital Age. Nova York: Continuum. Kindle Edition, 2012, pp. 26-41.

RODRIGUES, A. D. (s.d.) Afinal o que é mídia? Disponível em: https://bit.ly/2Fb0UYo. Acesso em: 31 jul. 2019.

ROJO, R. H. R. Alfabetização e letramento: Sedimentação de práticas e (des)articulação de objetos de ensino. *Revista Perspectiva*, 24/2. Florianópolis: UFSC, 2006, p. 569-596.

_____. *Letramentos múltiplos, escola e inclusão social.* São Paulo: Parábola Editorial, 2009.

_____. (org.). *Escol@ conect@d@:* Os multiletramentos e as TICs. São Paulo: Parábola Editorial, 2013.

ROJO, R. H. R.; MOURA, E. (orgs.). *Multiletramentos na escola*. São Paulo: Parábola Editorial, 2012.

ROJO, R. H. R.; ALMEIDA, E. M. *Vidding*: uma leitura subversiva do cânone. In: BUNZEN, C.; MENDONÇA, M. (Eds.). *Múltiplas linguagens para o ensino médio*. São Paulo: Parábola Editorial, 2013, pp. 233-263.

SANTAELLA, L. A sintaxe como eixo da matriz sonora. In: _____. *Matrizes da linguagem e pensamento*: sonora, visual, verbal. São Paulo: Iluminuras, 2001, pp. 112-116. Disponível em: https://bit.ly/2M3HHdO. Acesso em: 31 jul. 2017.

_____. *Culturas e artes do pós-humano*: da cultura das mídias à cibercultura. São Paulo: Paulus, 2003a.

SANTAELLA, L. Da cultura das mídias à cibercultura: o advento do pós-humano. *Revista FAMECOS*, n° 22, pp. 23-32. Porto Alegre: RS, 2003b.

______. *Linguagens líquidas na era da mobilidade*. São Paulo: Paulus, 2007.

______. *Comunicação ubíqua*: repercussões na cultura e na educação. São Paulo: Paulus, 2013.

______. A potência expansionista da narrativa. In: Massarolo, J.; Santaella, L.; Nesteriuk, S. (orgs.). *Desafios da transmídia*: processos e poéticas. São Paulo: Estação das Letras e Cores, 2018, pp. 67-83.

SANTAELLA, L.; NÖTH, W. *Imagem:* cognição, semiótica e mídia. São Paulo: Iluminuras, 2014 [1997].

SANTOS, A. C. Fotografia e pintura, a questão do realismo no séc. XIX. *Crítica Cultural,* v. 3, n° 2, jul./dez. 2008, s.p. Disponível em: https://bit.ly/2KtPLBu. Acesso em: 31 jul. 2019.

SOARES, M. B. Letramento em verbete: O que é letramento. In *Letramento:* Um tema em três gêneros. Belo Horizonte: Autêntica/CEALE, 1998, pp. 13-26.

______. *Alfabetização e letramento*. São Paulo: Contexto, 2003.

STREET, B. V. *Literacy in Theory and Practice*. New York: Cambridge U. P., 1984.

______. *Literacy and Multimodality:* STIS Lecture: Inter-Disciplinary Seminars O Laboratório SEMIOTEC, da FALE/UFMG Faculdade de Letras, Belo Horizonte, Brasil, March 9, 2012.

TAVARES, M. Digital Poetics and Remix Culture: From the Artisanal image to the Immaterial Image. In: NAVAS, E.; Gallagher, O.; burrough, x. (orgs.). *The Routledge Companion to Remix Studies*. New York: Routledge, 2015, p. 191-203.

THAO, T. D. *Investigations Into the Origin of Language and Consciousness*. Dordrecht: D. Reidel, 1984.

TELES, G. M. *Vanguarda europeia e modernismo brasileiro*. Petrópolis: Vozes, 1986. Disponível em: https://bit.ly/2YNxTq4. Acesso em 31 jul. 2019.

VINCENT, G.; LAHIRE, B.; THIN, D. Sobre a história e a teoria da forma escolar. *Educação em Revista*, Belo Horizonte, n° 33, jun./2001.

VOLOCHÍNOV, V. N.; BAKHTIN, M. Discurso na vida e discurso na arte (sobre poética sociológica). Trad. C. A. Faraco e C. Tezza [para fins didáticos]. 1926. Versão da língua inglesa de I. R. Titunik a partir do original russo.

______. *Marxismo e filosofia da linguagem*: problemas fundamentais do método sociológico na ciência da linguagem. [1929] São Paulo, SP: Hucitec, 2008 [1981].

VYGOTSKY, L. S. *Pensamento e linguagem* [1934]. São Paulo: Martins Fontes, 2008.

______. Internalização das funções psicológicas superiores. In: Cole, M; John-Steiner, V.; Scribner, S.; Souberman, E. (orgs.). *A formação social da mente:* o desenvolvimento dos processos psicológicos superiores. São Paulo: Martins Fontes, 1984 [1930], p. 59-65.

WISNIK, J. M. *O som e o sentido*: Uma outra história das músicas. SP: Cia das Letras, 2000 [1989/1999].

______. *Sem receita:* ensaios e canções. São Paulo: PubliFolha, 2004.

Esta obra foi composta em Bulmer MT Std 12/15
e impressa em papel Chambril Avena 80g
para a **Parábola Editorial** em agosto de 2025.

impressão e acabamento:
Forma Certa